부동산 투자 필독서 30

진짜 고수들의 지혜와 경험이 담긴 명저 30권을 한 권에

부동산 투자 필독서 30

레비앙 지음

센시오

한 권씩 내 것으로 체득해 가면서
다음 파도에 올라탈 힘을 기르자

사람의 평균 수명을 100세라고 가정했을 때, 공격적인 투자를 할 수 있는 시기는 대략 30~60세 정도가 아닐까 생각한다. 근로소득을 포함한 소득 활동이 있을 때 레버리지를 활용한 공격적인 투자가 가능하다. 일정한 소득이 없는 시기에 과도한 레버리지를 사용한 투자는 바람직하지 않다. 공격적인 투자를 할 수 있는 30년 동안 상승 파도는 몇 번이나 올까? 최소 두 번에서 운이 좋다면 세 번도 만날 수 있다. 지난 상승장을 돌아봤을 때 인생의 파도는 딱 한 번만 제대로 올라타도 경제적 목표를 충분히 달성할 수 있다. 다만 한 번의 파도로 경제적 목표를 달성하기 위해서는 파도의 시작점부터 올라타야 한다. 파도가 이미 몰아

쳤을 때 겨우 올라타면 큰 수익을 기대할 수 없을 뿐 아니라 너무 늦었다는 후회가 남는다. 파도의 시작을 기다리고 있었던 사람만이 원하는 경제적 목표를 달성할 수 있다. 결국 시장의 분위기에 일희일비하지 않고 꾸준히 남아 있는 사람만이 파도의 시작을 눈으로 확인하고 올라탈 수 있다. 지금 시장을 떠나야 하나 말아야 하나 망설이고 있다면 다음번에도 뒤늦게 올라탔다는 후회를 하지 않기 위해 계속 시장에 남아 있어야 한다.

나 역시 운 좋게 지난 상승장의 파도에 잘 올라탔고, 경제적 목표를 넘어 많은 것을 이룰 수 있었다. 부동산 투자가 뭔지도 모른 채 내 집 마련을 위해 공부를 시작했다. 무엇부터 해야 할지 몰라 경제와 부동산, 자기계발 관련 책을 읽었다. 어떤 책을 읽어야 할지 몰라 베스트셀러와 신간을 거의 모두 읽었다. 도움이 되는 책도 있었지만 읽는 시간이 아까운 책도 있었다. 바쁜 시간을 쪼개서 책을 읽고 공부하고 있을 나와 같은 사람들에게 도움이 되는 책, 굳이 읽지 않아도 될 책을 알려 주고 싶었다. 그렇게 〈레비앙의 부동산 공부〉 블로그를 시작하게 됐다. 블로그에는 그동안 읽었던 500권 이상의 책 리뷰가 기록되어 있다.

이 책을 쓰기 위해 부동산 공부를 처음 시작하던 시기에 읽었던 책들을 다시 읽었다. 어떤 책은 초보 시절에도 배울 것이 많았지만 다시 읽어도 또 다른 깨달음을 주었다. 어떤 책은 분명 읽고 정리까지 했는데 처음 읽는 것처럼 느껴지기도 했다. '왜 그때는 이 부분을 캐치하지 못했을까' 하는 생각이 들기도 했다. 아마도 지식과 경험이 쌓여야만 좋다고 생각되는 내용이 아니었을까 싶다. 그때는 중요한 말인지 느끼지 못한 것 같다.

부동산 공부를 어떻게 시작해야 할지 몰라 헤매는 사람들을 위해 제일 먼저 읽어 보면 좋을 책 30권을 추천한다. 부동산에 대해 아무것도 모르던 시절 읽었던 책들을 다시 읽으며 주옥 같은 내용에 나의 경험을 더하여 독자들에게 도움이 되고자 노력했다. 다음 상승 파도에 올라탈 기회를 노리며 실력을 쌓고자 이 책을 펼친 분들에게 방향을 알려 주는 나침반이 되어 줄 것이다. 부동산 지식과 투자 안목을 키워 줄 명저들을 한 권 한 권 자신의 것으로 체득해 가면서 다음 파도에 올라탈 힘을 길러 보자.

2014년부터 꿈틀거리기 시작한 부동산 시장은 2021년까지 역사상 유례없는 긴 상승장을 이어 갔다. 규제책이 발표될 때마다 긴장감이 이어졌지만 잠시 눈치를 보는 듯하던 집값은 여지없이 상승 랠리를 이어 갔다. 경기 상승이 둔화되도 물가 상승률이 마이너스로 떨어진 적은 거의 찾아보기 힘들다. 임금 인상폭이 적다고 파업을 하는 경우는 있어도 한 번 오른 임금이 내려간다는 것은 상상하기 힘들다. 인플레이션이 지속되는 가운데 현금의 가치는 끊임없이 하락한다. 현금이 아닌 자산을 보유하고 있어야 인플레이션에서 자산 가치를 지킬 수 있다고 한다. 그 자산 중 대표적인 것이 '부동산, 바로 집'이다.

지난 상승장에서 집값은 사람들이 예상했던 것보다 훨씬 큰 폭으로 상승했다. 서울 강남 집값이 평당 1억이 넘을 것이란 예측이 나왔을 때 '설마 그렇게 될까?'라고 의심했다면 지금은 평당 2억 이야기가 나와도 '그럴 수도 있지'라는 반응을 보이는 사람들이 적지 않다. '벼락거지'라는 신조어가 생길 만큼 집이 없는 사람들의 상대적 박탈감은 매우 컸다. 집값 상승의 근본적인 원인 중 하나로 '공급 부족'이 지목됐고, 정부는 3기 신도시 공급 계획을 발표하고 서둘러 사전청약까지 실시했다. 그럼에도 불구하고 전문가들은 집값이 하락하기에는 공급이 부족하다고 진단했다. 긴 상승장이 언제쯤 쉬어 갈지 피로감을 느끼는 사람들도 생길 정도였다.

2021년 추석은 투자자들에게 매우 특별한 의미가 있다. 추석 이후에 이른바 '불장'이 올 것이라는 기대감이 팽배했다. 추석을

앞둔 9월까지 집값 상승폭은 최고치를 경신했고 내놓지 않은 매물을 팔라는 전화를 받으며 투자자들은 즐거운 비명을 질렀다. 하지만 추석이 지나고 기다리던 '불장'은 오지 않았다. 정부는 서민들에게 밀접하게 관련된 전세자금대출을 규제하는 고강도 정책을 발표했고, 사람들의 심리는 일시에 위축됐다. 연말은 보통 거래 비수기임을 감안해도 거래량은 예상보다 매우 적었다.

2022년 3월 대통령 선거를 앞두고 있었기에 시장은 선거 이후 바뀔 부동산 정책을 예상하며 숨을 고르는 장세가 이어졌다. 새로 들어선 정부는 부동산 규제를 완화하는 쪽으로 정책 방향을 발표했다. 제일 먼저 다주택자의 양도소득세 중과를 유예하는 정책을 내놓았다. 과도한 세금 때문에 팔지 못하는 다주택자에게 매물을 내놓도록 유도하여 시장에 매물을 증가시키려는 목적이었다. 하지만 매물은 늘었지만 사람들은 쉽게 집을 사지 못했다. 아니 사지 않았다. 매물이 더 나올지도 모른다는 기대감, 가격이 더 떨어질지도 모른다는 불안감, 너무 많이 올랐다는 피로감까지 겹쳐 시장의 거래량은 좀처럼 움직이지 않았다. 러시아-우크라이나 전쟁, 인플레이션을 잡기 위한 미국의 금리인상, 이에 발맞춘 국내 금리인상과 이에 따른 대출금리인상, 체감 물가의 급격한 상승 등 내외의 경제 요인까지 겹치면서 2022년이 얼마 남지 않은 현재까지도 거래량은 회복되지 않고 있다.

부진한 거래량 속에 최고가에서 20~30퍼센트씩 하락한 급매물이 전국에서 출회되고 있다. 공급이 과다한 일부 지역에서는 분양가보다 낮은 가격인 마이너스 프리미엄 매물도 속속 등장하고 있다. 전문가들은 거래량이 없는 가운데 한두 건의 저가 거래를 평균적인 가격이라고 생각하기에는 다소 무리가 있다는 의견이다.

쉼 없이 오르는 집값을 보며 2020~2021년 뒤늦게 부동산 시장에 참여한 사람들의 심정은 매우 복잡하다. 주위에 집을 가진 사람들의 자산 상승을 보며 상대적 박탈감을 느꼈고, '지금이라도 내 집 마련을 해 볼까'라는 마음으로 부동산 시장에 참여했는데 갑자기 식은 열기에 어리둥절하다. 2021년 영끌해서 내 집 마련을 했는데 이후 급매가 등장하자 꼭지에 집을 샀다는 생각에 하루하루가 불안하다. 본격적으로 투자해 보겠다고 지방 아파트를 한두 채 매수하여 다주택자의 길로 들어섰는데 괜히 투자를 시작했나 후회가 된다. 이제 막 부동산 시장에 관심을 가졌는데 다시 관심을 꺼야 하나 고민이다.

"2014~2021년 상승장에 왜 부동산에 관심을 갖지 않았을까?" 하고 후회하는 사람이라면 지금 부동산 시장이 생각한 것처럼 움직이지 않는다고 해서 시장을 이탈해서는 안 된다. 왜 지난 상승장의 파도에 올라타지 못했을까 생각해 보라. 집값이 오르기 전까지 부동산 시장에 관심을 갖지 않았을 것이다. 누군가 내 집을 장만하라고 조언해도 듣지 않았을 것이다. 오르는 집값을 보면서 곧 떨어질지 모른다며 애써 외면했을 것이다. 집값이 곧 하락할 거라고 외치는 영상을 보며 스스로 위안을 받았을지도 모른다. 한편으로는 '나도 상승 파도에 올라탔으면 얼마나 좋았을까' 후회하면서 말이다.

집값이 한창 상승하는 중에 부동산 시장에 참여하면 더 오를까 봐 마음이 급해져 정확한 판단을 하기 힘들다. 허둥지둥 내 집을 장만하거나 투자한 사람들 중에서도 "좀 더 공부해 보고 샀더라면 더 좋은 매물을 샀을 텐데" 하고 후회한다.

부동산 시장이 어떤 방향으로 전개될지 차분하게 지켜 볼 수 있는 지금이 부동산 공부를 시작하기에 최적의 시기다. 부동산을 포함한 경제의 흐름을 보면 일정한 사이클로 반복되는 것을 알 수 있다. 상승이 있으면 반드시 하락이 찾아왔다. 하락이 어느 정도 지속되면 반등이 왔고, 상승장이 다시 찾아왔다. 집값 역시 상승과 하락을 반복하며 우상향했다. 얼마 전처럼 긴 상승장이 이어지기 전에는 대체로 10년을 주기로 상승과 하락이 반복된다고 말했다. 상승장이 길었던 만큼 하락도 길어질지, 반대로 하락은 짧고 다시 상승장이 올지는 아무도 예측할 수 없다. 중요한 것은 상승이 있으면 하락이 오고 그래야 다음 상승장도 기대할 수 있다는 점이다.

지금이야말로 다음 상승 파도에 올라탈 도구를 준비할 시간이다. 부동산 책을 읽고, 영상을 찾아보고, 투자에 필요한 앱 활용법을 익힐 수 있는 좋은 시기다. 시장의 흐름이 변화하는 변곡점을 내 눈으로 확인할 수 있는 시기가 바로 지금이다. 부디 이 책의 독자들은 지금 시장을 떠나는 실수를 범하지 않기를 바란다.

Contents

2장 부동산 기초
: 부동산 투자의 원리를 이해하다

3장 **부동산 실전**
: 나에게 맞는 부동산 투자법이 있다

부동산 투자를 시작하기 전에 선행되어야 할 것이 있다면
바로 돈, 종잣돈 확보이다. 이 장에서는 돈을 모으고 불리는 데에도
공부가 필요하며, 금융지능이 있어야
새로운 기회를 얻을 수 있다고 강조한다.
세계적인 자산가들이 조언하는 돈의 속성과 자본주의 사회에서
알아야 할 금융지능에 대해 다룬 명저들을 소개한다.

1장

부동산 투자 전
돈 공부

BOOK 01

부자가 되기 위해 필요한 능력

《돈의 속성》,
김승호, 스노우폭스북스, 2020.06.

저자 김승호는 한국인 최초의 글로벌 외식 그룹인 SNOWFOX GROUP의 회장이다. 1987년 대학 중퇴 후 미국으로 건너간 뒤 흑인 동네 식품점을 시작으로 이불 가게, 한국 식품점, 지역 신문사, 컴퓨터 조립회사, 주식선물거래소, 유기농 식품점 등을 운영하며 실패를 거듭했다. 그러다 2005년 식당 체인을 6억 원에 분납 조건으로 인수한 후 3년 만인 2008년 100개 매장을 돌파한 데 이어 미국 전역에 1,000여 개 매장으로 체인을 확장했다. 이후 영국, 캐나다 등 연관 업체들과의 합병을 통해 전 세계 11개국, 총 3,878개 매장, 임직원 수 9,000여 명, 연매출 1조 원에 달하는 글로벌 그룹사로 성장시켰다. 외식 기업 외에도 출판사, 화훼 유통업, 금융업, 부동산업 등의 회사를 소유하고 있으며, 한국에서는 서울 강남을 중심으로 스노우폭스 도시락 매장과 플라워 매장 20여 개를 운영하고 있다. 저자는 한국과 전 세계를 오가며 강연을 통해 '사장을 가르치는 사장'으로 알려졌다. 미국 중견기업인협회 회장과 중앙대학교 글로벌 경영자 과정 교수로 활동했으며, 지난 5년 동안 3,000여 명의 사업가 제자들을 양성했고 지금도 꾸준히 소통하고 있다.

《돈의 속성》은 대중을 상대로 했던 강연을 계기로 집필되었다. 강연을 방송으로 촬영해 편집본으로 소개되었고, 영상이 여러 유튜버를 통해 재생산되는 과정에서 본래 의도와 목적이 조금씩 변형되는 일이 생겼다. 더 늦기 전에 저자가 전달하려던 내용을 명확하게 정리해야겠다는 생각에 책을 쓰게 되었다고 한다. 《돈의 속성》은 현재까지 10만 부 이상 판매되었으며, 이 외에도 《자기경영노트》, 《김밥 파는 CEO》, 《생각의 비밀》, 《알면서도 알지 못하는 것들》 등의 저서가 있다.

저자는 가족을 위해서라면 하루도 쉬지 않고 일하던 노동자 아버지 밑에서 태어나 겨우 굶지 않을 정도의 어린 시절을 보냈다고 과거를 회고한다. 지금은 미국과 한국에서 일 년에 수백억의 세금을 내는 사람이 되었다. 가난의 밑바닥부터 최고의 위치까지 올라가 봤기 때문에 돈의 여러 속성을 자세히 경험할 수 있었다고 한다. 그런 경험을 통해 돈을 번다는 게 어떤 뜻인지, 돈은 어떻게 움직이는지, 돈은 왜 사라지는지, 돈은 어디로 몰려다니는지, 돈은 무슨 일을 하는지, 돈은 어떤 흔적을 남기는지를 비교적 깊고 넓게 볼 수 있게 된 것이다.

나는 수많은 자기계발서 중에서 이 책을 가장 자신 있게 추천하곤 한다. 이 책을 읽은 사람들은 자신이 당장 해야 할 것들에 대해 많은 깨달음을 얻었다고 말한다. 또한 한 번만 읽고 잊혀지는 책이 아니라 의지가 약해질 때마다 보면 다시 의지를 불러일으키는 책이라고 말한다. 한국인 기업가로서 미국 시장에서 우뚝 선 저자가 알려 주는 돈의 속성을 깨달아 부자가 되기 위해 필요한 능력을 키워 보자.

⬆ 돈의 속성과 궁극적인 목표

저자가 이 책을 통해 전달하고자 하는 핵심인 돈의 다섯 가지 속성은 다음과 같다.

돈은 인격체다
규칙적인 수입의 힘
돈의 각기 다른 성품
돈의 중력성
남의 돈에 대한 태도

돈의 속성을 이해했다면 그 속성을 이용해 부자 되는 것이 궁극적인 목표라고 할 수 있다. 부자가 되기 위해서는 돈을 버는 능력, 모으는 능력, 유지하는 능력, 쓰는 능력 네 가지가 필요하다.

이 책은 읽는 사람의 경험, 자신이 처한 상황, 원하는 목표와 마음가짐에 따라 다르게 다가온다. 다섯 가지 돈의 속성과 부자가 되기 위해 필요한 네 가지 능력을 포함해 총 75개 소주제로 이야기가 구성되어 있다. 읽는 사람에 따라 그중에서 공감 가는 내용이나 여운이 남는 주제가 다를 것이다. 그런 점에서 나의 상황이 바뀔 때마다 다시 읽어 보는 것도 좋겠다.

75개 주제 중에서 '자본주의 사회에 꼭 필요한 마인드'에 관한 조언을 소개하려고 한다.

🏠 돈을 대하는 올바른 태도

자신의 돈은 아끼고 절대 함부로 사용하지 않으면서 공금이나 세금에 대해선 무심한 사람들에 대한 이야기가 나온다. 친구가 밥을 산다고 했을 때, 회비로 식사를 할 때, 평소에는 비싸서 잘 시키지 않는 메뉴를 주문하는 사람들이 있다. 남들이 아메리카노나 500원 더 비싼 카페라떼를 주문할 때, 커피를 안 마신다는 이유로 2,000~3,000원 비싼 생과일주스나 프라프치노를 주문하는 경우도 마찬가지이다. 커피를 마시지 못한다면 비슷한 가격대의 다른 음료를 시킬 수 있음에도 불구하고 몇천 원이나 더 비싼 음료를 굳이 시켜야 하는지 의아한 생각이 든다. 사장님이 회식 자리에서 먼저 '자장면'을 외치면 부하 직원들이 다른 메뉴는 주문하기 눈치 보여 실망한 표정을 짓는 광고를 본 적이 있다. 광고의 의도는 센스 없는 사장님을 지적하는 내용이었지만, 상대방의 주문과 보조를 맞추는 것이 사회생활에 필요한 센스임을 알아야 한다.

성공한 사람들은 대부분 돈보다 더 중요한 것이 시간이라고 말한다. '시간은 금이다'라는 격언도 괜히 나온 말은 아닐 것이다. 그럼에도 불구하고 남의 시간을 함부로 생각하는 사람들이 많다. 약속 시간에 미리 나와서 기다리는 것까지는 아니더라도 습관적으로 시간을 지키지 못하는 사람은 사회적으로 성공하기 힘들다고 생각한다. 내 시간이 아까운 것처럼 남의 시간도 소중하게 여길 줄 아는 사람이 진짜 성공한 사람의 태도이다.

돈을 잘 모으지 못하는 사람에게 이유를 물어보면 공통적으로 "월급이 적어서"라고 대답한다. "쥐꼬리만한 월급으로 쓸 돈도 턱없이 부족한데 모을 돈이 어디 있냐"라고 말하는 사람들을 보면 한결같이 자신의 소득에 비해 과한 소비 습관을 지니고 있다. 이러한 사람이 월급이 늘면 과연 저축도 늘까? 정답은 예상한 대로 아니다. 소득이 늘어난 만큼 소비도 늘면 결국 재정 상태는 이전과 다를 바가 없다. 한번 커진 소비 습관은 줄이기 매우 어렵다. 결국 소비 습관을 고치지 않는다면 수입이 는다 해도 삶은 크게 달라지지 않는다.

전문직으로 일반 회사원의 두 배 이상을 버는 가정이 있다. 많이 버는 만큼 씀씀이 역시 남들보다 두세 배 많다. 어쩌다 백화점에서 물건을 사는 것을 보면 상대적 박탈감을 느끼기도 하지만 사는 모습은 일반 가정과 크게 다르지 않다. 반면 박봉이라고 누구나 인정하는 맞벌이 공무원 가정이 있다. 씀씀이가 부유해 보이지는 않지만 그렇다고 못하는 것도 딱히 없다. 그런데 일 년에 1억 이상을 저축하려고 노력한다는 말에 크게 놀란 적이 있다. 두 가정이 모두 일반적인 가정은 아닐 수 있다. 중요한 것은 소득이 아니라 저축액이라는 점이다. 저축액의 차이는 소득이 아니라 소비 습관에 따라 달라질 수 있음을 보여 주는 예이다.

통장에 차곡차곡 돈이 쌓이는 데서 오는 즐거움은 경험해 보지 않은 사람은 모른다. 스트레스를 받는다고 해서 보복 소비를 하는 사람은 순간은 즐거워도 카드값이 나오는 날 더 큰 스트레스를 받지 않을까? 돈이 없어서 명품을 못 사면 속상한 마음이 들겠지만, 돈이 있는데 굳이 살 필요를 느끼지 못하는 사람이라면 명품이 없다고 해서 박탈감을 느끼지 않는다. 내가 돈을 모으지 못하는 이유는 돈을 많이 벌지 못해서가 아니라 모으는 재미를 몰라서이다. 돈을 쓰는 재미보다 모으는 재미에 빠져 보자.

🏠 인플레이션이라는 독

월급을 받아 차곡차곡 돈을 저축한다. '풍차 돌리기' 적금 방법을 활용해 종잣돈을 모으고 또 모은다. 기껏 모은 목돈으로 해외여행을 가거나 명품을 사는 것으로 그간의 노고를 스스로 치하한다. 이것이 진정 경제적 마인드를 장착한 사람의 행동처럼 보이는가? 저자는 이렇게 강조한다.

"자산이 모이면 투자를 해야 한다. 투자하지 않는 돈은 죽은 돈이고, 실제로 아무것도 하지 않는 장롱 속의 돈은 인플레이션이라는 독을 먹고 서서히 죽어 간다."

인플레이션이라는 독을 우리는 지금 피부로 느끼고 있다. 코로나19로 인해 타격을 입은 상공인과 국민 들에게 몇 차례에 걸쳐 지원금이 지급됐다. 사람들은 통장에 현금이 입금되자 공돈이 생겼다며 곧바로 소비에 열을 올렸다. 코로나19가 어느 정도 잠잠해지고 거리두기가 풀리자 사람들은 본격적인 보복 소비에 나섰다. 비행기 티켓은 코로나 이전에 비해 두 배 이상 뛰었고, 숙박료 역시 치솟았다. 1,500~2,000원 하던 배달비는 6,000~7,000원으로 상승했다. 40만 원이던 학원비가 46만 원으로 무려 15퍼센트가 올랐다. 김밥이나 패스트푸드로 한 끼를 때우려고 해도 만 원은 거뜬히 넘는다. 휘발유가 리터당 2,100원을 넘겼고(2022년 3월 기준), 10만 원을 들여도 기름통이 꽉 차지 않는다. 치킨 한 마리 가격은 2만 원을 훌쩍 넘어 버렸다. 코로나19로 눌려 왔던 인플레이션의 위협이 파도처럼 밀려와 사람들은 정신없이 두들겨 맞는 기분을 느끼고 있다.

고금리가 지속적으로 이어진다면 '풍차 돌리기'로 차곡차곡 쌓이는 적금만으로도 인플레이션을 방어할 수 있다. 하지만 고금리는 오랫동안 유지할 수 있는 통화정책이 아니다. 인플레이션이 정점에 다다르고 금리를 다시 내리기 시작하면 적금만으로는 자산 가치가 떨어지는 것을 방어할 수도, 자산의 급격한 상승을 경험하는 것도 어렵다.

아이 이름으로 적금통장을 만들어 성인이 될 때까지 차곡차곡 모아서 현금 2,000만 원을 물려주려고 계획을 세운 부모가 있다. 반면 자녀에게 아파트를 사서 물려주려고 계획한 부모가 있다. 증여세 없이 증여가 가능한 2,000만 원으로(매매가와 전세가 차이 만큼의 투자금) 아이 이름의 아파트를 사 두었고 성인이 되어 주었다.

현금 2,000만 원은 20년 후에 얼마의 가치가 될 것으로 생각하는가? 2,000만 원을 투자해서 사 놓은 집은 20년 후에 얼마가 되어 있을까? 여러분이라면 부모님이 어떤 계획을 가졌으면 좋겠는가?

저자의 말처럼 인플레이션이라는 독을 먹는 현금을 물려주려는 계획을 갖고 있다면 다시 생각해 볼 필요가 있다.

🏠 나는 금융문맹인가?

세계 경제 대통령이라 불리는 앨런 그린스펀(Alan Greenspan)은 "글을 모르는 문맹은 생활을 불편하게 하지만 금융문맹은 생존을 불가능하게 만들기 때문에 더 무섭다"라고 말했다. 저자 역시 금융문맹의 문제점을 지적하며 고등학교 정규 과목에 경제 교육이 편입되어야 한다고 주장한다. 나도 학부모의 입장에서 그의 주장에 크게 공감한다.

그가 언급한 '부자가 되기 위해 필요한 네 가지 능력' 중 하나가 '돈을 유지하는 능력'이다. '금수저', '흙수저'라는 신조어가 생길 만큼 부모의 경제력이 중요한 시대다. 부모 세대에서 열심히 자산을 불려 부를 물려준다 하더라도 자녀가 그 자산을 지킬 능력이 없다면 어떻게 될까? 몇십 년에 걸쳐 힘들게 형성한 자산이 몇 년도 지나지 않아 거품처럼 사라질 수 있다. 결혼할 때

부모에게서 많은 지원을 받고 시작하는 금수저들이 있다. 그런데 이 금수저 신혼부부는 물려받은 집을 담보로 대출을 받아 사업자금과 부족한 생활비로 쓰다 보니 얼마 지나지 않아 집이 다른 사람의 소유가 되었다는 사례도 있다. 부모의 경제력을 믿고 어린 나이에 사업부터 시작해 손대는 족족 망했다는 후일담은 흔한 사례가 되어 버렸다.

초, 중, 고 정규 교육과정을 거치면서 우리는 정치, 경제, 사회, 문화 전반에 걸친 다양한 교육을 받는다. 그만큼 한 가지 분야에 대해 깊이가 부족한 것도 사실이다. 특히 학생들에게 정치, 경제, 사회, 문화 중 가장 어려운 과목을 꼽으라고 하면 단연코 경제라고 답한다. 과목 선택제인 고등학교에서 정치나 경제를 선택하는 학생은 거의 없다. 360명 정원인 한 학년에서 한 클래스(30명)를 모집하기도 힘들어 폐강되는 경우도 많다. 하지만 고등학교 때 배운 내용 중에서 사회에 나가서 가장 유용하게 쓸 수 있는 과목을 들라고 하면 아이러니하게도 경제이다.

당장 아르바이트를 시작하더라도 최저임금을 제대로 알아야 정당한 노동의 대가를 받을 수 있다. 첫 월급을 받아서 가장 먼저 하는 일이 단지 적금통장을 만드는 것뿐이라는 사실이 현재 경제 교육의 현실이다. 그나마 부모님의 성화에 못 이겨 적금통장을 만들었다고 해도 돈을 모아서 어디에 투자할지 계획하고 있는 이들은 많지 않다. 아무도 가르쳐 주지 않아도 스스로 찾아 공부한 사람들은 한목소리로 이렇게 말한다.

"이런 것은 학교에서 왜 가르쳐 주지 않나요?"

학교에서 제대로 가르쳐 주지 않는다면 가정에서라도 지도해야 한다. 당장 고등학교 3학년을 마치고 나면 우리 아이들이 맞닥뜨리는 세계는 돈이 주도하는 '자본주의 사회'의 맨 얼굴이다. 아무 준비가 되어 있지 않은 채 자본주의 전쟁터를 마주하면 자기 몫도 챙기지 못하는, 빼앗겨도 빼앗긴 줄 모르는 상황에 처할 수도 있다. 남에게 돈을 벌어다 주는 톱니바퀴의 일원으로 평생을 보내야 할 수도 있다. 자녀를 키우는 부모의 역할이 도대체 어디까지인지 가늠할 수 없지만, 자본주의 사회에서 경제인으로 살아갈 수 있는 역량 또한 부모가 가르쳐야 할 몫이다. 그러기 위해서는 부모부터 제대로 된 금융지식을 가지고 있어야 한다.

🏠 편견과 관습을 깨는 습관

사람들에게 "둘 중 무엇을 드릴까요?"라고 물으면 대부분은 둘 중 하나를 선택한다. 여기서 '둘 다' 혹은 제안한 것 이외에 다른 선택을 해도 되는지 묻는 사람은 거의 없다. 제시되지 않은 다른 선택지를 생각할 수 있는 사람이 더 좋은 것을 가진다는 점을 대부분 모르기 때문이다. 저자는 비행기 기내식 선택 경험을 예로 들어 설명한다. "치킨을 드릴까요? 소고기를 드릴까요?"라는 질문에 "둘 다"라고 대답해 본 적이 있는지 묻는다. 정해진 수량이 있다면 당연히 한 가지를 선택하라고 하겠지만, 혹시나 남는 수량이 있다면 하나 더 갖다 줄 수도 있다. 물론 요구한 사람에게만 주어지는 특권이다.

내가 사는 동네에 반찬 한 팩에 3,000원인 가게가 있다. 한 팩은 3,000원, 네 팩을 사면 만 원이다. 하지만 아무리 둘러봐도 마음에 드는 것이 네 개가 안 된다면 어떻게 해야 할까?

첫 번째 선택은 무조건 네 개를 골라 만 원에 산다. 과연 이 선택은 생각한 대로 이득일까? 네 개 중에 한두 개만 먹고 억지로 고른 것은 결국 음식물 쓰레기통에 버려진다면 절대 현명한 선택이 아니다.

두 번째 선택은 원래 계획한 대로 한 개 혹은 두 개만 정가에 산다. 첫 번째 선택보다 경제적인 선택일 수 있다. 하지만 세 번째 선택을 생각하지 못했다면 아쉬움이 많이 남는다.

세 번째 선택은 선택지에 없는 조건을 물어보는 것이다.

"네 팩에 만 원인데 혹시 두 팩에 5,000원은 안 될까요?"

생각해 보면 안 될 것도 없지만 사람들은 물어보지도 않고 지레 안 될 거라고 생각한다. 오전에 물어봤다면 안 된다고 할 수도 있지만 마감시간에 물어본다면 받아들여질 가능성이 더 크다. 다만 물어보지 않는 사람에게 굳이 먼저 두 팩에 5,000원에 해 줄 이유는 없다. 이런 상황에 "두 팩에 5,000원은 안 되나요?"라고 물어보는 사람이 진정 돈을 버는 마인드를 가진 사람이다. 마감시간에 '4개 만 원'이라는 문구를 보면 "이제 곧 마감 시간인데 5개 만 원은 안 되나요?" 혹은 "5개 사면 만 1,000원에 안 될까요?"라고 흥정할 수 있는 센스를 발휘해 보자.

저자는 정보를 많이 가진 사람이 흥정에서 우위를 차지할 수 있다고 말한다. 많은 사람들이 생각지도 못하는 은행 금리 흥정을 예로 들어 설명한다. 내가 거래하고자 하는 은행에서 이자율이 1.9퍼센트일 때, 옆 은행은 이자율이 2.08퍼센트라고 제안해 본다. 다만 이러한 흥정이 가능하기 위해서는 정보력이 핵심이다. '대충 아무 이율이나 말해도 되지 않나'라고 생각할 수 있지만 정확하지 않은 정보는 자신감을 떨어뜨리게 하고 적극적인 협상도 힘들게 한다. 결국 많은 정보를 가진 사람이 흥정에서도 유리하다는 뜻이다.

내가 생각지도 못한 분야에서도 흥정이 가능하다는 사실을 아는 사람은 드물다. 저자가 예로 든 은행이자는 물론이고, 정가대로 판매하는 백화점이나 작품을 거래하는 갤러리에서도 흥정이 가능하다. 결국 흥정을 잘하기 위해서는 '편견'과 '관습'을 깨는 습관을 가져야 한다. 백화점은 당연히 정가니까 추가 할인이 안 될 거라고 생각하기 쉽다. 20퍼센트 세일이라고 하면 그 이상은 할인이 안 될 거라고 생각한다. 만약 추가로 할인이 안 된다면 사은품을 요구해 볼 수도 있다.

갤러리 역시 마찬가지다. 그림은 가격 할인이 안 된다고 하면 액자는 서비스로 해 줄 수 있는지 흥정해 보자. 이러한 흥정은 받아들여지면 좋고, 안 해 줘도 손해는 아니므로 반드시 해 봐야 한다. '우는 아이 떡 하나 더 준다'는 옛말처럼 제시된 가격을 무조건 받아들이기보다는 적극적인 흥정을 통해 추가로 이득을 취할 수 있는 경제적 마인드를 장착해 보자.

⌂ 얼마가 있어야 부자인가?

투자를 통해 어느 정도 성과를 내면 자신의 자산을 드러내고 싶은 욕구가 올라온다. 부동산 상승장이 길어지면서 '자산이 50억이 됐다, 100억이 됐다'라고 고백하는(?) 사람들이 부쩍 많아졌다. 그런 사람들의 자랑을 들으면서 어떤 이들은 그것이 순자산이냐, 부채를 포함한 자산이냐를 따지며 깎아내리려 한다. 과연 50억이 있으면 부자일까? 100억이 있으면 더 벌고 싶은 생각이 없어질까? 도대체 얼마가 있어야 부자라는 생각이 들까?

부동산 자산이 100억이어도 당장 통장에 1,000만 원도 없는 사람이 있다. 이 사람은 과연 자신을 부자라고 생각할까? 내 집

한 채밖에 없지만 부채도 없고 나가야 할 이자비용도 없어서 수입을 온전히 소비에 사용할 수 있는 사람은 스스로를 부자라고 생각할까? 1,000억짜리 빌딩이 있고 통장에도 수십 억 현금이 있지만 천 원 한 장 쓰는 것도 아까워한다면 사람들은 과연 그를 부자라고 인정할까?

저자는 이 질문에 이렇게 대답한다.

"스스로 상대방과 비교하는 사람은 여전히 부자가 아니다."

더 많은 자산을 가진 사람과 끊임없이 자신을 비교하는 사람은 얼마를 가져도 부자가 아니라는 말이다.

사람의 욕심은 끝이 없다고 한다. 더 좋은 집, 더 좋은 차, 더 좋은 옷과 음식을 원하는 것은 어찌 보면 사람의 당연한 욕구일지도 모른다. 욕심이 실행력을 불러오는 원동력이 되기도 하지만, 행복을 모른 채 죽을 때까지 앞만 보고 달려가는 사람을 만들 수도 있다.

자본주의 사회에서 '돈'을 쫓는 것은 지극히 당연한 일이지만 만족을 모른 채 추구하는 '돈'은 행복이 아닌 노예의 삶으로 이어질 수도 있음을 기억하자.

BOOK 02

기적을 불러오는 방법

《보도 섀퍼의 돈》, 보도 섀퍼, 에포케, 2011.05.
원제: Der Weg Zur Finanziellen Freiheit

보도 섀퍼(Bodo Schafer)는 16세에 독일에서 미국으로 건너가 고등학교를 졸업하고, 독일과 멕시코에서 법학을 전공했다. 대학을 졸업한 후 여러 기업에서 능력을 인정받으며 다양한 경력을 쌓았다. 이기간 동안 그는 부와 명성을 소유한 거부들을 만나게 되고, 그들로부터 부가 쌓이고 돈이 늘어나는 원리를 배운다. 26세에 동전으로 주유를 할 수 밖에 없을 정도로 절박한 경제 사정을 안고 있던 그는 불과 4년 뒤

경제적 자유를 선언하며 은퇴를 한다. 돈과 성공 그리고 행복의 문제를 10여 년 넘게 연구하며 돈을 다르게 보는 법을 터득했고, 그 노하우를 책을 통해 많은 사람들에게 공유하고 있다.

저자는 '유럽의 머니트레이너'라는 수식어를 갖고 있을 정도로 세계적인 스타 경영컨설턴트이자, 전 세계를 돌아다니며 강의를 통해 자신의 경험을 전하는 머니코치로 활동 중이다.

이 책(원제: 경제적 자유로 가는 길)은 발간 즉시 유럽 각국에서 베스트셀러가 되었으며 이후에도 경제 분야는 물론 종합 순위에서 상위권을 유지하는 스테디셀러로 자리 잡았다. 2011년에 우리나라에서 번역본으로 발간된 이후 자기계발 분야 스테디셀러로 지금까지 많은 사람들이 찾고 있다. 그의 다른 저서로는 《이기는 습관》, 《열두 살에 부자가 된 키라》 등이 있다.

사람들에게 동기를 주는 책으로 알려진 《이기는 습관》을 쓰기 위해 그는 7년간 4,000명의 부자들을 만났다고 한다. 2001년 첫 발행된 《열두 살에 부자가 된 키라》는 그가 미국에 건너가 생활한 경험을 바탕으로 쓴 책이다. 동화 형식으로 경제관념을 쉽게 전달하여 유럽뿐 아니라 일본, 중국 등 여러 나라에서 150만 권 이상 판매되었다. 지금도 어린이 경제동화로 꾸준한 사랑을 받고 있다.

저자는 절망과 혼돈에 빠져 힘든 시간이 있었지만 결국 자신이 꿈꾸던 경제적으로 자유로운 삶을 살게 되었다.

우리는 이 책을 통해 저자가 경제적 자유를 얻을 수 있었던 노하우를 만날 수 있다. 우리가 할 일은 저자가 알려 주는 대로 실행해 보는 것이다. 몇 년 뒤 '내가 꿈꾸는 인생을 살고 있지 않을까?' 하는 기분 좋은 상상을 하며 저자의 조언을 따라 해 보자.

⌂ 돈과 성공을 불러올 핵심 요소는 바로 '자신감'

나는 이 책을 읽으면서 저자가 강조하는 '돈'과 '성공'의 핵심 요소가 무엇일까 곰곰이 생각해 봤다. 책 전반을 관통하는 핵심 요소를 한 단어로 표현하라고 하면 바로 '자신감'이다. 하지만 자신감이 형성되기 위해서는 그에 걸맞는 재정 상태가 뒷받침되어야 한다고 강조한다. 여기서 말하는 재정 상태란 돈이 많고 적은 게 아닌 돈 문제를 스스로 조절할 수 있어야 한다는 의미이다.

"원래 그렇게 태어난 걸…."

"나도 금수저로 태어났으면…."

"너도 내 상황이 되면…."

이런 말들로 자신의 재정 상태를 다른 사람의 책임으로 돌리는 사람은 절대 돈으로 성공할 수 없다.

드라마를 보면 본성은 착한데 나쁜 유혹에 흔들려 악행을 저지르는 캐릭터가 자주 등장한다. 여기서 나쁜 유혹은 대부분

'돈'이다. 부모님이 아프신데 병원비가 없어서 돈 되는 일이면 뭐든지 다하는 나쁜 캐릭터가 등장한다. 병원비가 없는 상태를 스스로 해결하려 하기보다 다른 사람의 힘을 빌려 빨리 해결하고 싶은 마음에 자신을 악한 상황으로 몰아간다. 자신의 힘으로 성공하기보다는 운에 기대어 빨리 부자가 되고 싶은 마음에 사람들은 도박 기계 앞을 떠나지 못한다.

어려운 상황에 직면했을 때 '어쩔 수 없는 일'이라고 생각하면 상황을 바꾸기 힘들다. 스스로 컨트롤할 수 있다고 믿어야 그 상황을 바꿀 수 있다.

내가 해결할 수 있다는 마음가짐으로 작은 것부터 해결해 나가면 된다. 내가 컨트롤할 수 있는 상황이 많아질수록 '자신감'은 점점 더 커진다. 작은 성공 경험들이 모여 '자신감'을 만든다. 지금은 내가 어찌할 수 없을 정도로 힘든 상황 같지만 하나씩 해결해 나가다 보면 반전의 순간을 맞이하게 된다. 그리고 그렇게 '자신감'을 쌓아 나가다 보면 결국 '돈'과 '성공'이라는 목표에 가까워진다. 힘든 시기를 견뎌 내고 경제적 자유를 이룬 사람들의 이야기는 결코 기적이 아니다. 그들은 기적을 불러일으키기 위해 끊임없이 노력했고, 저자는 그 내용을 '끊임없이 배우고 성장하기 위한 4종 경기'로 압축했다. '4종 경기'라 하면 뭔가 대단한 것 같지만 내용을 확인하면 살짝 기운이 빠진다.

"겨우 이거라고?"하며 실망을 할 수도 있다. "이거 어디서 본 내용 같은데?" 하는 느낌도 받는다. "이미 다 알고 있는 내용인데 왜 나는 아직 경제적 자유를 이루지 못했을까?" 하는 답답함도 밀려온다.

곰곰이 생각해 보면 우리는 답을 이미 알지만 아직 실천하지 않았다. 진작부터 알았든, 지금 알았든 그건 중요하지 않다. 지금 당장 기적을 불러오는 방법을 시도하는 것이 중요하다.

🏠 기적을 불러오는 방법

책 읽기

"결국 또 책 읽기야?"

그렇다. '책 읽기'라는 구절을 보고 나는 이런 생각이 들었다.

'결론은 결국 하나구나.'

이름만 들으면 세상 사람들이 다 아는 부자들, 그들이 책 읽기를 얼마나 좋아했는지 알면 사람들은 깜짝 놀란다.

빌 게이츠가 했던 말 중에 독서를 강조한 유명한 말이 있다.

"오늘의 나를 있게 한 것은 우리 마을 도서관이었다. 하버드 졸업장보다 소중한 것은 독서하는 습관이다."

빌 게이츠(Bill Gates)는 일 년에 책을 50권 이상 읽는다. 아무리 바빠도 매일 자기 전에 한 시간 이상 책을 읽는 습관이 있다.

워런 버핏(Warren Buffett) 역시 독서의 중요성을 강조한다.

"최고의 투자는 자기 자신에게 하는 투자이고, 자신에게 하는 투자 중 최고는 책 읽기다."

새로운 분야를 배우고 싶다면 가장 먼저 무엇을 해야 하고, 어떻게 공부해야 할까? 가장 쉽고 빠르게 다른 사람의 경험을 배울 수 있는 것이 바로 책이다. 서점에 가서 해당 분야 책장에 꽂혀 있는 책들을 살펴보자. 책 한 권을 쓰기 위해 저자는 자신이 알고 있는 거의 모든 것을 쏟아 낸다. 누군가 수년에 걸쳐 몸으로 부딪혀 가며 경험한 인생의 지혜를 한 번에 깨달을 수 있다.

사람들은 쉽고 빠른 길을 보면 오히려 의심한다. "이 길이 아니라 좀 더 특별한 길이 있을 거야." 하며 다른 길이 없나 기웃거린다. 많은 사람들이 독서의 중요성을 알지만 삶에 변화를 가져올 만큼 제대로 읽는 사람은 극히 소수다. 결국 책 읽기의 핵심은 '무엇을 어떻게 읽었느냐'이다.

좋아하는 종류의 책만 편독하지 않았는가?

실용서는 일부러 멀리하지 않았는가?

자기계발서는 자랑만 가득하다는 편견이 있는가?

책은 눈으로만 읽고 끝나는 것으로 생각하는가?

책은 한 번 이상 읽지 않는 것으로 생각하는가?

책을 싫어한다고 스스로를 가두고 있지는 않은가?

지금까지 책을 많이 읽었지만 아무것도 달라진 게 없다면 책 읽기 습관을 체크해 봐야 한다. 나에게 필요한 책을 고르는 능력, 제대로 책을 읽는 능력을 갖췄는지 점검한 후에 책 읽기를 다시 시작해야 한다. 지금까지와 똑같은 방법으로 읽는다면 미래는 크게 달라지지 않는다.

성공 경험 쌓기

저자는 '돈'과 '성공'을 불러올 핵심 요소로 '자신감'을 지속적으로 강조한다. 자신감은 무엇인가를 해냈다는 성취감에서 비롯된다. 성공하는 경험이 많아질 수록 자신감은 커진다.

사람들에게 성공 경험을 이야기해 보라고 하면 매우 난감해한다. 지금껏 살면서 크게 성공한 적이 없다고 생각하는 사람들도 많다. 지금의 자리에 오르기까지 무수히 많은 성공 경험이 있었지만 사람들은 그것을 성공이라고 생각하지 않는다. 남들이 부러워하는 직위, 남들이 부러워할 만한 경제력, 남들이 부러워하는 차, 남들이 부러워하는 자식의 성적, 이런 것들을 사람들은 성공이라고 여긴다. 여기서 기준은 '자신'이 아닌 '남들의 시선'이다. 남들의 시선으로 보면서 내가 살아온 삶은 내세울 것 없는 하찮은 삶이있다고 스스로를 깎아내린다. 이것은 겸손함이 아니다. 스스로를 갉아먹는 자존감이 낮은 상태이고, 더 성장할 자신을 옭아매는 덫과 같다.

내가 운영하고 있는 독서 모임에서 본인이 살아오면서 성공한 경험을 떠올려 보자고 제안했다. 사람들 모두 어리둥절한 표정을 지었다. 지금까지 한 번도 성공해 본 적이 없다며 난감해하는 사람도 있었다. 지금 이 자리에 오는 과정에서 성공 경험이 없을 수 없다며 사소한 것이라도 다시 한 번 생각해 보자고 독려했다.

"대학생 때 교환학생을 다녀왔어요."

"취업에 성공했어요."

"연봉을 올려 이직에 성공했어요."

"운동으로 체중 감량에 성공했어요."

"회사에서 승진에 성공했어요."

"임신에 성공했어요."

"자격증을 따는 데 성공했어요."

"내 집 마련에 성공했어요."

"내가 사는 집 인테리어를 마음에 들게 완성했어요."

"부동산 공부를 해서 부모님 사시는 집을 옮겨 드렸어요."

"꾸준히 책 읽기에 성공했어요."

분명 성공 경험이 없다고 했던 사람들이 이렇게나 많은 성공 스토리를 갖고 있었다. 성공 경험을 말하면서 스스로 놀라는 사람들도 많았다. 그들은 작은 성취를 성공이라고 느끼지 못하며 살아온 것이다. 성공 경험을 말하는 사람들의 표정에서 스스로를 자랑스러워한다는 느낌을 받을 수 있었다.

우리는 수많은 사람을 만나고, 많은 일들을 경험한다. 사회의 일원으로 많은 일들을 해내며 살아가고 있다. 우리는 하루에도 여러 번 자기가 맡은 일에서 성공을 경험하는 중이다. 작은 성공이라도 하찮게 생각하지 말자. 매일 성공 경험을 떠올리면서 내일은 더 성공하겠다는 마음으로 하루를 시작해 보자.

동료와 롤모델 찾기

"인간은 사회적 동물이다."

고대 그리스 철학자 아리스토텔레스가 한 말이다. 혼자서도 성공 여정을 걸어갈 수 있지만 인간이기에 유혹에 흔들리고, 역경에 발목 잡혀 무릎을 꿇기도 한다. 유혹과 역경 속에서 손을 잡아 줄 수 있는 사람이 옆에 있다면 같은 길도 외롭지 않게 걸어갈 수 있다. 그래서 사람들은 동료를 찾고 싶어 한다.

새로운 목표를 이루기 위해서는 주변 사람을 바꿔야 한다는 말이 있다. 지금 나와 가깝게 지내는 사람들은 나의 현재 생활을 가장 잘 반영하고 있다는 뜻이다. 여행지 검색을 잘하는 친구가 있다면 당신은 여행에 관심이 많은 사람이다. 맛집을 잘 아는 친구가 있다면 먹는 즐거움에 집중하고 있는 사람이다. 최신 유행 아이템을 잘 아는 친구가 있다면 소비에 집중하고 있는 사람이다.

그렇다면 주변에 경제·경영 베스트셀러가 어떤 책인지 아는 사람이 있는가? 주변에 부동산 시세를 꿰고 있는 사람이 있는가? 주변에 내가 만나고 싶은 전문가와 친분이 있는 사람이 있는가?

주변에서 나와 같은 목표를 갖고 있는 사람을 찾으면 좋겠지만 사실상 힘들다. 새로운 것을 시작하기 위해서는 현재 가깝게 지내는 사람들과 한 발짝 멀어질 수 있는 용기가 필요하다.

새롭게 시도하는 분야에서 나와 관심사가 갖고 목표가 같은 동료나 롤모델을 만날 수 있는 방법은 무엇일까?

첫째, 가장 쉬운 방법은 처음에 언급했던 '책'이다. 관심 있는 분야의 책을 읽으면 자연스럽게 저자를 만나고 싶어진다. 저자는 책을 낸 후 출간기념회 같은 강연회를 연다. 이때가 기회다. 감명 깊게 읽은 책이 있다면 저자의 출간기념회나 강연에 참석해 보자. 참석자들 역시 나와 비슷한 생각으로 신청했을 것이다. 강연회에서 나의 목표를 더 확고히 할 수 있고, 운이 좋으면 동료를 만들 수도 있다. 책보다 강연에 더 매료돼 저자를 롤모델로 삼게 될 수도 있다.

둘째, 내가 목표로 삼은 분야의 최고를 찾는다. 직접 만날 기회가 없다고 좌절할 필요는 없다. 그 사람이 운영하는 블로그나 카페를 찾아 이웃으로 추가하거나 가입한다. 그 사람이 남긴 글이나 영상을 찾아 읽으면서 롤모델로 삼고 싶다는 생각이 든다면 그의 발자취를 따라 하면 된다.

여기서 한 가지 팁은 나의 발자취 역시 그들처럼 어딘가에 기록으로 남기면 좋다. 그런 점에서 나는 사람들에게 제일 먼저 블로그를 시작하라고 권한다. 처음에는 나밖에 보지 않고, 아무도 보러 오지 않는 낙서장에 불과할지도 모른다. 이웃수 몇만 명이 넘는 블로거들도 처음에는 그렇게 시작했다. 자신이 노력한 발자취를 블로그에 꾸준히 남기다 보면 어느새 나의 글을 보러 오는 사람들이 늘어난다. 내가 목표를 향해 달려가는 동안 기록한 블로그는 나를 나타내는 또 하나의 명함과 같다. 내가 어떤 사람인지 굳이 설명하지 않아도 내 블로그를 통해 알게 되고, 나와 비슷한 목표를 가진 사람들이 이웃 추가를 한다. 내가 그렇게 찾고 싶던 동료들이 자연스럽게 주변에 모이게 된다. 그들과 교류하고 싶다면 블로그에서 모임을 만들 수도 있다. 내가 닮고 싶은 사람의 블로그를 읽으며 발자취를 따라 갔듯 어떤 이들은 내 블로그를 보며 꿈을 키울지도 모른다. 여러분도 누군가의 롤모델이 될 수 있다.

물론 그 동료들이 끝까지 함께 갈 수 있는 것은 아니다. 어느 순간 모임에서 떨어져 나가는 사람들이 생긴다. 이유는 간단하다. 이 모임에서 내가 더 이상 얻을 게 없다고 생각되는 순간 참석할 필요성을 느끼지 못하기 때문이다.

지속적으로 네트워크가 유지되기 위해서는 '기브 앤 테이크' 법칙을 반드시 기억해야 한다. 내가 기여하는 만큼 나도 얻는 것이 있어야 관계는 지속된다. 동료에게 받기만 하면 그 사람이 성장하는 동안 내가 줄 수 있는 것은 점점 적어진다. 어느 순간 주기만 할 뿐 받지 못하는 사람이 생긴다. 그 사람은 자연스럽게 네트워크에서 멀어진다. 네트워크는 함께 성장해야만 오래 지속될 수 있다. 둘을 받으면 하나라도 나눠 줘야겠다는 마음가짐으로 나 자신을 꾸준히 성장시켜야 한다. 그렇게 유지되는 네트워크는 절대 깨지지 않는다.

BOOK 03

매일 1퍼센트만
성장하자

《아주 작은 습관의 힘》,
제임스 클리어, 비즈니스북스, 2019.02.
원제 : ATOMIC HABITS

네 살 때부터 야구를 해 온, 야구밖에 모르는 고등학교 2학년 야구부 학생이 어느 날 어디선가 날아온 야구방망이에 얼굴을 강타당한다. 코가 부러지고, 얼굴에 수십 개의 금이 가고, 왼쪽 눈은 튀어나온 채 퇴원한 이 선수는 다시 야구장에 가기까지 일 년이 걸렸다. 일 년 뒤 2군 선수로 겨우 복귀했고, 3학년 내내 후보 선수였기에 경기도 뛰지 못했다. 다행히 고등학교 졸업 후 선수 명단 제일 끄트머리에 이름을 올려 겨우 데니슨대학교에 들어갔고 그곳에서 인생을 바꿀 새로운 삶을 맞이한다.

선수 명단에 턱걸이로 들어갔기에 활동이 없는 기간 동안 무엇을 해야 할지 고민했다. 그는 인생을 한탄하며 허송세월을 보내기보다 자신의 삶을 정돈하는 데 집중했다. 동기들은 늦은 밤까지 비디오 게임을 했지만 그는 매일 밤 일찍 잠자리에 들고, 기숙사 방을 깨끗이 치우고 깔끔하게 정리하는 것부터 실천했다. 아주 작은 습관들이었지만 스스로 인생을 관리하고 있다는 느낌을 받았고 자신감을 되찾을 수 있었다. 스스로에 대한 신뢰가 쌓이자 수업 태도도 달라졌고, 1학년 내내 전부 A학점을 받았다. 결국 대학교 2학년 때 투수진에 들어갔고, 3학년 때 팀 주장이 되었으며, 시즌 마지막에는 모든 연맹팀에 선발되었다. 야구 방망이에 맞아 혼수상태에 빠진 지 6년 후, 데니슨대학교 최고의 남자 선수로 선정되었고 전국에서 단 33명만이 뽑히는 ESPN전미대학 대표 선수로 지명되었다. 8개 분야에서 최우수 성적을 받아, 학장 메달을 받으며 대학을 졸업했다.

사소하고 별것 아닌 일이라도 그것을 꾸준히 실천하면서 놀라운 변화를 경험한 그는 자신의 인생을 나락에서 구해 준 '아주 작은 습관의 힘'을 전 세계에 알리는 최고의 자기계발 전문가가 되었다. 그 사람이 바로 저자 제임스 클리어(James Clear)다.

그는 미국 최고의 자기계발 전문가로 불리며, 블로그 월 방문자 수 100만 명, 뉴스레터 구독자 수 50만 명을 보유하고 있다. 〈뉴욕타임즈

(The New York Times)〉 베스트셀러 작가로 선정되었고, 세계 최고의
웹사이트에 수여되는 웨비상(Webby Awards) 베스트 뉴스레터 부분
을 수상하였다. 포춘 500(미국 경제전문지에서 발표하는 최대 기업 500
개) 기업들에서 앞다투어 초빙하는 명연사이며 NFL, NBA, MLB에서
활동하는 세계적인 운동선수들을 코칭하고 있다. 구글, 페이스북 등 실
리콘밸리 IT 기업은 물론 아이비리그 대학에도 강연을 나가며, 스탠포
드대학에서 선보인 '아주 작은 습관의 힘'이란 강연은 지금까지도 온라
인에서 회자되고 있다.

⌂ 매일 조금씩 성장하자

큰 좌절을 극복한 이후에 새로운 인생을 살게 되었다는 사람들
의 이야기를 종종 듣는다. 제임스 클리어 역시 그런 경험을 했
다. 좌절의 순간에 큰 목표를 세웠던 것도 아니다. 그저 삶의 태
도를 아주 조금만 바꿔 보자고 생각했을 뿐이다.

매일 밤 일찍 잠자리에 드는 것, 자고 일어나서 침대를 깨끗하
게 정리하는 것과 같은 사소한 행동이 삶을 바꿀 수 있다는 말이
거짓말처럼 들리지만 그는 사소한 습관이 자신의 인생을 바꿨다
고 확신한다.

누구나 나쁜 습관을 하나쯤은 갖고 있다. 나쁜 습관인 줄 알지

만 바꾸기 쉽지 않다는 것도 안다. 거창한 목표를 세우며 나쁜 습관을 고치기로 마음먹지만 이내 포기하고 만다. 목표로 세우는 것 자체만으로도 남들보다 나은 삶의 태도를 가진 사람이다. 하지만 성장하기 위해서는 목표를 실천해야 한다. 눈에 보이는 결과를 얻기까지는 지루하고 긴 시간을 견뎌야 한다. 당장은 그저 힘들다는 생각만 가득하다. 예전의 삶으로 돌아가면 너무 편하다는 것을 안다. 나쁜 습관이 고치기 힘든 이유다. 습관은 새롭게 만드는 것도 어렵지만 나쁘게 만들어진 습관을 고치는 것은 더욱 어렵다.

⌂ 나쁜 습관을 고치기 힘든 이유

목표를 세우고 작심삼일로 끝나면 사람들은 '목표가 너무 높았던 것은 아닐까?' 하고 생각한다. 저자는 목표가 높아서 실패한 것이 아닌, 내가 살아가는 시스템에 문제가 있다고 지적한다.

내가 재테크를 하지 못하는 이유, 부동산 투자를 하지 못하는 이유는 과연 어떤 시스템이 문제일까?

재테크 공부를 시작한다고 주변 사람들에게 말하면 이런 반응을 보일지도 모른다.

"네가 무슨 공부를 해."

"이제 공부해서 투자는 언제 하니?"

"네가 집을 사면 나는 빌딩을 사겠다."

나의 목표를 좌절시키는 주변인이 바로 내 시스템의 문제다.

남들은 어떻게 시간을 내서 공부하는 건지 의문이 든다. 하루하루가 너무 바빠서 공부할 여력이 없다고 한다. 정말 시간이 없는 걸까? 이번에도 시스템이 문제인 걸까?

"매일 바쁘게 생활하는 가운데 자기 전 드라마 한 편을 보는 게 낙이에요. 드라마를 보면 늦게 잠들어서 아침에 일찍 일어나는 것은 엄두도 못 내요. 나는 미라클 모닝이 맞지 않는 사람이에요."

"회사에서는 처리해야 할 일이 산더미고, 다 못한 일은 집에 갖고 가서 해야 해요. 집에서 책을 펴는 건 상상하기 힘들어요. 한가하게 책 읽을 시간이 어디 있어요?"

"집에 왔더니 나를 기다리는 집안일이 산더미예요. 너무 힘들어서 잠깐 쉬었다 하려고 소파에 누워 휴대전화를 봤을 뿐인데 가족들이 하나둘 귀가하고, 식사 준비하고, 밀린 집안일을 하고 나니 벌써 밤이에요. 오늘도 책을 보긴 글렀어요."

정말 당신은 책 읽을 시간이 없는 삶을 살고 있을까? 투자에 성공하는 사람들은 직장도 없고, 결혼도 하지 않은 걸까? 드라마를 안 보고 일찍 잠자리에 들었으면 아침에 한 시간 일찍 일어날 수 있었다. 출근 전 한 시간은 오후 두 시간의 값어치보다 크다. 회사에서 업무를 다 처리했다면 자기 전에 한 시간 정도 책을 읽을 수 있었다. 집에 오자마자 집안일을 처리했다면 자기 전에 책을 펼 시간을 확보할 수 있었다. 과연 책 읽을 시간이 없다고 변명할 수 있겠는가?

내가 꼭 하고 싶은 일이 있다면 얼마든지 시간을 만들 수 있다. 아직까지 시간을 내지 못했다면 그건 하고 싶은 의지가 없다는 의미다. 꼭 해야 한다고 다짐했다면 아무리 피곤해도 아침에 눈이 번쩍 떠진다. 절대로 회사 일을 집에 가져가지 않겠다는 원칙을 세우면 회사에서 더 집중해서 빠르게 일처리를 할 수 있다. 9시 이후에는 집안일을 하지 않겠다는 원칙을 세우면 집에 오자마자 저녁식사 전에 밀린 일을 다할 수 있다.

24시간은 모든 사람에게 똑같이 주어진다. 책을 읽을 시간이 없는 게 아니라 생활에서 책 읽을 시간을 할애하지 않는 시스템의 문제다.

🏠 습관을 바꾸면 새로운 내가 된다

"나도 부동산 투자를 해야겠다."
"나도 이제부터 재테크를 시작해야겠다."
호기롭게 목표를 세웠지만 어디서부터 어떻게 시작해야 할지

막막하다는 사람들이 많다. 목표를 세웠으니 야심에 차 책을 몇 권 사서 읽는다. 유튜브에서 영상을 찾아본다. 재테크 카페를 찾아 회원가입을 한다. 그렇게 며칠을 보냈지만 책도 끝까지 읽지 못하고, 유튜브에서 강의가 아닌 다른 영상으로 이미 넘어가 버렸다. 재테크 카페는 가입 인사만 하고 눈팅만 하다가 이제는 하루에 한 번도 들어가 보지 않는다.

"내가 무슨 재테크야."

"지금 책 좀 보고 영상을 듣는다고 해서 내가 정말 부동산 투자를 할 수 있겠어?"

"언제 모아서 집을 사겠어. 그냥 맛있는 거 먹고 여행이나 하며 하던 대로 살아야지."

이렇게 예전의 모습으로 돌아간 나를 발견한다.

이제는 욜로족에서 벗어나 미래를 생각해 돈을 모으고 투자를 해야겠다고 생각한다. 어떤 책에서 돈을 모으기 위해서는 강제성이 필요하니 적금을 들라고 한다. 큰맘 먹고 월급의 50퍼센트씩 적금을 들었다. 중도에 카드값 때문에 적금을 깨야 하는 위기가 있었지만 가까스로 만기일을 채웠다. 생애 처음으로 만기 된 적금을 받아들고 해냈다는 성취감도 잠시, 이 돈을 어디에 쓸지부터 고민이다. 열두 달 동안 아끼며 적금을 부었지만 절약하는 사람으로 변하지는 않았다. 잠시 절약하는 척 했을 뿐이다. 진정한 행동의 변화는 만기 된 적금을 어디에 쓸지 고민하는 것이 아니다. 이 적금을 다시 새로운 적금통장에 넣거나 혹은 투자를 실행해야 한다. 나는 '월급을 아껴 적금을 든 사람'일 뿐 '절약 정신이 있는 사람'이 된 것은 절대 아니다.

어쩌다 지방에 소액투자를 해서 1, 2년 안에 오른 가격에 매도해 수익을 얻었을 수 있다. 이 돈으로 사고 싶었던 차를 덜컥 사버린 사람은 투자할 종잣돈을 모으기 위해 처음부터 다시 시작해야 한다. '투자자'가 된 것이 아니라 '투자로 한 번 운이 좋았던 사람'으로 끝난다. 이것이 저자가 말하는 '정체성의 변화'이다.

다른 사람에게 자신을 소개할 때 '돈을 모아서 투자를 하고 싶은 사람'이 아니라 '돈을 모아서 투자를 하는 사람'이라고 말할 수 있어야 진정한 정체성의 변화가 이루어진 것이다.

저자는 좋은 습관을 만들고 나쁜 습관을 깨뜨리는 네 가지 행동 변화 법칙을 소개한다. 어떤 행동이 습관이 되기 위해서는 내가 매일 할 수 있어야 하고, 하고 싶어야 하는 행동이어야 한다. 매일 할 수 있으려면 하기 쉬워야 한다. 매일 하고 싶으려면 매력적이어야 한다.

저자가 제안하는 행동 변화 법칙 중에 가장 효과적인 방법은 '습관 쌓기'다. 안 하던 일을 갑자기 하는 건 어렵기 때문에 원래 하던 습관에 새로운 습관을 덧붙이는 방법이다. 이 책에서 제안하는 네 가지 행동 변화의 법칙을 꼭 실천으로 옮겨 보기를 추천한다.

BOOK 04

당신은 어느 차선에
올라타고 싶은가?

《부의 추월차선》,
엠제이 드마코, 토트출판사, 2013.08.
원제 : The Millionaire Fastlane

저자의 책을 읽어 본 사람은 곧바로 '람보르기니'를 떠올린다. 자동차를 좋아하던 어린아이가 자신의 드림카 '람보르기니'를 타고 있는 젊은 남자를 만나 인생을 바꾸게 되는 이야기이다.

그는 스스로를 어릴 적 친구가 별로 없고 뚱뚱한 아이였다고 소개한다. 얼마나 게을렀는지 누워서 텔레비전을 돌리기 위해 고장 난 리모컨 대신 부러진 빗자루 막대를 들어 올리는 것이 자신이 유일하게 한 일이었다고 할 정도이다. 집 근처 아이스크림 가게에 갈 때만 유일하게 움직이는 아이였는데 바로 그곳에서 인생을 바꾸게 되는 경험을 한다. 자주 가던 아이스크림 가게 앞에 꼬마의 드림카 '람브로기니 카운타크' 가 서 있었다. 드림카의 주인은 아마도 주름이 자글자글하고 머리가 희끗하니 약간 벗겨지고, 두 계절은 지난 옷을 입은 나이 든 남자일 거라고 상상했다. 그런데 기껏해야 25살쯤 되어 보이는 남자가 아이스크림 가게를 나와 차를 향해 걸어오는 것을 보았다. 만약 그 남자가 드림카의 주인이라면 복권에 당첨되었거나, 억대 유산을 물려받은 부잣집 자식이거나, 운동선수임이 분명하다고 생각했다. 결국 꼬마는 드림카 주인에게 직업이 무엇이냐고 물었다.

"발명가란다."

예상을 빗나간 대답에 꼬마는 당황했다. 바로 그 순간을 저자는 '내 인생을 바꾼 90초'라고 회상한다.

그 역시 젊은 나이에 람보르기니의 주인이 되겠다고 결심하고 나름 열심히 살았지만 26세에 우울증이 찾아왔다. 사업도 자립하지 못했고, 성공한 일이 거의 없는 날들을 살았다. 제대로 변화하지 않으면 안 되겠다는 결심을 하고 도피하다시피 피닉스라는 도시로 이사했다. 그곳엔 직업도, 친구도, 가족도 없었다.

결국 저자는 젊은 나이에 부자가 되겠다는 꿈을 이뤘다. 31세에 처음으로 100만 달러(약 10억 원)를 벌었고 33세에 백만장자가 되었으며 37세에 은퇴했다. 매달 이자와 투자 수익만으로 수천 달러를 벌었기에 따로 일할 필요가 없는 상태가 되었다. 돈을 벌어야 한다는 마음의 짐으로부터 벗어나 자유로운 삶을 누리면서 실현 불가능해 보이는 꿈들을 추구하게 되었다.

26세까지 실패를 거듭하던 그가 결국 성공한 데에는 한 가지 중요한 습관이 있었다. 저자는 절대 '시간'을 허투루 쓰지 않았다고 말한다. 리무진 운전을 하던 시기에도 공항에서 고객을 기다리거나, 술집에서 고객이 거나하게 취하는 사이 차에 앉아서 책을 읽고 또 읽었다고 한다. 그가 읽은 책들은 재무, 인터넷 프로그래밍에서부터 부자들의 자서전에 이르기까지 다양했다. 잡지와 책, 신문을 읽었으며 성공한 사업가에 대한 다큐멘터리를 봤다. 고등학교에서 대학교 시절에 이르기까지 종교에 매달리듯 부자 되는 방법을 알기 위해 거의 모든 것을 공부했다. 결국에는 부의 비밀을 풀고 평범하게 돈 버는 삶에서 벗어나 경제적 자유를 얻었다. 그리고 자신이 한 것처럼 젊은 나이에 돈을 벌 수 있는 방법에 대한 책을 썼다. 그 책이 바로 《부의 추월차선》이다.

⌂ 새로운 인생을 만드는 데 필요한 사고방식

이 책은 부를 향해 나아가는 사람들 앞에 펼쳐진 세 갈래 길을 제시한다. 돈을 버는 것도, 잃는 것도 스스로 선택한 길에 대한 결과이다. 내가 선택한 길이 제대로 된 길인지 아닌지 알려 주는 사람은 없다. 다른 길이 있다는 사실도 스스로 알아내야 한다. 이 책을 읽지 않은 사람은 그러한 길이 있다는 것조차 모른 채 한평생을 마감할 수도 있다. 내가 가는 길 외에 다른 길이 있을 거라는 생각을 가졌기에 이 책을 읽게 되었는지도 모른다. 만약 그런 생각으로 책을 읽기 시작했다면 행운이다. 내가 가고 있는 길이 아닌 다른 길, 그것도 빠르게 인생을 바꿀 수 있는 추월차선이 있다고 알려 주기 때문이다. 물론 인생을 바꾸고 싶다면 선택해야 하고, 그에 따른 책임도 가볍지 않다. 하지만 인생을 바꿀 수 있는 기회임에는 틀림없다. 여러분은 새로운 길을 따라 새로운 인생을 만들고 싶은가?

부를 향해 나아가는 세 갈래 길은 인도, 서행차선, 추월차선이다. 인도는 가난한 삶으로 이끌고, 서행차선은 평범한 삶을 살게 하며, 추월차선에 올라타야 진정한 부를 이룰 수 있다. 각 길에서 이정표 역할을 하는 열한 가지 핵심 사고방식은 다음과 같다.

열한 가지 핵심 사고방식

- **부채**: 빚이 당신을 통제하는가? 당신이 빚을 통제하는가?

- **시간**: 시간이 많은가, 적은가? 별로 중요하지 않은가?

- **교육**: 당신의 인생에서 교육의 역할은 무엇인가?

- **돈**: 돈은 도구인가, 장난감인가? 돈이 많은가, 적은가?

- **수입원**: 당신의 주요 수입원은 무엇인가?

- **부를 늘리는 전략**: 어떻게 순자산을 늘리고 부를 얻었는가?

- **부에 대한 인식**: 부를 어떻게 정의하는가?

- **부의 방정식**: 당신의 부에 대한 가치관은 무엇인가?

- **목적지**: 목적지가 있는가? 있다면 어떤 모습인가?

- **책임감과 통제력**: 당신은 자신의 삶과 재무계획을 통제하고 있는가?

- **삶에 대한 인식**: 내일을 위해 오늘을 희생하는가? 오늘을 위해 내일을 희생하는가? 미래를 계획하는가?

세 갈래 길마다 핵심 사고방식에서 큰 차이가 있다. 사고방식을 바꾸어야 인생의 길이 바뀐다는 의미다. 각각의 길이 지향하는 핵심 사고방식을 비교해 보면 더욱 확실하게 그 차이를 이해할 수 있다.

🏠 부를 향해 나아가는 세 갈래 길

<u>인도</u>

- **부채**: 당장 돈이 없어도 카드 할부로 사면 돼.

- **시간**: 노후를 위해 현재를 희생하지 않아.

- **교육**: 공부는 학교에서 한 것만으로도 충분해.

- **돈**: 지금 쓸 수 있는 돈이 얼마인지가 가장 중요해.

- **수입원**: 무슨 일을 하든 돈만 주면 되지.

- **부를 늘리는 전략**: 힘 안 들고 돈 되는 것이면 뭐든지 좋아.

- **부에 대한 인식**: 지금 잘 먹고 잘 사는 것이 중요해.

- **부의 방정식**: 부채도 자산이야.

- **목적지**: 내일은 없어.

- **책임감과 통제력**: 잘못되는 건 모두 내 탓이 아니야.

- **삶에 대한 인식**: 나는 오늘을 살아.

인도를 걷고 있는 사람을 한 단어로 나타내면 욜로(YOLO)다. 열심히 벌고, 적게 쓰고, 악착같이 모아서 내가 원하는 만큼의 부를 이룰 수 없을 바에는 현재를 즐기자는 사고방식이다. '이생망(=이번 생은 틀렸어)'이라며 번 만큼 쓰는 소비지향적인 삶을 사는 게 바로 인도를 걷는 사람들의 특징이다. 안타까운 것은 욜로나 이생망 같은 단어들이 MZ세대의 삶을 표현한 신조어라는 점이다. 스스로 인도를 아슬아슬 걸어가고 있다는 사실을 알아차릴 수 있을까?

서행차선

- **부채**: 대출은 1원도 안 돼. 카드 할부는 내 사전에 없어.
- **시간**: 편안한 노후를 위해 젊을 때 열심히 일해야 해.
- **교육**: 좋은 직장에 가서 월급을 많이 받으려면 열심히 공부해야 해.
- **돈**: 노후를 위해 아끼고 저축해야 해.
- **수입원**: 내 몸과 시간이 곧 수입이야.
- **부를 늘리는 전략**: 근로소득과 저축만이 살 길이야.
- **부에 대한 인식**: 여유로운 은퇴를 위해 필요한 자금이 얼마인지가 중요해.
- **부의 방정식**: 연금저축과 적금으로 안전하게 자산을 늘릴 거야.
- **목적지**: 은퇴 후 자식에게 손 벌리지 않는 삶이여야 해.
- **책임감과 통제력**: 우리 가족은 내가 책임진다.
- **삶에 대한 인식**: 노후를 준비하며 살자.

지금 이 책을 읽고 있는 당신을 포함한 대다수의 사람들이 서행차선을 달리고 있다. 빚은 나쁜 것이라고 배워서 악착같이 저축하여 2년마다 꼬박꼬박 전세금을 올려 주고 살아가는 평범한 대다수의 사람들이다. 부유하지도 않은 그저 안락한 노후를 위해 젊은 날을 바치며 하루하루 열심히 살아가는 사람들, 직업 이

외에는 무엇을 할 수 있는지 상상조차 하지 못하는 그런 삶을 살아간다. 욜로를 외치는 젊은 사람들을 보며 안쓰러운 표정을 짓고 있겠지만, 추월차선에 올라탄 사람들이 보기에는 똑같이 안쓰러운 마음이 든다.

그나마 인도를 걷는 사람들보다 희망적이라면 서행차선에서 벗어나는 비밀 출구가 있다는 점이다. 저자는 이 비밀 출구를 '명성 쌓기'와 '경영자 되기'로 표현한다. 자신이 하는 일에서 수백 명 이상의 사람들에게 영향력을 발휘할 정도의 명성을 쌓으면 추월차선으로 갈 수 있는 비밀 출구를 만나게 된다. 여기서 몇 명에게 영향을 미치냐에 따라 자신의 부도 결정된다. 수백 명에게 영향을 끼치면 수백만 원을 벌 수 있고, 수만 명에게 영향을 끼치면 백만장자가 될 수 있다. 우리가 알고 있는 유명 유튜버들이 바로 그런 예다. 구독자 수가 늘어남에 따라 그들의 통장에 돈이 쌓인다. 구독자 수가 급속하게 불어나 남들이 생각지도 못한 부를 이룬 사람들의 이야기가 기사에 나오기도 한다. 서행차선에서 명성을 쌓아 추월차선으로 가는 비밀 출구를 통과한 사람들이다.

'평생 직장'으로 여기며 충성을 바치는 직장에서도 다행히 비밀 출구는 있다. 쳇바퀴처럼 굴러가는 직장이지만 그중에 누군가는 탁월함을 발휘하여 경영자로 승진한다. 하지만 평사원에서 경영자로 승진하는 사람의 비율은 1퍼센트도 채 안 된다. 그래서 그들을 전설이라고 부른다. 이 비밀 출구의 단점은 많은 시간이 필요하다는 것이다. 물론 40대에 CEO가 된 전설적인 스토리도 있지만 대다수의 사람들과는 무관한 이야기이다. 30년 이상 회사에 충성하고, 가정을 소홀히 한 대가로 나이 들어 추월차선으로 가는 통로를 살짝 열어 주는 것뿐이다.

추월차선

- **부채**: 자기 자본만으로 돈 버는 사람은 없어.
- **시간**: 경제적 자유보다 더 중요한 건 시간의 자유야.
- **교육**: 배움에는 끝이 없어.
- **돈**: 돈은 쫓는 것이 아니라 저절로 따라오는 거야.
- **수입원**: 내가 일하지 않아도 돈이 들어오는 시스템을 구축해야 해.
- **부를 늘리는 전략**: 남들이 시도하지 않은 새로운 것에 끊임없이 도전하자.
- **부에 대한 인식**: 내가 일하지 않아도 돈이 들어오는 시스템이 중요해.
- **부의 방정식**: 투자한 자산이 시간이 지남에 따라 스스로 불어나야 해.
- **목적지**: 경제적, 시간적 자유를 꿈꿔.
- **책임감과 통제력**: 내 인생은 내가 만들어 가는 거야.
- **삶에 대한 인식**: 미래를 꿈꾸는 삶을 살자.

드디어 추월차선이다. 추월차선을 통해 남들이 선망하는 삶에 도달한 이들은 어떤 사람들일까? 핵심을 말하자면 '생산자'다.

삶을 갈아 넣어 시간을 돈으로 바꾸지 않는다. 시간을 투자하지 않아도 돈이 생기는 시스템을 갖춘 생산자가 되는 게 추월차선의 핵심이다. 내가 자는 동안에도 돈을 벌어들이고 있다는 상상을 해 보자. 누구라도 추월차선에 올라타고 싶은 충동이 가득해진다.

고등학교 혹은 대학교를 졸업한다고 해서 누구나 원하는 직장에 들어가는 건 아니다. 입시와는 차원이 다른 더 큰 관문인 '취업 전쟁'을 통과해야 한다. 대학 시절의 낭만은 취업 준비에 밀려 사라진지 오래다. 대학 시절을 모두 바쳐 졸업도 미루고 어학연수를 하면서 스펙을 쌓아 취업에 성공했다. 기쁨도 잠시 직장 생활을 조금만 해 보면 금세 이 길이 추월차선이 아님을 깨닫는다. 그나마 직장이 서행차선에 불과하다는 점을 빨리 파악하고 추월차선에 올라타려는 사람은 다행이다. 안정적인 직장이란 없다. 블로그, 유튜브, 스마트스토어 등을 배워서 투잡, 쓰리잡 등 사이드 잡이 있어야 살아남는 시대다.

어떻게 들어간 직장인데 그곳을 벗어나야 한다고? 이런 거부감을 충분히 느낄 만하다. 하지만 직장 상사의 삶을 본 사람들은 그 길이 추월차선이 아님을 이내 깨닫는다. 그럼에도 불구하고 직장을 벗어나 사업을 한다는 것은 쉽게 내릴 수 있는 결정은 아니다. 그렇다면 우리는 영원히 서행차선에 머물러야 할까? 추월차선이 눈에 보이는데도 멀어져 가는 차를 바라보며 살아가야 할까?

추월차선으로 바로 갈아탈 수는 없어도 서서히 옮겨 가는 길은 분명 있다. 다만 남들보다 훨씬 더 많은 노력과 희생이 필요하다. 결국 노후를 위해 젊은 날을 희생하라는 말이지만 평생을 직장에서 희생하는 것보다는 훨씬 나은 선택일지도 모른다.

인도, 서행차선, 추월차선이 날 때부터 정해진 게 아니라는 점에 감사해야 하는지도 모른다. 서행차선에 비밀 통로가 있다는 것을 알게 된 것만으로도 감사해야 할 수도 있다. 추월차선의 여정에는 반드시 희생이 따르며 부자가 된 사람들도 도전, 위험, 노력의 과정이 있었기에 가능했음을 알려 주니 희망이 생긴다.

사람들은 무엇인가를 하려고 마음먹으면 그것을 시작할 완벽할 타이밍부터 기다린다. 완벽한 타이밍이 오지 않았다는 생각에 기다리기만 반복하다 평생을 보내는 사람도 많다. 하지만 저자는 완벽한 시간이라는 것은 없다고 강조한다. 우리가 기다리는 언젠가는 바로 오늘이다. 추월차선을 알게 된 바로 오늘이 무엇인가를 시작할 완벽한 타이밍이다.

BOOK 05

금융지능이 높아야
기회를 잡을 수 있다

《부자 아빠 가난한 아빠》
로버트 기요사키, 민음인, 2000.02.
원제 : Rich Dad Poor Dad

 1997년 4월 8일, 저자의 50번 째 생일날 출간된 이 책은 2000
년 뉴욕타임즈 베스트셀러 목록에 오른다. 개인 재정 부분 역대 1위
베스트셀러가 된 이후 지금까지(2018년 개정판 당시) 전 세계적으로
4,000만 부 가까이 판매된 것으로 집계된다. 이후 그는 금융 교육 회사
인 리치 대드 컴퍼니를 설립해 많은 사람들을 경제적 안정의 길로 안
내하는 한편, 래리 킹(Larry King) 라이브, 오프라 윈프리(Oprah Gail

Winfrey) 쇼를 비롯해 다양한 프로그램에 출연해 투자와 경제적 성공에 대한 해답을 제시했다.

🏠 베스트셀러의 험난한 출간 여정

1997년 초판이 출간된 이후 25년이 지난 지금까지 이 책은 전 세계적인 스테디셀러로 자리 잡았다. 하지만 출간 제안 당시 이 책의 진가를 알아 본 출판사는 없었다. 원고를 보냈던 모든 출판사로부터 거절 당했고 결국 저자는 자비로 이 책을 출간했다.

당시 출간이 거부된 이유를 저자는 이렇게 회고한다. 출판 관계자 대부분이 이 책에 나오는 '가난한 아빠'와 같은 생각을 하고 있었다. 그들은 가난한 아빠처럼 부자 아빠의 돈에 관한 교훈에 동의하지 않는 사람들이었다. 그들은 출간을 거절하면서 이렇게 말했다고 한다.

"당신은 자신이 무슨 말을 하고 있는지 모르는군요."

저자에게는 평생에 걸쳐 큰 영향을 준 두 명의 아버지가 있었다. 한 아버지는 친아버지고, 다른 아버지는 절친 마이크의 아버지다. 두 아버지는 너무 다른 인생을 살았으며, 저자에게 돈에 대한 상반되는 견해를 가르쳐 주었다. 하나는 부자의 시각이었고, 다른 하나는 가난한 자의 시각이었다. 두 아버지 모두 평생 열심히 일하며 성공적인 경력을 쌓았고 상당한 수입을 올렸다. 그러나 돈을 대하는 시각은 완전히 달랐다. 이 책은 두 아버지의 전혀 다른 돈에 대한 가르침을 이야기한다.

　저자는 가난한 아빠에게서 태어났지만 부자 아빠를 알게 되면서 다른 인생을 살게 된다. 40대 나이에 은퇴하고 경제적 자유를 누리게 되었으며, 50대에 이 책을 써서 또 다른 인생을 살고 있다. 그는 두 아빠에게서 교육을 받으며 누구의 견해를 따라야 할지 혼란스러운 과정을 겪는다. 하지만 저자의 경우 어느 한 사람의 견해나 시각을 일방적으로 받아들이거나 한쪽을 거부하는 대신 양쪽 의견을 비교한 후 결정을 내렸다. 성인이 되면서 그는 부자 아빠의 가르침에 훨씬 더 많은 영향을 받았다. 스스로 부자 아빠의 가르침을 따랐다고 볼 수 있다. 학교와 직장을 선택하고, 가난한 아빠가 좋아했던 직장을 관두고 새로운 도전을 하는 과정에서 부자 아빠의 조언은 그에게 많은 영향을 주었다. 그렇게 저자는 가난한 아빠의 인생이 아닌 부자 아빠의 인생을 따라갔다.

⭐ 부자 아빠와 가난한 아빠에 대한 편견

삶을 살아가는 동안 여러 곳에서 부자 아빠와 가난한 아빠의 견해 차이는 분명하게 드러난다. 가장 먼저 돈에 대한 인식의 차이다. 많은 사람들이 돈의 중요성을 이야기할 때 "부자가 되지 못한 게 잘못은 아니지만, 부자가 되면 할 수 있는 것들이 많아진다."라고 말한다. 부자가 되지 못한 사람들은 '돈은 중요하지 않다'고 말하지만, 부자들은 '돈이 곧 기회다'라고 말한다. 여기서 돈이 중요하지 않다고 말하는 사람들은 돈이 주는 기회를 경험해 보지 못했을 가능성이 크다.

금융기관에서 발행하는 〈부자 보고서〉를 보면 부자들의 주된 소득원은 '사업소득'이다. 투자에 대해 잘 모르는 사람이라도 월급만 차곡차곡 모아서는 부자가 될 수 없다고 생각한다. 월급쟁이 회사원들이 투잡, 쓰리잡을 생각하는 이유이기도 하다. 가난한 아빠는 공부를 열심히 해서 좋은 직장에 들어가야 한다고 강조하지만, 부자 아빠는 직장에 고용되는 것이 아니라 스스로 회사를 만들어 사람들을 고용하고, 좋은 투자 대상을 찾을 수 있어야 진짜 부자가 될 수 있다고 말한다. 결국 공부를 열심히 해야 하는 목적도 다르다. 가난한 아빠의 말처럼 열심히 공부해서 회사에서 원하는 인재가 될 것인지, 부자 아빠의 말처럼 내가 일하지 않아도 돈이 나를 위해 일하도록 하는 사람이 될 것인지 스스로 결정해야 한다. 진정한 경제적 자유는 내가 일하지 않아도 돈이 들어오는 시스템을 갖추는 것이다. 돈이 들어오는 시스템을 만들지 못한 사람은 몸이 아파도, 나이가 들어도 일을 할 수밖에 없는 인생을 살아가야 한다.

부자 아빠와 가난한 아빠 중 한 사람은 교육을 많이 받았고, 다른 한 사람은 중학교도 마치지 못했다. 나를 포함한 대부분의 사람들은 교육을 많이 받은 사람이 부자 아빠, 중학교도 마치지 못한 사람이 가난한 아빠라고 생각할 것이다. 하지만 저자가 말한 하와이 최고 갑부가 된 부자 아빠는 중학교도 마치지 않았다. 평생 금전적으로 고생한 가난한 아빠는 대학에서 전액 장학금을 받은 우수한 학생이었다.

⌂ 돈보다 더 강력한 것은 '돈에 관한 지식'

이 책을 읽으면서 가장 여러 번 언급되는 단어를 하나 꼽자면 '교육', 특히 '금융지능 교육'이다. 저자는 금융지능이 높아야 투자 기회를 잡을 수 있다고 강조한다. 세상은 우리에게 날마다 기회를 제공하지만 금융지능이 없는 사람들은 그것을 보지 못하고 지나친다. 금융지능이 있는 사람은 작은 기회가 와도 그것을 수백만 달러로 바꿀 수 있다고 한다. 똑똑해질수록 성공 확률이 증가하는 것은 투자에서도 똑같이 적용된다.

저자는 돈보다 돈에 관한 지식이 더 강력하다고 본다. 돈에 관한 지식만 있으면 돈을 통제할 수 있을 뿐 아니라 부를 쌓을 수 있기 때문이다.

우리나라 교육 제도의 문제점은 학교에서 '금융지능 교육'을 하지 않는다는 점이다. 돈에 관한 지식을 학교에서 가르쳐 주지 않는다면 그 교육은 부모의 몫일 수밖에 없다. 부의 대물림, 가난의 대물림이라는 말이 있다. 가난한 아빠에게서 태어났지만 부자 아빠의 가르침에 따라 부자가 된 저자만 봐도 알 수 있는 대목이다. 나는 지금 부자 부모가 아닐지라도 내 자녀에게 부자의 가르침을 줄 수 있어야 한다. 자녀가 금융지능이 없는 채로 사회에 나가게 해서는 안 된다.

책을 읽어도 당장 무엇부터 실천해야 할지 망설여진다면 저자가 실천하고 있는 열두 가지를 참고해도 좋다. 내가 과연 저자처럼 실천할 수 있을까 고민할 필요는 없다. 오히려 너무 쉬워서 이 정도만 해도 충분한지 의문이 들지도 모른다. 실천 목록 열두 가지 중 가장 중요하다고 생각되는 것을 꼽으라면 '지금 행동하라'이다. 부자가 되기 위해 해야 할 일을 알았다고 하더라도, 실행하지 않으면 아무 짝에도 쓸모없다.

BOOK 06

자본주의의 진실을
알아야 한다

《EBS다큐프라임 자본주의》,
정지은, 고희정, 가나출판사, 2013.09.

어떻게 이 프로그램을 만들게 되었는지 EBS다큐프라임 〈자본주의〉 담당 PD의 말을 들어보자.

"'돈이란 무엇인가? 왜 학교에서 경제를 제대로 가르치지 않는가?' 라는 단순한 질문에서 시작됐다. 이 물음을 해소하기 위해서 10여 년 간 약 1,000여 권의 경제학 서적을 섭렵했다. 그럼에도 풀리지 않는 의문이 있었고 이 모든 것을 관통하는 근본적인 원리인 '자본주의'를 취

70

재해 보기로 했다. 그렇게 1년 6개월간의 대장정 속에서 기획, 취재한 것이 'EBS다큐프라임 〈자본주의〉 5부작'이다."

하나의 프로그램을 만들기 위해 이렇게 오랜 시간 기획하고 취재했다는 사실만으로도 기대감을 갖기에 충분하다. 1,000여 권의 경제학 서적을 섭렵했다면 이미 경제학자에 버금가는 지식을 체득하지 않았을까? 이렇게 오랫동안 준비해 만든 결과물로 우리에게 던지고 싶은 메시지가 무엇인지 궁금해진다.

EBS다큐프라임 〈자본주의〉는 한국방송대상 대상, 이달의 PD상, 최고의 다큐상, 국무총리표창 등 수상 내역을 나열하기 힘들 정도로 많은 부문에서 상을 받았다. 이 프로그램이 얼마나 높은 평가를 받았는지 객관적으로 보여 주는 지표이다. 여러 기관에서 인정받은 우수한 프로그램이 시간이 지났다는 이유로 잊혀지는 것이 무척 안타깝다. 포털 사이트에 'EBS 자본주의'만 검색해도 5부작 영상을 시청할 수 있다. 책도 쉽게 읽혀 영상을 시청하는 시간 정도면 충분히 완독할 수 있다. 영상은 휘발성이 강하다는 점을 감안하면 책으로 읽기를 더 추천한다. 특히 학생들을 위한 경제 교육 프로그램을 찾고 있다면 이 책과 영상은 당신이 찾는 콘텐츠로 충분할 것이다.

🏠 자본주의의 진실을 알아야 하는 이유

저자가 던진 첫 화두는 뉴스 경제 기사에 단골로 등장하는 말들이다.

"물가가 올랐다."

"가계 부채가 1천조를 넘었다."

"경기가 침체되었다."

사람들은 뉴스 기사를 보면서 이렇게 말한다.

"물가는 왜 이렇게 계속 오르는 거야. 월급 빼고 다 오르네."

"경기가 호황인 적이 있기는 했나, 경기가 침체돼도 부자들은 점점 더 부자가 되는 것 같아."

"월급이 올랐다고 씀씀이가 더 커진 것도 아닌데 통장에 남는 돈은 늘 그대로네. 이렇게 모아서 노후 준비는 언제 할 수 있을까?"

사람들의 말 속에 자본주의 시대를 살아가는 우리들의 모습이 그대로 드러난다. 한번 오른 물건 가격은 내려가기 힘들다. 월급도 매년 오르지만 물가는 더 크게 오르는 느낌이다.

가난은 대물림된다고 생각하는 사람들이 많다. 아무리 노력해도 원하는 만큼의 부를 이루지 못할 것이라는 생각에 미래를 포기하고 현재를 즐기며 사는 젊은 세대가 늘고 있다. 이것이 과연 바람직한 경제체제인가 의구심이 들지만 그렇다고 해서 뾰족한 대안을 찾기 힘들다. 그저 지금 상황보다 조금이라도 나아지기만을 바란다. 월급이 조금만 더 늘었으면, 저축액이 조금만 더 늘었으면, 집값이 천천히 올랐으면, 2년 뒤 전세금이 조금만 올랐으면 하는 생각에 맞벌이를 해도 삶은 팍팍하기만 하다.

저자는 자본주의 사회를 살아가는 한 사람으로서 '자본주의의 진실'을 알아야 하는 이유를 이렇게 말한다.

"자본주의가 가진 문제를 몰라도 하루하루 살아가는 데에는 큰 불편은 없다. 하지만 이 사회를 살아가는 그 누구도 자본주의 시스템에서 자유롭지 못하다. 당신의 지갑 속 돈과 통장, 당신이 가입한 금융상품, 당신이 살고 있는 집의 가격, 당신이 매달 갚아야 할 대출금과 이자, 이 모든 것이 자본주의라는 사회 시스템이 깊숙이 연관되어 있다. 자본주의의 본질을 모르면서 자본주의 사회를 살겠다는 것은 아무런 불빛도 없는 깊고 어두운 터널에서 아무 방향으로나 뛰어가겠다는 것과 마찬가지다."

우리는 의사와 상관없이 자본주의라는 시스템 속에서 자유롭지 못한 상태이다. 내가 속한 시스템을 정확히 이해하지 못한다면 휘둘릴 수밖에 없다. 시스템의 본질을 제대로 파악하고 나에게 유리한 방향으로 이용할 수 있는 사람만이 성공할 수 있다. 자본주의 시스템 역시 다르지 않다.

학교에서 12년이 넘는 교육을 받고 졸업했지만 경제 기사를 보면 이해가 안 된다는 사람들이 많다. 월급을 받으면 제일 먼저 떠오르는 것이 '적금'뿐이라면 당신은 자본주의의 본질을 제대로 이해하지 못한 사람이다. 내 자녀만큼은 자본주의 시스템에서 경제적 부를 이루도록 키우고 싶지만 당장 무엇부터 가르쳐야 할지 모르겠다는 부모들도 많다. 부모도 잘 모르는데 아이들에게 제대로 된 경제 교육을 가르칠 수 없는 것은 당연하다. 나의 행복과 내 가족의 미래를 준비하기 위해 반드시 알아야 하는 것, 그것이 바로 자본주의에 대한 지식이기에 '자본주의의 진실'을 꼭 알아야 한다고 저자는 강조한다.

EBS다큐프라임 〈자본주의〉는 총 5부작으로, 영상 구성에 맞춰 책도 5개의 챕터로 구성하였다. 각 장에서 다루고 있는 내용에 따라 핵심 단어와 추천 독자를 구분했다. 시간이 부족하다면 관심 있는 챕터를 선별해서 읽어도 좋겠다.

🏠 '빚'이 있어야 돌아가는 사회, 자본주의 비밀

- **핵심단어** : 지급준비율, 통화량, 인플레이션, 물가
- **추천독자** : 전 연령

자본주의 사회에서 은행의 역할을 생각해 본 적이 있는가? 돈을 안전하게 보관해 주고, 필요할 때 언제든지 꺼내 쓸 수 있는 고마운 곳이라고 생각하는가? 돈을 맡아 주는 것도 고마운데 이자까지 주니 좋은 시스템이라고 생각하는가? 이렇게 생각하고 있다면 당신은 은행의 좋은 면만 보고 있다.

대부분의 사람들이 인지하지 못하는 은행의 가장 중요한 역할은 '신용 창조'다. 우리가 은행에 예금한 돈이 금고에 고스란히 보관되어 있다가 내가 필요할 때 꺼내 준다고 생각하는 사람은 아마 없을 것이다. 내가 저금한 돈이 다른 사람에게 대출되고, 대출이자를 통해 얻은 수익으로 나에게 예금이자를 준다는 정도는 안다. 하지만 내가 저금한 돈의 몇 퍼센트가 은행에 보관되고 얼마가 대출되는지 정확히 아는 사람이 있을까? 100만 원을 저금하면 그중에 일정 금액만 보관되고 나머지는 시중에 대출된다고 생각했다면 당신은 이 챕터를 반드시 읽어야 한다.

신용 창조가 얼마까지 가능한지를 알기 위해서는 '지급준비율'이라는 단어를 이해해야 한다. 지급준비율이란 고객이 은행에 예금한 돈을 다시 찾아갈 것을 대비해 은행에 둬야 하는 돈의 비율이다. 만약 한 은행에서 100억 원의 예금을 수취했고 지급준비율이 10퍼센트라면 이 돈은 재대출 되는 과정을 통해 1,000억이 넘는 돈으로 재창조된다. 5000억 원의 예금은 무려 60조 60억으로 늘어날 수 있다. 현재 일반 은행에 적용되는 지급준비율은 예금 종류에 따라 0~7퍼센트로 차등되어 있다.(2022년 8월 기준) 한국은행과 같은 특수 은행의 지급준비율은 더 낮게 적용된다.

은행이라는 기관과 지급준비율이라는 제도를 통해 시중에 유통되는 돈의 양은 점점 커진다. 시중에 많은 돈이 풀리면 자연스럽게 물건 가격이 오른다. 물건 가격이 오른다는 것은 돈의 가치가 하락했다는 의미이다. 이것이 바로 '인플레이션'이다.

10년 전에 서울 아파트 평균 가격이 2억이었는데 지금은 10억이라고 가정해 보자. 집은 위치가 변하지도 규모가 커지지도 않았다. 시간이 지나면서 건물은 낡아져 거주 가치는 더 떨어졌다. 그런데도 그 집을 소유하기 위해 지불해야 하는 돈의 액수는 훨씬 커졌다. 이것이 돈의 가치가 하락했을 때 맞닥뜨리게 되는 현실이다. 인플레이션이 올 때 돈을 차곡차곡 모으는 것보다 실물(금, 부동산)을 모으는 것이 유리하다고 하는 이유다.

🏠 위기의 시대에 꼭 알아야 할 금융상품의 비밀

• **핵심단어** : 금융지능
• **추천독자** : 중·고등학생, 사회초년생, 경제 교육에 관심이 있는 교사와 학부모

은행 이미지에 속지 말자

은행은 돈을 다루는 곳이다 보니 '정확'하고 '정직'하다는 이미지를 준다. 우리 주변에서 흔히 볼 수 있는 1금융권 은행들을 공공기관처럼 믿고 이용하는 사람들도 많다. 2금융권은 높은 이자를 받는 은행이라고 경계하면서 1금융권에서 제시하는 이자는 당연하게 받아들인다. 또한 금융상품에 대해 은행 직원과 상담하는 사람들이 많다. 은행 직원이 권하는 상품은 왠지 믿을 만하다고 생각하며 쉽게 가입란에 서명한다.

은행은 시장이 호황일 때는 투자자들에게 돈을 빌려주고 이자를 받아 수익을 높인다. 시장이 불황이라고 해서 이자를 깎아 주는 것도 아니다. 시장이 침체되는 와중에 이자는 더 올라간다. 예금이자는 대출금리인상 속도를 따라가지 못한다. 아니 일부러 예금이자는 천천히 올린다. 기준금리인상이 발표되자마자 대출이자를 인상하여 적용하면서 예금이자는 개인의 원성과 국가의 규제가 나올 때까지 인상을 미룬다. 예대마진(대출이자와 예금이자의 차이에서 오는 이익)이 최고라는 뉴스 기사가 나올 때쯤 돼서야 겨우 보조를 맞추는 시늉을 한다. 은행도 수익을 최우선하는 기업에 불과함을 여실히 보여 준다.

은행이 수익을 추구하는 기업임을 강조하는 이유는 딱 하나다. 은행 직원이 고객에게 권유하는 상품이 당신이 원하는 가장 좋은 상품이 아닐 수도 있음을 알려 주려는 것이다.

특히 사회초년생에게 이 챕터를 추천하는 가장 큰 이유다. 월급을 받고 돈을 불리고 싶은 사람들이 가장 먼저 찾는 곳이 아이러니하게도 은행이다. 금융상품을 가장 잘 아는 사람이 은행 직원일 것이라고 착각해서는 안 된다. 은행에서 권유하는 상품을 믿을 만한 것으로 착각하여 무턱대고 가입해서는 안 된다. 은행은 당신의 돈을 이용해 자신들의 수익을 최대화하려는 '기업'일 뿐임을 기억해야 한다.

보험, 묻지도 따지지도 않다가 큰코다친다

"보험은 재테크가 아니다."

이 책에서 가장 인상 깊은 문장이다. 부모는 아이가 생기자마자 태어나기도 전에 태아보험에 가입한다. 성인이 되는 시점에 갱신할지, 신규로 가입할지 결정해야 하지만 대부분 부모의 결정대로 계약이 이뤄진다. 자녀가 취업을 하면 보험료를 직접 납입하라고 보험가입증서를 넘겨준다. 자녀는 부모님이 가입했으니 당연히 좋을 것이라는 생각에 보험료 납입을 이어 간다. 내가 낸 보험료가 어디에 어떻게 쓰이는지 제대로 확인해 보지도 않은 채 보험가입자가 된다.

보험의 영업 방식상 가까운 지인들에게 권유하는 경우가 많다. 지인의 권유로 보험에 가입하면 제대로 약관을 확인하기란 더욱 어렵다. 꼼꼼하게 따지는 것이 상대방을 믿지 못하는 행동처럼 보이기 때문이다. 상대방이 아니라 보험회사를 믿지 못하기 때문에 꼼꼼하게 따져 봐야 함에도 불구하고 그렇게 하지 못하는 것이 현실이다.

'보험이 나쁜 것도 아니고, 아플 때 보장해 주는데 괜찮겠지'라는 안이한 생각으로 보험에 가입하는 사람들이 많다. 보험금을 납입하는 중에는 아무 생각이 없지만 예기치 않게 해지보험금을 조회해 보고 놀라는 경우가 많다. 내가 낸 보험료에서 사업비라는 것이 지출되고 있었고, 모든 금액이 100퍼센트 적립되는 게 아님을 확인하고 나서다. 나에게 보험을 권한 사람은 무엇으로 월급을 받았을지를 생각해 보면 쉽게 답이 나온다. 보험은 절대 재테크 목적으로 활용될 수 없으며 원금을 보장해 주지도 않는다.

사회초년생이 잘 모르고 가입하기 가장 좋은 상품 중 하나가 '연금보험'이다. 연말정산을 하면 부모가 소득이 있고, 부양가족이 없는 미혼 직장인들이 세금을 가장 많이 낸다. 공제할 항목이 없기 때문이다. 그럴 때 가장 먼저 떠오르는 게 세금공제 혜택이 있는 개인연금이다. 개인연금은 은행, 증권사 등 여러 곳에서 가입이 가능하다. 하지만 여러 상품 중에서 어떤 게 좋을지 제대로 알려 주는 사람은 없다. 그럴 때 사람들은 은행 창구에 가서 상품을 문의한다. 왠지 은행 직원은 최적의 상품을 추천해 줄 것만 같다. 나 역시 그렇게 은행에서 추천하는 연금저축에 가입했고,

주변에서 누군가 물어보면 같은 상품을 추천해 주었다. '연금저축보험' 상품이었는데 보험이라는 말에 조금 의심스러웠지만 다른 선택지를 찾아 볼 생각도 하지 않은 채 은행 직원이 권유하는 상품에 가입했다. 몇 년 동안 아무 생각 없이 납입하다가 우연히 책을 보고 '연금저축펀드'를 알게 되었다. 연금저축보험은 내가 납입한 금액에서 사업비를 떼고 운용되지만 연금저축펀드는 사업비 없이 내가 원하는 방식으로 운용이 가능하다는 사실을 알았을 때 뒤통수를 한 대 맞은 느낌이었다. 당장 연금저축보험 해지환급금을 조회하고는 깜짝 놀랐다. 5년 정도 납입했는데 해지환급금이 원금보다 낮았다. 그때서야 은행 직원이 권유하는 상품이 나에게 전적으로 맞는 게 아님을 깨달았다. 늦었다고 생각했지만 연금저축펀드에 대해 더 공부하고 펀드로 전환했다. 다행히 세금 환수도 없었고, 그나마 짧은 가입 기간과 적은 금액 탓에 손실을 5만 원 정도로 최소화할 수 있었다. 5년 동안의 기회비용을 생각하면 5만 원보다 훨씬 더 큰 손실이겠지만 지금이라도 알았다는 것에 만족하기로 했다. 이후 포트폴리오 구성과 리밸런싱에 대해 더 공부하여 지금은 사업비를 떼지 않으면서 미래의 연금수령액을 높이고 있다.

금융지능이 있어야 살아남는다

서울대 심리학과 곽금주 교수 팀과 다큐프라임 팀이 실시한

'부모와 청소년을 대상으로 하는 경제 인식 조사' 결과는 자녀를 키우는 부모들에게 많은 메시지를 던진다. 조사는 중학생 총 524명과 학부모 396명을 대상으로 7개 세부 항목으로 구성된 총 40문항의 질문으로 진행되었다. 결과를 한 마디로 요약하면 '청소년들이 가정 형편을 잘 모른다'였다. 자녀들은 가정 형편에 대해 부모보다 훨씬 풍족하다고 인식하고 있었다.

내 자녀가 부족함을 느끼지 않았으면 하는 것은 모든 부모의 바람이다. 가정의 경제 상황에 비해 자녀에게 쓰는 돈이 후한 경우가 많다. 특히 교육비는 다른 지출 항목에 비해 최우선순위를 차지한다. 이렇다 보니 자녀는 가정의 경제 상황을 정확히 인지하기 어렵다.

근래 급격한 집값 상승으로 집에 대한 관심이 많아지자 "지금 살고 있는 집은 누구에게 줄 것이냐"라고 묻는 자녀들도 있다고 한다. 부모님과 살고 있는 이 집은 자신에게 물려줄 것이며, 노후는 당연히 따로 준비되어 있을 거란 가정이 깔려 있다. '금수저, 흙수저'라는 신조어가 시대상을 반영하듯 부모에게 경제적으로 기대하는 마음을 탓할 수만은 없는 현실이다. 하지만 가정의 경제 상황을 제대로 인지하지 못한 자녀 탓에 과도한 결혼 비용을 지출하고 집 규모를 줄여 거주지를 옮기는 사례를 접할 때면 무언가 잘못돼 가고 있다는 생각이 든다. 내 자녀에게 가장 좋은 것을 주고 싶은 부모의 마음은 이해하지만, 그로 인해 노후가 불안해져서는 안 된다. 자녀에게 노후를 보장 받겠다고 기대하는 부모도 없겠지만, 자녀로 인해 노후가 불안해지도록 만들어서도 안 된다. 이 프로그램의 의도처럼 가계 경제 상황을 제대로 알려 주는 것이 가정에서 할 수 있는 금융교육의 첫걸음이다.

은행에서 권유하는 상품이 가장 좋다고 생각하고 가입하는 것, 사업비가 있음을 모른 채 보험에 가입하는 것, 가정의 경제 상황을 제대로 인식하지 못하는 것에 대해 누구를 탓할 수 없다. 학교에서 배우지 못했다고 원망해 봐야 손해를 만회할 수도 없다. 학교에서 가르쳐 주지 않는다면 가정에서 부모가 가르쳐야 한다. 학교에서도 가정에서도 배우지 못했다면 스스로 찾아 공부하려고 노력해야 한다. 자본주의 사회에서 금융지능은 남들보다 더 잘 살기 위한 중요한 도구이다.

🏠 나도 모르게 지갑이 털리는 소비 마케팅의 비밀

- **핵심단어** : 부정적인 정서, 쇼핑 중독
- **추천독자** : 중·고등학생, 사회초년생

소비는 불안에서 시작된다

명절이 지나면 '시발 비용'을 쓴다며 백화점을 향하는 주부들이 있다. '시발 비용'이란 시댁 수발을 드느라 힘들었던 스스로를 위로한다는 말로 주부들 사이에서 사용되는 일종의 은어다. 결혼하자마자 '시월드'라는 새로운 세계에 속하게 되고, 명절마다 스트레스를 억누르며 경조사를 치러 내는 주부들의 고충을 이해하면서도 그것을 꼭 '소비'로 풀어야 하는지 크게 공감하지 못했다. 하지만 이 책을 읽고 왜 그들이 스트레스를 '쇼핑'으로 해소하려 했는지 이해할 수 있었다.

런던대학교 애드리언 펀햄(Adrian Furnham) 교수의 인터뷰에 따르면 소비는 불안할 때, 우울할 때, 화가 났을 때 더 쉽게 일어난다고 한다.

불안, 우울, 화, 슬픔과 같은 부정적인 정서는 소비 욕구를 불러일으킨다는 뜻이다. 우리가 배고플 때 마트에 가면 생각지도 않던 품목을 더 사는 것과 마찬가지로, 부정적인 감정이 들 때 쇼핑에 나서면 충동구매나 과소비를 하게 된다. 충동구매나 과소비를 한 사람들은 시간이 조금만 지나면 감정적으로 소비한 것을 후회한다. 결국 부정적인 감정이 들수록 쇼핑이 아닌 다른 것에 집중하도록 감정 조절을 해야 한다는 교훈을 얻을 수 있다.

자존감이 낮으면 더 많은 돈을 쓴다

자존감이 낮다는 것은 자기가 마주하는 현실자아보다 내가 되기를 바라는 이상자아가 더 높고 크다는 의미이다. 더 잘 사는 것처럼 보이고 싶고, 더 예쁘게 보이고 싶은 이상자아에 맞추기 위해 비싼 것을 더 많이 사야 한다. 결국 자존감이 낮을수록 더 많은 돈을 쓰게 된다는 결론이 도출된다. 저자는 취재를 통해 이런 과정이 청소년 시기부터 반복되어 나타난 사람은 성인이 되어 중독 소비로 갈 가능성이 높다고 경고한다.

자존감은 소비로 충족될 수 있는 물리적인 요소가 절대 아니다. 스스로를 괜찮은 사람이라고 생각하려면 물질이 아닌 내면의 충족이 무엇보다 중요하다. 어릴 적부터 작은 성공 경험을 쌓아 나가는 것이 자존감 형성에 중요한 요소이다. 열심히 노력한 결과로 성공 경험이 쌓이면 스스로를 괜찮은 사람이라고 생각하게 만든다. 굳이 비싼 옷이나 명품 액세서리, 외제차로 나를 드러낼 필요를 느끼지 못한다. 다른 사람에게 어떻게 보일지 걱정하는 사람일수록 남들이 나를 하찮게 보지 못하도록 비싼 옷이나 외제차로 스스로를 포장한다. 충동적인 소비로 카드값 조절이 안 되는 사람이라면 자존감을 높이려는 노력부터 시작해 보라.

⌂ 국가는 무엇을 해야 하는가

'자본주의'라는 다큐프라임을 제작하면서 마지막으로 저자의 제언을 확인할 수 있는 부분이다. 세계 거의 대부분의 나라들이 자본주의를 채택하고 있다. 자본주의의 문제점이 전혀 없는 것은 아니지만 그 대안으로 사회주의를 찾는 사람은 없다. 자본주의 경제체제를 바탕으로 살아가지만 자본주의가 지닌 문제점을 간과해서는 안 된다고 말한다. 저자가 꼽는 자본주의의 가장 본질적인 문제는 '소득의 불균형' 즉, 빈부격차다. 많이 가진 사람이 자본을 활용해 더 많이 갖게 되는 것은 자본주의에서는 자연스러운 결과다. 문제는 처음부터 가진 것이 없는 사람에게 자본을 갖게 될 기회조차 주어지지 않는다면 불균형은 점차 심해질 수밖에 없다. 결국 가진 것이 없는 사람들에게 더 많은 기회를 주는 것, 저자는 '복지자본주의'를 자본주의의 문제점을 극복할 대안으로 제시한다. 복지자본주의도 제대로 실행하기 위해서는 많은 시행착오가 필요하다. 그럼에도 불구하고 자본주의에서 소외된 계층이 마주하는 불균형과 그로 인해 발생할 수 있는 사회 불안 요소를 없애기 위한 노력은 지속되어야 한다.

BOOK 07

자녀에게 경제관념을 가르쳐 주는 부모

《열두 살에 부자가 된 키라》,
보도 섀퍼, 을파소, 2014.03.
원제 : Ein Hund Namens Money

이 책은 앞에서 언급한 보도 섀퍼가 아이들 대상으로 쓴 경제 동화이다. 주인공인 키라는 오래 전부터 개를 키우고 싶었지만 개를 싫어하는 주인집 아저씨 때문에 그 바람을 이룰 수 없었다. 다행히 얼마 지나지 않아 정원이 딸린 예쁜 집으로 이사를 가게 되고, 어느 날 다친 개가 집 앞에 누워 있는 것을 발견한다. 어디서 왔는지, 주인이 누구인지도 모르지만 어느새 그 녀석은 키라의 가족이 된다. 키라는 그 개에게 '머니(money)'라는 이름을 지어 준다.

키라의 부모님은 늘 돈 문제에 시달렸다. 키라는 미국으로 어학연수도 가고 싶고 컴퓨터도 갖고 싶었다. 하지만 열두 살 어린아이의 눈에도 엄마와 아빠는 돈 이야기를 할 때 가장 불행해 보였다. 아빠의 수입이 신통치 않아서 집안 분위기가 안 좋은 날이 많아졌다. 부모님은 나라의 경제 상황이 우리 집 재정 문제에도 영향을 주고 있다고 생각하셨지만, 친구 모니카의 집은 왜 점점 더 부유해지는지 키라는 궁금했다.

어느 날 키라에게 머니가 말을 건다. 머니는 그냥 개가 아니었다. 말을 할 수 있는 특별한 개였다. 말만 할 수 있는 게 아니라 '돈'에 관해 아주 잘 아는 개였다. 머니의 주인이었던 골트슈테른 아저씨는 엄청난 부자였다. 머니는 주인아저씨 곁에서 부자들을 많이 만났고, 그들의 이야기를 들으면서 부자 되는 법을 아는 개로 자랐다. 머니는 자신의 목숨을 구해 준 키라에게 부자 되는 방법을 알려 주기 시작한다. 머니와의 만남은 부자들의 삶을 배우는 특별한 계기가 된다.

열두 살 아이와 개의 대화지만 어른들도 실천하지 못하는 중요한 내용들을 이야기한다. 자녀에게 올바른 경제관념을 갖게 해 주고 싶은 부모라면 이 책을 추천한다. 아이와 부모가 함께 읽고, 머니가 키라에게 했던 조언을 아이가 실천해 보도록 부모가 도와주어야 한다. 만약 이 책을 읽고 있는 부모가 키라의 부모님과 같은 경제관념을 갖고 있다면 부모부터 당장 변해야 한다.

결국 머니가 키라에게 던지는 조언은 저자가 하고 싶은 말이다.

'돈'에 관해 어떤 마인드를 가져야 하는지, 부자가 되고 싶다면 무엇부터 시작해야 하는지 친절하게 알려 준다. 이 책은 다른 동화책처럼 그냥 읽기만 해서는 안 된다. 아래와 같은 방법으로 자녀와 함께 읽어 보길 추천한다.

첫째, 부모와 아이가 함께 생각해 볼 점을 찾는다.

둘째, 머니가 키라에게 했던 조언을 모두 찾아서 적는다.

셋째, 머니가 키라에게 조언한 것들을 똑같이 실천한다.

🏠 아이와 함께 생각해 볼 점

책에서 함께 생각해 볼 점을 찾아보고, 아래와 같이 질문을 던져 보자. 아이가 질문한 것을 함께 고민해 보거나, 부모가 질문을 던지는 것도 좋다.

생각해 볼 이야기 ①

키라는 개를 키우는 것이 소원이었다. 하지만 부모님은 집이 없다. 세를 들어 사는 주인집 아저씨는 개를 싫어한다. 부모님이 주인집 아저씨와 의논해 봐도 소용없다. 키라는 자신이 살고 있는 집에서 개를 키우고 싶은데 부모님은 주인의 허락을 받아야 한다고 말한다.

1. 주인집 아저씨는 어떤 이유로 개를 키울 수 없다고 하고, 내쫓겠다는 위협까지 한 걸까?

2. 키라는 어떤 집에서 살고 있길래 개를 키우는 것까지 허락을 받아야 했을까?

생각해 볼 이야기 ②

키라는 정원이 딸린 예쁜 집으로 이사를 가게 되고, 자신의 방이 생겨 기분이 좋다. 하지만 부모님은 그리 표정이 밝지 않다. 이사 와서 좋은 반면 용돈은 왠지 더 빠듯해진 것 같다.

1. 이사를 했지만 부모님이 행복해 보이지 않은 이유는 무엇일까?

2. 이사를 했는데 키라의 용돈이 빠듯해진 이유는 무엇일까?

생각해 볼 이야기 ③

이사하고 나서 키라의 부모님은 돈 문제를 이야기하는 일이 더 늘었다. 그때마다 부모님은 불행한 표정이다. 키라는 돈 이야기를 듣는 게 제일 싫다.

1. 엄마와 아빠는 돈 이야기만 나오면 왜 불행해 보일까?

2. 우리(내 자녀의) 엄마 아빠는 돈 이야기를 얼마나 자주 할까?

3. 우리 엄마 아빠는 돈 이야기를 할 때 불행할까 아님 행복할까?

생각해 볼 이야기 ④

키라의 부모님은 나라의 경제 상황이 안 좋아져서 집안의 경제 상황도 안 좋다고 말한다. 나라의 경제 상황이 우리 집과 무슨 상관이 있는지 모르겠다. 심지어 친구 모니카의 집은 아무런 문제도 없는 것 같아 보인다. 오히려 점점 더 부자가 되는 것 같다.

1. 나라의 경제 상황이 우리 집 재정 문제에 어떤 영향을 주고 있을까?
2. 똑같은 경제 상황에서 어떤 집은 힘들어지고, 어떤 집은 부자가 되는 이유는 뭘까?

자녀를 키우면서 경제관념을 어떻게 길러 줘야 할지 고민하는 부모들이 많다. 성인이 읽을 만한 책은 많아도 아이에게 읽힐 만한 책을 고르기는 쉽지 않다. 부모 스스로 경제관념이 부족하다고 생각하는 사람이라면 내 아이에게 어떻게 경제 교육을 할지 막막하기만 하다.

자녀에게 경제 교육을 시키고 싶다며 나에게 책을 추천해 달라는 요청을 받을 때가 있다. 그때마다 나는 자녀에게 할 수 있는 가장 효과적인 경제 교육은 책보다 '부모님이 돈을 대하는 태도 그 자체'라고 말한다.

'돈'과 관련된 이야기를 자녀와 얼마나 나누는가?

'돈'과 관련된 결정을 할 때 자녀와 상의하는가?

우리 집 재정 상태에 대해 솔직하게 자녀와 대화해 봤는가?

우리는 물건을 하나 사는 짧은 순간에도 여러 가지를 고려한다. 이 제품이 나에게 꼭 필요한 물건인지, 더 저렴하면서 좋은 제품이 있지는 않은지, 세일을 기다렸다가 구매할지, 오프라인보다 온라인이 더 저렴할지 등을 생각하고 구매를 결정한다. 이런 일련의 과정을 자녀와 이야기하며 구매 여부를 결정해 보자. 자녀는 생각 없이 쓰던 물건이 새롭게 보이고, 가격을 알면 더 아껴 쓰고 소중히 다루게 될 것이다. 무작정 "네가 필요한 건 다해 줄 수 있어"라고 경제적으로 부족함이 없는 것처럼 행동하는게 자녀를 위하는 일이라고 생각해서는 안 된다. 부모가 언제까지 경제적인 도움을 줄 수 있을지 모르고, 자녀가 커 가면서 감당할 수 있는 범위보다 더 많은 것을 요구할지도 모른다. 열두살인 키라도 벌써부터 돈에 대해 알아야 할까 고민하는 장면이 나온다. 많은 부모들이 언제 돈에 대해 가르쳐야 할지 고민한다. 돈과 소비에 대해 알지 못할 때부터 조기교육을 시킬 필요는 없다. 아이가 장난감을 사 달라고 할 때, 용돈을 계획없이 쓴다고 생각될 때부터 자연스럽게 경제 교육을 시작하면 된다. 아이에따라 그 시기는 다르다. 돈이 자신의 생활에 영향을 준다고 생각하는 바로 그때가 돈을 공부할 적당한 시기다.

우리는 의도하지 않아도 부동산 시장에 참여하고 있다.
참여자로서 집을 단순히 생활의 기본 요소로 볼지,
주(住)테크로 활용할지는 이 장을 보면 확신을 가질 수 있다.
아는 만큼 보이는 법이다.
부동산 시장의 사이클과 투자 마인드를 통해
현재의 위기를 대응할 수도, 미래에 올 기회를 잡을 수도 있다.
국내외 투자 대가들의 조언이 담긴 명저 8권을 소개한다.

부동산 기초

: 부동산 투자의 원리를 이해하다

BOOK 08

왜 부동산 투자를
해야 하는가

《아기곰의 재테크 불변의 법칙》,
아기곰, 아라크네, 2017.05.

아기곰이라는 닉네임을 사용하는 저자는 부동산 커뮤니티 1세
대를 이끈 사람으로 현재까지 꾸준히 활동하는 부동산 칼럼니스트이다.
국내 최대 실명 부동산 커뮤니티인 '아기곰 동호회'의 운영자였으며 현
재 재테크 및 부동산 전문가로 활동하고 있는 다수가 이 동호회 출신이
기도 하다. 경제 전반에 걸친 해박한 지식과 부동산 투자에 본인만의
원리를 담아 칼럼을 통해 기고하였으며 많은 이들이 저자의 칼럼을 보

고 부동산 공부를 시작했다. 지금도 강의, 인터뷰, 문화센터 강연 등 활발한 활동을 하고 있다. 이 책은《How to Make Big Money》의 전면 개정판이며 필자가 짧지 않은 인생을 살아오면서 고민하고, 연구하고, 실천하고, 성과를 이룬 것을 요약한 인생의 일기장이라고 표현한다. 저서로는《How to Be Rich》,《100년 후에도 변하지 않는 부자 되는 지혜》,《아기곰의 10년 동안 써먹을 부동산 비타민》,《재테크 트렌드 2017(공저)》 등이 있다. '아기곰'이라는 필명은 저자의 외모가 아기곰과 닮았다고 해서 붙여졌으며 강연이나 인터뷰에서 선글라스를 착용하는 것으로 유명하다.

재테크를 시작할 때 가장 먼저 고려하는 분야가 주식과 부동산이다. 달러나 코인 투자도 활발하지만 대중적으로 알려진 분야는 아니다. 주식과 부동산만 놓고 보자면 좀 더 가벼운 마음으로 접근하는 분야가 '주식' 투자다. 비교적 소액으로 시작할 수 있고, 사고파는 데 큰 제약이 없으며, 시스템이 잘 구축되어 있어 시간이 없는 사람들도 쉽게 접근할 수 있다. 이런 이유로 종잣돈이 적은 사회초년생들이 쉽게 시작할 수 있는 투자 분야다.

부동산 투자는 주식에 비해 진입 장벽이 높다. 투자 금액이 크고, 사고파는 과정에 많은 시간이 필요하다. 온라인으로 사고팔 수 없는 물리적인 제약이 존재하기 때문에 조금은 어렵게 느껴진다.

주변을 보면 주식 계좌를 가지고 있지 않은 사람을 찾기 힘들다. 소액이든, 큰 금액이든 한 번쯤은 주식을 사 본 사람들이 많다. 하지만 부동산 투자를 한 번이라도 경험해 본 사람은 그리 많지 않다. 평생토록 집을 한 번도 안 사 본 사람들도 많다. 하지만 저자는 돈을 벌고 싶다면 주식이 아니라 부동산 투자를 해야 한다고 강조한다. 구체적인 이유를 들어 보자.

🏠 부동산은 실물이며 부동산 가격에는 하방경직성이 있다

투자를 실행하면서 가장 두려운 점은 '안 오르면 어떡하지'보다 '더 떨어지면 어떡하지'이다. 하락만 하지 않는다면 본전이어도 견딜 만하고 생각한다. 만약 사고 나서 하락을 맞이하더라도 '어느 정도까지 하락하다 말겠지'라는 마지노선을 예상할 수 있다면 조금은 견딜 만하다. 하락을 지속하던 집값이 바닥을 찍고 상승을 시작하면 전고점에서 얼마나 하락했는지 확인할 수 있다. 정도의 차이는 있겠으나 지방 도시를 봤을 때 하락폭은 보통 전고점 대비 약 30퍼센트였다. 3억까지 거래되던 집값이 2억까지는 떨어졌지만 그 이하로는 떨어지지 않았다. 그 이유는 여러 가지가 있겠으나 전세가격이 하방지지선 역할을 했기 때문이다.

집값이 떨어질 것 같은 불안감에 집을 사지 않고 전세로만 거주하는 사람들도 있다. 전세가는 실거주자가 인정하는 금액이어서 거품이 낄 수 없다고 말한다. 이 말은 매매가격이 전세가격 밑으로 떨어지기란 쉽지 않다는 뜻이다. 이렇듯 부동산은 전세가가 하방지지선 역할을 하면서 전세가 이하로 매매가격이 떨어지는 것을 방어해 준다. 하지만 주식은 그렇지 않다. 주식은 실물이 아니고, 회사가 망하지 말라는 법은 없다. 하루아침에 부도가 나서 회사가 사라지면 가지고 있던 주식이 휴지 조각이 될 수도 있다. 몇 년에 걸쳐 모은 돈이 하루아침에 가치가 없어진다고 생각하면 주식 투자가 부동산보다 더 무섭게 느껴진다.

⌂ 부동산은 무이자 레버리지 투자가 가능하다

주식 투자를 할 때는 절대 레버리지를 사용하면 안 된다고 한다. 하지만 부동산 투자에서는 레버리지를 사용하지 않는 사람은 하수로 본다. 같은 투자인데 레버리지를 보는 관점이 왜 이렇게 다를까?

레버리지를 사용하는 것은 투자의 기본이다. 투자 공부를 한 번도 해 보지 않은 시절, 마이너스통장(이후 마통으로 통칭)을 사용하고 있다는 사람을 이상한 눈으로 봤다. 이런 경험을 이야기하면 많은 사람들이 공감한다. 그만큼 레버리지에 대해 사람들이 오해하고 있다는 뜻이다. '레버리지=대출, 남에게 돈을 빌리는 것'이라고 단정지어 생각하는 사람들은 절대 투자로 큰돈을 벌기 힘들다. 그래서 투자를 시작하는 사람들이 극복해야 할 첫 번째 과제 중에 하나가 대출을 두려워하지 않아야 한다는 점이다. 돈을 차곡차곡 모아 투자하는 사람은 거의 없다는 사실을 알면 뒤통수를 맞은 기분이 든다. 물론 레버리지에도 좋은 레버리지와 나쁜 레버리지가 있다. 마이너스통장으로 명품을 구입하고 생활비를 쓰는 사람은 나쁜 레버리지 사용자다. 하지만 대출을 활용해 자산이 늘어나는 곳에 투자한다면 좋은 레버리지 사용자다.

레버리지 투자는 주식에서도 물론 가능하다. 하지만 주식에서 레버리지 투자를 하는 것은 완전히 다른 얘기이다. 전 세계에서 대한민국에 유일하게 존재하는 전세제도가 주식과 가장 다른 레버리지다. 전세금은 단순한 부채가 아니다. 임대차 기간 안에 무상으로 주어지는 레버리지다. 중요한 것은 '무상' 즉, 무이자로 쓸 수 있고 2년 동안 상환 압박도 들어오지 않는다. 이자를 내지 않으니 금리 변화에 민감할 필요도 없다. 내가 만약 전세를 살고 있다면 집주인에게 무상으로 양질의 레버리지를 제공하고 있다는 사실을 기억하자. 집주인은 내 전세금으로 투자를 해서 본인의 자산을 늘리고 있다. 나는 2년 동안 그 집에 살았을 뿐 2년 후 자산의 변화는 전혀 없다. 아니 물가 상승률을 반영하면 2

년 후에 돌려받는 전세금은 오히려 마이너스다. 양질의 레버리지를 내가 이용할지, 집주인에게 제공할지에 대한 대답을 스스로 찾아보자.

🏠 부동산은 거래비용이 많이 들고, 시장의 반응속도가 느리고 환금성이 제한적이다

부동산의 특징을 열거하고 보니 전부 단점이다. 그런데 이것이 부동산 투자의 장점이 될 수도 있다. 과연 그럴까?

우선 거래비용을 보자. 주식의 경우 한 주 단가가 부동산에 비해 매우 적어서 거래비용도 적게 느껴진다. ETF는 거래비용이 훨씬 적다. 주식을 처음 거래하다 보면 거래비용이 얼마인지 눈에 들어오지도 않을 정도다. 반면 부동산은 한 번 거래하는 데 최소 몇 십에서 몇백만 원이 든다. 법무사 비용에 부동산 중개수수료까지 하면 몇백만 원에서 몇 억까지 필요하기도 하다. 살 때도 비용이 많이 드는데 팔 때도 중개수수료를 지불해야 한다. 거래비용이 만만치 않다.

거래비용뿐 아니라 시장의 반응속도도 문제다. 주식은 사고 나서 바로 상한가를 칠 수도 있다. 상한가를 치면 한 번에 20퍼센트 상승이다. 물론 운이 좋지 않아 하한가를 맞으면 20퍼센트를 잃을 수도 있다. 하지만 집값은 짧은 시간 안에 크게 변하지 않는다. 잔금을 치르기도 전에 몇천만 원이 올랐다는 무용담도 들려오지만 그건 운이 좋은 소수의 경험일 뿐이다. 집값은 시간을 먹고 오른다. 타이밍이 좋아 상승장 초반에 샀다면 몇 년 안에 몇 배가 되기도 하지만 사고 나서 10년 동안 오르지 않다가 갑자기 오르는 경우도 있다.

갑자기 자금이 필요해 집을 내놔도 매도되는 과정에서 생각보다 많은 시간이 필요하다. 시장 분위기가 좋지 않으면 언제 팔릴지 기약이 없다. 집이 동산이 아닌 부동산인 이유다. 주식에 비해 환금성이 매우 떨어진다.

거래비용도 많이 들고, 빨리 오르지도 않고, 당장 팔고 싶어도 팔리지도 않는 부동산 투자가 왜 주식보다 낫다는 걸까? 부동산의 이러한 특성 때문에 사람들은 한 번 집을 사면 쉽게 팔지 않는다. 이는 시간이 지남에 따라 현금의 가치가 떨어지는 인플레이션 시대에 자연스럽게 돈을 자산에 묶어 두는 작용을 한다. 만약 레버리지를 사용해서 집을 샀다면 대출금을 갚기 위해 어쩔 수 없이 허리띠를 조르며 소비를 줄일 것이다. 소비를 줄이고 강제 저축을 하게 되는 일석이조의 효과를 볼 수 있다. 부동산은 지금껏 우상향 그래프를 그리며 상승해 왔다. 단기로는 오르내림이 있지만 장기적인 관점에서 좋은 투자 수단이다. 어쩔 수 없이 오래 보유했는데 자산 상승효과를 크게 볼 수 있는 게 바로 부동산 투자인 셈이다.

🏠 부동산은 개인 간의 경쟁 시장이다

주식시장에서 개인 투자자는 '개미'로 불린다. 거대한 경쟁 상대들 사이에서 고군분투하는 개미 집단에 비유하는 말이다. 주식 투자에서는 엄청난 자본을 가진 기관이나 외국인 투자자를 이길 수 없다고 말한다. AI가 등장하면서 컴퓨터가 주식을 사고파는 프로그램을 개인은 절대로 따라갈 수 없다고 한다. 공매도처럼 엄청난 자본력으로 주가를 흔드는 것과 같은 작전도 불가능하다.

반면 부동산 시장은 개인이라고 해서 절대 불리하지 않다. 일부에서는 부동산 투자자들이 집값을 올린다고 하지만 그들로 인해 그 지역의 집값이 오르내리는 것은 사실상 불가능하다. 단기간에 매물을 없애거나, 전세 물건이 많아질 수는 있지만 어디까지나 일시적인 영향밖에는 미치지 못한다. 투자자들이 대거 매집한 지역이라도 임대를 맞추지 못하면 매매가가 크게 오르기 어렵다. 주식시장에서는 개미들이 고군분투하지만 부동산 시장은 개미들의 각개전투가 가능하다. 내가 공부한 만큼, 내가 관심을 가진 만큼 좋은 물건을 살 수 있는 시장이다. 이 말은 내가 열심히 하면 이길 수 있는 시장이라는 뜻이다.

🏠 부동산은 본인의 의사와 상관없이 시장 참여자가 된다

앞에서 언급한 여러 이유들로 인해 주식보다는 부동산 투자가 더 유리하다. 주식시장은 본인이 직접 투자를 하지 않으면 잃을 게 없다. 시장에 참여한 사람들 간의 경기이다. 그러나 부동산은 본인의 의사와 상관없이 시장 참여자가 되기 때문에 저자는 부동산 투자를 공부해야 한다고 강조한다.

내가 집을 사지 않는다고 해서 부동산 시장을 모르고 살 수 없다는 의미다. 가정에서 독립하는 순간 나는 세입자가 되어 부동산 시장에 저절로 참여하게 된다. 세입자는 2년 후 보증금을 그대로 돌려받기 때문에 시장 참여자가 아니라고 반박할 수도 있다. 하지만 2년 후 임대료는 내 의사와 상관없이 변동된다. 만약 임대료가 올라 이를 감당하지 못하면 더 멀고 불편한 곳으로 거주지를 옮겨야 한다. 임대료가 내려갔다고 해도 마찬가지다. 이사를 가고 싶은데 전세가가 떨어져 집주인이 나에게 전세금을 돌려주지 못하는 상황이 되면, 전세금을 떼일지도 모른다는 걱정을 해야 할 수도 있다. 집값이 하락할지도 모른다는 걱정에 전세를 고집하며 매매가의 90퍼센트에 육박하는 집에 임대계약을 하면 보증보험 가입이나 전세권 설정을 고민해야 할 수도 있다. 나는 부동산 시장에 참여할 생각이 없었는데 집값이 폭등하면서 본의 아니게 '벼락거지'가 되었을지도 모른다. 부동산 시장에 참여하고 싶지 않다 해도 어쩔 수 없이 참여자가 된다면 어떻게 하는 것이 현명할까?

'세상에는 나보다 똑똑한 사람들이 많다'라는 겸손한 생각으로 시장에 참여해야 한다. 부족한 만큼 노력으로 극복하겠다는 마음가짐과 함께 책을 읽고, 영상도 보고, 강의도 들으면서 부동산 시장에 대한 지식과 경험을 쌓아야 한다. 부동산 공부는 내가 원하든 원하지 않든 반드시 공부해야 하는 분야임에는 틀림없다.

BOOK 09

부자가 되기 위해 극복해야 할 심리 편향

《부의 본능》
브라운스톤(우석), 토트출판사, 2018.08.

슈퍼리치가 되는 9가지 방법
부의 본능
브라운스톤 지음

사람들은 누구나 부자가 되길 꿈꾼다. 하지만 정작 부자가 되기 위해 노력하는 사람은 드물다. 책도 읽고, 주식도 하고, 부동산 투자도 하면서 부자가 되기 위해 노력하지만 부의 길로 가는 길은 그리 녹록치 않다. 문득 "아무리 노력해도 안 되는 꿈이 아닐까?" 하는 생각이 들기도 한다.

"돈복이 있는 사람은 따로 있는 게 아닐까? 그렇다면 노력해 봐야 소용없는 일이지 않을까?"

저자는 자신의 실패 경험을 통해 투자의 비법을 깨달았다고 한다. 결혼할 때 혼수를 하지 않고 절약한 돈으로 투자했고, 자동차를 사는 대신 그 돈으로 투자했다. 분양 받은 새 아파트도 입주하는 대신 전세를 주고, 자신은 전세가 싼 동네에서 고생과 불편을 마다하지 않으며 종잣돈을 마련해 투자했다. 하지만 애쓴 보람도 없이 초기 투자는 실패의 연속이었다고 한다. 벤처와 비상장 주식 투자로 원금을 모두 날리고, 한 종목으로 12억 원을 손해 본 후 병이 난 적도 있다고 고백한다. 그는 거듭되는 실패를 통해 아마추어와 고수의 투자법은 다르며 정말로 부자가 되고 싶다면 성공 비법보다는 실패와 실수를 피하는 법을 먼저 배워야 한다는 사실을 깨달았다.

저자는 고수의 투자법을 배우기 위해 매일 밤 잠들기 전에 재테크 책을 읽었다. 재테크와 관련해 국내에서 나온 책뿐 아니라, 국내에 소개되지 않은 원서까지 구해서 읽었다. 재테크 지식은 독서를 통해서 어느 정도 해결할 수 있으나 실행력은 인간이 가지고 있는 본능, 감정 그리고 인식체계의 결함이라는 장해물을 극복해야 하기 때문에 더 힘들었다고 고백한다.

"감정과 본능을 다스리지 못하면 책을 아무리 읽어도 소용이 없다. 내가 지난 세월 수업료를 내면서 깨달은 것 중 하나는 부자가 되지 못하는 가장 큰 장해물은 '내 마음'이었다는 점이다. 대다수의 사람들이 부자가 되지 못하는 이유도 자기 마음을 다스리는 데 실패했기 때문이다.

부자가 되려면 내 안의 부자를 깨워야 한다."

그는 사람들이 부자 되지 못하게 하는 여덟 가지 본능과 한 개의 인식체계 결함으로 구분지어 설명한다. 어떤 사람들은 자기 안에 이러한 본능이 있다는 것도 모른 채 살아간다. 책에서 언급한 내용 중에서 특히 나에게 강하게 작용하는 본능이 있을 것이다. 부자 되지 못하게 하는 내면의 본능을 정확히 들여다보고, 이성의 힘으로 본능을 이기며 고수의 투자법에 다가가 보자.

🏠 고수의 투자법, 여덟 가지 본능을 깨워라

무리 짓는 본능

전학을 가면 같이 어울릴 친구가 없을 것 같다는 불안함이 가장 크다. 이사를 가면 동네 친구를 만들지 못할까 봐 걱정한다. 새로운 직장에 가면 텃새를 부리고 무리에 끼워 주지 않을까 불안하다. 어느 무리에도 끼지 못한 사람들을 '왕따'라고 말한다. 단어 자체에 부정적인 의미가 내포되어 있다. 그만큼 사람들은 무리 안에서 혼자 되는 것을 걱정한다.

투자를 이어 나가는 길은 더 외롭고 힘들다. 주위 사람들에게 투자 공부를 한다고 하면 "공부하면 부자 될 수 있는 거야?"라는 말을 가장 먼저 듣는다. 투자를 실행해 보려고 하면 대다수가 격

려보다는 걱정과 비난의 말을 쏟아 낸다.

"잘 알고 투자하는 거야?"

"지금 부동산을 사면 집값이 떨어지는 거 아냐?"

새로운 것을 도전하는 과정에서 주로 발목을 잡는 부류는 의외로 나와 가까운 사람들이다. 부모님은 항상 걱정이 많다. 형제자매들은 잘하라는 말보다 걱정부터 한다. 막상 혼자서 무엇인가를 하려니 잘하고 있는지 두렵기만 하다. 이럴 때 함께할 동료가 필요하다고 느낀다.

결국 사람은 무리 짓는 본능을 극복하기 힘든 걸까? 그렇다면 굳이 극복하려 하지 말고 새로운 무리를 스스로 만들어 보면 어떨까? 나와 같은 목표를 가진 사람들과 함께하는 것이다. 이렇게 말하면 사람들은 되묻는다.

"그런 사람들은 도대체 어디서 만날 수 있나요?"

물론 같은 목표를 가진 사람들을 만나기란 쉬운 일은 아니다. 그렇다고 불가능한 일도 아니다.

나는 부동산 공부를 하기로 마음먹고 블로그도 함께 시작했다. 시작할 때는 공부한 것을 적어 두고 어디서든 쉽게 열어 볼 수 있는 노트 기능이 목적이었다. 공부한 내용, 책 후기, 기사 요약, 자료 정리를 매일 꾸준히 올리자 많은 사람들이 나의 블로그를 보기 위해 찾아왔다. 블로그를 통해 독서 모임을 모집하자 수백 명이 함께하고 싶다는 의사를 밝혔다. 그렇게 나는 함께하고 싶은 무리를 스스로 만들었다.

처음부터 무리를 만드는 건 쉽지 않지만 실력을 쌓아 나가다 보면 자연스럽게 사람들이 주위에 몰려든다. 물론 시간이 필요하다. 남들 앞에 나서기 위해 스스로를 성장시키는 시간으로 생각하면 된다. 자신이 지속적으로 성장하고 있다는 것을 끊임없이 보여 주면서 말이다. 블로그가 아닌 유튜브나 인스타그램이어도 상관없다. 무리 짓는 본능을 극복하기 어렵다면 같은 목표를 향해 노력하는 사람들을 찾아 새로운 무리를 만들어 보는 것도 좋겠다.

영토 본능

신혼부부가 첫 집을 마련할 때 가장 고민하는 부분이 '어느 동네에서 살까'이다. 가장 먼저 직장과의 거리를 고려한다. 부부의 직장이 동서 혹은 남북으로 반대편에 있다면 대체로 중간 지점에 자리를 잡는다. 혹은 잘 모르는 동네보다는 부모님이 살고 있거나, 어릴 때 살아 봤던 곳을 고려한다. 이렇게 한 지역에 정착하여 가정을 꾸리고 아이를 낳게 되면 주변에 인맥이 형성된다. 아이에게는 유치원, 학원, 동네 친구가 생기고 엄마에게는 그 친구의 엄마들이란 새로운 인맥이 만들어진다. 이때 무리 짓는 본능이 십분 발휘된다. 이어서 영토 본능이 모습을 나타낸다. 친구들과 떨어져 절대 다른 동네로 이사 갈 수 없을 것 같고, 다른 동네에 가면 친구를 다시 사귀지 못할 것 같아 불안해진다. 그렇게 지금 살고 있는 지역에 오래도록 머물게 된다. 특히 아이가 학교에 입학하면 웬만해서는 동네를 떠날 수 없다. 동네를 옮기면 전학을 해야 하고, 아이에게 전학이 어떤 의미인지 부모들은 너무 잘 알기 때문이다.

익숙한 지역, 살고 있는 지역을 떠나고 싶지 않은 사람의 본능을 저자는 '영토 본능'이라고 말한다. 덧붙여 "이사 횟수와 재산은 비례한다"는 말로 영토 본능을 극복하는 게 중요하다고 강조한다.

나 역시 의도한 것은 아니지만 결혼하고 8년 동안 일곱 번 이사를 했다. 모두 옆 동네도 아닌 연고도 없는 생소한 지역들이었다. 그때는 어떤 목적을 갖고 이사를 다닌 것은 아니었지만 이후 부동산 투자를 공부하면서 잦은 이사 경험이 내게는 큰 도움이 됐다. 이사 다닌 횟수만큼 내가 잘 아는 동네가 많았다. 살다 보면 내가 사는 동네만 다니지 않는다. 평촌에 살면 의왕, 북수원을 가게 되고, 일산에 살면 김포나 파주에 갈 일이 생긴다. 분당에 살면 수지나 송파 등 그 주변으로 생활 반경이 넓어진다. 일곱 번의 이사를 통해 다른 사람보다 훨씬 많은 지역을 잘 아는 사람이 되었다.

부동산 투자를 할 때 잘 알지 못하는 지역을 공부하기 위해 임장을 간다. 길어야 반나절 동네를 걸어 보고 그 지역을 다 아는 것처럼 투자에 임한다. 하물며 일 년 이상 거주하며 자주 왕래하던 지역을 반나절 임장한 사람보다 모를 리가 있겠는가? 무리 짓는 본능만 극복하면 영토 본능 역시 쉽게 극복할 수 있다. 특히 아이가 학교에 들어가기 전까지가 지역을 옮겨 다니기에 유리한 시기임에는 틀림없다. "엉덩이가 가벼워야 부자가 된다"는 투자 세계의 격언을 기억하자.

쾌락 본능과 과시 본능

부자가 되고 싶은 이유 중 하나가 하고 싶은 것을 마음대로 하고, 사고 싶은 것을 마음대로 사고 싶어서이다. 정작 부자들은 그렇게 살지 않는다. 고(故) 정주영 회장 집 식탁이 화제가 된 적이 있다. 철제 다리를 가진 투박한 식탁을 평생 사용했다는 이야기다. 최고급 식탁을 산다고 해도 뭐라 할 사람이 없는데 왜 투박한 철제 다리 식탁을 평생 사용했을까? 원래의 역할을 잘하고 있는데 굳이 남에게 보여 주기 위해서 비싸고 고급스런 식탁이 필요하다고 생각하지 않았기 때문이다.

단기간에 수익을 냈다고 매번 스스로에게 보상을 주는 사람도 있다. 투자 수익을 올릴 때마다 명품가방이나 해외여행으로 스스로의 노력을 보상한다. 물론 수익도 없이 소비하는 사람보다는 낫다.

"돈이 돈을 번다"는 말이 있다. 투자금이 많을수록 더 좋은 기회를 잡을 수 있고, 더 큰 수익을 기대할 수 있다는 의미다. 어렵게 얻은 작은 수익을 명품가방이나 여행 같은 소비재로 없애 버린다면 투자금의 크기는 늘 제자리일 수밖에 없다. 다음번에 투자를 한다 해도 매번 같은 크기의 기회만 잡고 만다.

성과도 없으면서 남에게 보이기 위한 소비만 하는 사람들도 있다. SNS의 영향력이 커지면서 남에게 보여 주기 위한 소비 또한 늘고 있다. 골프장에서 여유롭게 즐기는 모습을 보여 주고 싶은데 자주 갈 여력이 안 되니 한 번 갈 때 여러 벌의 옷을 챙겨 간다고 한다. 라운딩 도는 와중에 옷을 갈아입고 사진을 찍어서 마치 여러 번 간 것처럼 SNS에 올린다는 이야기를 들었다.

최근 몇 년간 단기간에 집값이 크게 상승하면서 '이생망'을 외치는 젊은 사람들이 늘어났다. '넘사벽(넘을 수 없는 사차원의 벽)'이 되어 버린 집값을 보고 망연자실한 나머지 돈을 모아 투자해야겠다는 희망조차 갖지 않는 것이다. 버는 만큼 쓴다는 생각으로 하루하루를 즐기며 보내는 사람들을 보면서 노후를 걱정하면 바로 꼰대 취급을 받을지도 모르겠다. 평균 수명을 90세라고 보면 30년 벌어서 60년을 먹고살아야 한다. 물가 상승률을 반영하지 않는다고 해도 최소 월급의 반은 모아야 지금과 같은 생활을 할 수 있다.

남에게 보여 주기 위한 소비, 자신이 가진 것보다 더 많아 보이기 위한 소비는 안정된 노후를 위협하는 잘못된 소비 습관이라는 것을 하루빨리 깨달아야 한다. 현명한 소비로 종잣돈을 모으고, 투자를 통해 내 자산을 차곡차곡 늘려 나가는 과정에서 진정한 기쁨을 느껴 보길 바란다.

근시안적 본능과 손실공포 본능

부동산 공부를 하다 보면 모든 사람들이 공통적으로 하는 말이 있다.

"집값이 오르내림에 상관없이 내 집 마련은 꼭 하세요."

그럼에도 불구하고 꿋꿋이 전세를 고집하는 사람들은 어떤 심리일까? 부동산을 잘 몰라서? 용기가 없어서? 자신이 사고 나서 집값이 떨어질까 봐 무서워서? 모두 맞다.

내가 사고 나서 집값이 떨어질까 봐 무서워하는 심리가 바로 저자가 말하는 손실공포 본능이다. '집을 샀는데 집값이 떨어지면 어쩌지?'라는 생각에 2년 뒤 보증금을 그대로 돌려주는 전세가 마음 편하고 좋다. 하지만 이것이야말로 근시안적 본능이 가져오는 최대 실수다. 2년 뒤 고스란히 돌려받는 전세금은 결코 본전이 아니다. 물가는 꾸준히 오른다. 매년 평균 물가 상승률이 3퍼센트인 점을 감안하면 돌려받은 전세금은 2년 전과 똑같은 값어치를 갖지 못한다. 게다가 2년 동안 그 돈이 할 수 있었던 자산 상승의 기회비용은 생각하지도 못하는 근시안적인 본능이 전세로 계속 거주하게 만든다. 실거주를 목적으로 집을 사면서

1, 2년 안에 팔 생각을 하는 사람은 없다. 살고 있는 동안 자기 집이라는 편안함을 누리면 된다. 집값은 물가 상승과 더불어 장기적으로 우상향해 왔다. 그렇기 때문에 내가 거주하는 동안 집값이 오르내리는 것에 크게 동요할 필요가 없다.

부동산뿐 아니라 주식 투자에서도 마찬가지다. 대부분의 책에서 장기 투자를 강조한다. 주식에서 장기 투자의 성과는 부동산 투자 수익을 훨씬 뛰어넘는다. 하지만 사람들은 당장의 오르내림에 불안해한다. 주식 투자를 하는 사람들에게 특히 근시안적 본능과 손실공포 본능이 크게 나타난다. 손가락 하나만 까닥하면 사고팔 수 있는 시스템이니 눈앞에 오르내리는 그래프를 보면서 본능을 억누를 수 있는 사람은 드물다. 투자의 대가들이 장기적으로 접근하라고 조언해도 근시안적 본능과 손실공포 본능을 극복하기란 쉽지 않다.

그나마 부동산은 주식에 비해 사고파는 데 많은 시간과 절차가 필요하다. 내가 팔고 싶다고 해서 당장 팔 수 있는 게 아니라는 점이 큰 장점이기도 하다. 임대를 맞추고 나면 2년간은 큰 걱정 없이 자금을 묻어 둘 수 있다. 실거주를 한다면 10년 이상도 참고 견딜 수 있다. 대한민국 상위 부자들의 자산 현황을 보면 부동산이 압도적으로 높은 비율을 차지하는 데에는 그만한 이유가 있다. 당장의 손실공포 본능을 이겨 내고 투자에 나선다면 보유하는 동안 근시안적 본능을 강제로 억눌러 주는 훌륭한 투자 종목이 바로 부동산이다.

도사 환상

무리 짓는 본능, 영토 본능, 쾌락 본능, 과시 본능, 근시안적 본능과 손실공포 본능을 이겨 내고 투자 세계에 뛰어들기로 결심했다면 가장 조심해야 할 본능이 도사 환상이다. 남들보다 늦게 시작했다는 불안감에 사로잡힌 사람들이 걸려들기 쉬운 함정이기 때문이다.

사람들은 누구나 빠르고 쉬운 길을 원한다. 하지만 빠르고 쉬운 길은 없다는 것도 안다. 그럼에도 불구하고 끊임없이 빠른 길을 찾는 것 또한 사람의 본능이다. 다른 사람은 안 될지 몰라도 나는 운 좋게 빠르고 쉬운 길을 찾을 수 있을 거라고 생각한다. 유튜브에서 누구나 알 만한 이야기를 들어도 나만 아는 정보라는 환상에 빠진다. "너한테만 알려 주는 거야"라는 뻔한 거짓말을 철석같이 믿는다. 나에게만 좋은 정보를 줄 거란 환상에 빠져 주저 없이 비싼 수업료를 지불한다. 마음만 먹으면 누군가 나타나 나를 부자로 이끌어 줄 것이라는 착각에 빠진다. 과연 그렇게 해서 부자가 된 사람이 한 명이라도 있을까?

주식 종목을 찍어 준다며 유료회원을 모집하는 소위 '리딩방'의 폐해에 대한 기사는 심심찮게 볼 수 있다. 한 필지의 토지를 60개로 쪼개 판 기획부동산 기사도 잊을 만하면 나온다. 기사를 보면서 과연 누가 저런 일을 당할까 의아하지만 의외로 주변에서 그런 유혹에 넘어간 사람들이 있다는 사실을 알고 놀라곤 한다. 부자로 가는 길이 지루하고 어렵기에 이런 환상을 갖는 것은 당연하다. 그런 능력이 있는 사람이 하필 나에게만 나타난 것일까? 나를 유혹하는 사람이 있다면 왜 하필 내 앞에 나타났는지 의심부터 하는 것이 맞다.

도사 환상을 가진 사람은 끊임없이 유혹에 빠져들 수밖에 없다. 우리 주변에는 도사 환상에 빠진 사람을 골라 이득을 취하고 싶어 하는 가짜 도사들이 생각보다 많다. 쉬운 길이 있다면 누구나 부자가 되었을 거라는 생각으로 도사 환상을 극복해야 한다.

마녀 환상

"내가 집이 없는 것은 모두 다주택자 적폐 투기꾼 때문이야."

"부자들은 무언가 불법적인 방법으로 부자가 됐을 거야."

"흙수저로 태어났기 때문에 나는 흙수저로 살 수밖에 없어. 내가 가난한 것은 가난한 부모님 때문이야."

"이게 다 당신 때문이야."

부자가 되고 싶은 사람들이 가장 경계해야 하는 것이 바로 '마녀 환상'이다. 부자들은 마녀 환상으로 고민하지 않는다. 오로지 가난한 사람들, 도전해 볼 용기조차 없는 사람들에게 강하게 나타나는 본능이 마녀 환상이다.

내가 지금 가난한 이유를 남 탓으로 돌리면 잠깐은 위로가 될지도 모르지만 근본적으로 달라지는 것은 없다. 내 탓이라고 생각해야 고쳐야 할 점도 찾을 수 있는데 남 탓만 하면 무엇을 극복해야 할지도 모른다. 나의 불행은 남의 탓, 국가 탓, 시스템 탓이라 울분을 토하지만 정작 내 삶은 달라진 게 없다. 여러분의 삶은 어떠한가?

지난 부동산 상승장에(2014~2021년) 집을 사지 못한 것을 두고 '남편(아내) 탓'이라고 말한다. 그때 말리지만 않았어도 부동산으로 크게 자산을 불렸을 거라며 상대방을 탓한다. 다주택자들이 집을 많이 사서 내가 살 집이 없다고 말한다. 정부가 더 적극적으로 규제하지 않아서 한 사람이 여러 주택을 살 수 있게 만들었다고 한다. 당신이 집이 없는 이유가 진짜 그것 때문이라고 생각하는가?

남편이 혹은 아내가 집을 사지 말자고 만류했을 때 왜 적극적으로 설득하지 못했나 생각해 보자. 스스로도 확신이 없고 용기가 없어서였다. 그때 한 번만 더 설득했다면 상대방의 마음을 돌릴 수도 있다. 스스로도 확신이 없었던 것을 지금 와서 상대방 탓을 한들 결과는 변하지 않는다. 그저 내 탓이 아니라며 스스로 위안할 뿐이다.

다음 기회가 왔을 때 지금과 똑같은 후회를 하지 않기 위해서는 마녀 환상을 극복해야 한다. 아직 부자가 안 된 것은 내가 부자 마인드를 갖추지 못해서이다. 아직 성공하지 못한 것은 내가 노력하지 않아서이다. 아직 결정하지 못한 것은 나의 결정 장애 때문이다. 실패의 원인을 스스로에게서 찾아야 앞으로 내가 해야 할 일을 생각할 수 있다. 실패가 내 탓이어야 노력하면 극복할 수 있는 문제가 된다. 내가 더 노력하지 않아서, 내가 덜 모으고 많이 써서, 내가 아무것도 하지 않아서 지금의 삶을 살고 있다고 생각하자. 내가 조금 더 노력하면, 조금 덜 쓰고 모으면, 핑계 대지 말고 실행하면 더 나은 삶을 살 수 있다는 희망이 생긴다. 인생의 주도권을 내가 쥐고 있어야 내 인생을 바꿀 수 있다.

BOOK 10

가장 위험한 행동은 시장에 참여하지 않는 것이다

《흔들리지 않는 돈의 법칙》
토니 로빈스, 알에이치코리아, 2018.02.
원제: Unshakeable

토니 로빈스(Tony Robbins)는 세계적인 사업가, 투자자, 자선 사업가, 스포츠팀 구단주, 자기계발 및 비즈니스 전략가이다. 무엇보다 인간의 탁월함과 무한 잠재력을 좇아 내면의 심층적 변화를 이끌어 내는 데 정통한 세계적인 동기부여 전문가이자 변화심리학의 최고 권위자로 불린다.

코칭 전문가로서 전 세계 100여 개국 5,000만 명 이상의 사람들이 그의 저서와 오디오 및 영상트레이닝을 시청했으며, 400만 명 이상이 그가 진행하는 오프라인 행사에 참가했다. 또한 빌 클린턴(Bill Clinton), 미하일 고르바초프(Mikhail Gorbachev), 다이애나(Diana Frances Spencer) 왕세자비를 비롯한 여러 국가의 대통령 및 리더 들을 지도했다. NBA 우승팀 세 곳, 프로 스포츠 팀, 세레나 윌리엄스(Serena Williams), 안드레 애거시(Andre Agassi)와 같은 테니스 선수들, 레오나르도 디카프리오(Leonardo DiCaprio), 휴 잭맨(Hugh Jackman) 등 연예계 유명 인사들의 변화를 이끌고 힘을 북돋웠다. 세일즈포스닷컴의 창립자이자 CEO인 마크 베니오프(Marc Benioff), 만달레이 엔터테인먼트 그룹의 CEO인 피터 거버(Peter Guber) 등 세계 최고 기업가 및 억만장자들을 코칭하고 있다.

사업가로서 30여 개 기업의 창립자나 파트너로 참여하였으며, 12개 기업의 운영에 적극적으로 참여하여 연매출 50억 달러가 넘는다. 다양한 스포츠 팀의 공동 구단주이기도 하다. 현재까지 배고픈 이들에게 2억 5,000만 끼니를 제공했으며 앞으로도 꾸준히 식사를 제공할 예정이다.

'세계 금융계에서 가장 영향력 있는 인물 100인'에 22번이나 포함되었고, 미국의 국제적 경영 컨설팅 기업 엑센츄어가 선정한 '세계 최고의 비즈니스 지식인 50인' 명단에 이름을 올렸다. 포춘지는 그의 업적에 대해 '리더들이 원하는 리더'라고 설명한다.

저서로는 《MONEY》, 《네 안에 잠든 거인을 깨워라》 등이 있으며, 《거인의 힘 무한능력》은 전 세계에서 1,000만 부 이상 판매되었다.

🏠 통제할 수 있는 것을 통제하라

지난 문재인 정부에서는 부동산 가격 상승을 막기 위해 무려 26번의 부동산 정책을 내놨다. 모든 정책이 부동산 가격을 규제하기 위함이었지만, 단 한 번도 시장에 영향을 주지 못했다는 평가를 받는다. 결국 최장수 국토부장관은 불명예 퇴진을 했고, 문재인 정부 역시 대선에서 정권 교체라는 국민들의 심판을 받았다.

정부는 집값이 빠르게 상승하길 원하지 않는다. 그렇다고 해서 집값이 내리기를 바라는 정부도 없다. 집값이 물가 상승률만큼 완만하게 상승하는 것이 부동산 정책의 목표다. 하지만 정부가 예상하는 것 이상으로 집값이 상승하면 정책으로 시장을 통제하려고 한다. 각종 규제 정책으로 시장 가격을 통제하려 했지만 정작 효과를 발휘하지 못했다. 시장을 통제하고 억누르려고 할 때마다 부동산 가격은 폭발적으로 상승했다. 규제를 가하면 틈새를 찾아 풍선처럼 부풀어 올랐다. 통제할 수 없는 것을 통제하려 했기 때문에 일어난 부작용이다. 지난 문재인 정부의 부동산 정책 실패 원인을 분석하면 결론은 한결같다. 규제를 통해 집값을 잡으려고 하기보다는 공급을 늘려 수요와 공급 법칙에 따라 자연스럽게 가격이 결정되도록 놔두었어야 한다. 즉 '통제할 수 있는 것'에 초점을 맞추어야 하는데 다른 요인에 집중해서 실패할 수밖에 없었다는 뜻이다.

부동산 규제 정책이 나올 때마다 각종 커뮤니티에서 일제히 정부를 비판하는 글들이 올라온다. 비단 부동산 정책만이 아니다. 어떤 분야에서든지 자신의 생각과 맞지 않으면 사람들은 비판하기 바쁘다. 정책에 대한 비판과 더 나은 정책 제안은 민주주의에서 꼭 필요한 일이다. 하지만 어떤 상황에서 무엇을 해야 할지 생각지도 않은 채 불평, 불만만 쏟아 내는 것을 듣고 있으면 문득 이런 생각이 든다.

"그래서 당신이 할 수 있는 일은 도대체 무엇인가요?"

정부가 부동산 정책을 발표할 때마다 비판하는 데 열을 올린 사람들은 규제 정책의 직접적인 타깃인 다주택자가 아니었다. 정부의 규제 정책에 직접적인 영향을 받지 않는, 어쩌면 오히려 수혜자인 무주택자들은 다주택자를 비난하기에 바쁠 뿐 자신에게 주어진 혜택이 무엇인지 알아채지 못했다. 규제 정책의 타깃인 다주택자들은 비판은 잠시일 뿐 정책의 틈새를 찾는 데 몰두했다. 빠르게 틈새를 찾아 발 빠르게 움직인 사람들은 규제 가운데서도 꾸준히 수익을 올렸다. 시장에 어떤 일이 일어나든 그 안에서 승리하는 방법은 자신이 통제할 수 있는 것에 집중하는 것이다. 내가 컨트롤할 수 있는 부분에서 최선의 선택을 할 때, 남들보다 빠르게 기회를 잡을 수 있다.

🏠 프리덤 팩트

코스피 지수가 어떻게 변할지 예측할 수 있는 사람이 있을까?

집값이 어떻게 변할지 예측할 수 있는 사람이 있을까?

애널리스트들은 끊임없이 주식시장 전망을 내놓는다. 부동산 전문가들은 끊임없이 집값 전망을 쏟아 낸다. 전망은 맞을 때도 있지만, 틀릴 때가 더 많았다. 예측이 맞든 틀리든 애널리스트들이 해야 하는 일은 앞으로의 시장을 전망하는 것이다. 많은 사람들은 전문가들의 전망을 끊임없이 기다린다. 도대체 그들은 어떻게 미래를 예측할까?

미래를 예측하기 위해서 사람들은 과거를 참고한다. 과거의 흐름을 보면서 반복되는 패턴과 사이클을 찾아낸다. 이런 과정을 통해 투자 대가들의 조언이 만들어진다. 저자는 여러 투자 원리 중에서 오랜 시간에 걸쳐 검증된 일곱 가지 원리를 꼽아 '프리덤 팩트'라 이름 지었다. 저자가 중요하게 생각한 일곱 가지 투자 원칙의 핵심은 '장기 투자의 중요성'이다. 여기서 가장 궁금한 것은 '반복되는 패턴이 무엇인지, 얼마의 주기로 반복되는지'이다. 이 물음에 대해 저자는 '프리덤 팩트'와 '복리의 중요성'을 언급한다.

사람들은 장기 투자의 힘을 익히 들어서 잘 알고 있다. 복리의 힘은 예상보다 크기 때문에 제대로 이용하면 크게 성공할 수 있다는 것도 안다. 하지만 대부분의 사람들은 투자를 해 놓고 장기간을 버티지 못한다. 엉덩이가 들썩이고 귀는 얇아진다. 작은 소문에도 손가락이 자동으로 움직인다. 가벼운 손가락 놀림에 나중에 후회하면서도 사람들은 늘 같은 패턴으로 움직인다.

가까운 예로 코로나19가 시작된 2020년 4월을 떠올려 보자. 코스피 지수는 1,300대까지 떨어졌고, 많은 사람들이 무섭게 내리꽂는 코스피 지수를 보며 경악했다. 한편으로는 이것이 기회일지도 모른다고 생각하는 사람들도 많았다. 경제 위기 상황에서나 발생하는 일을 눈앞에 보면서 나도 같은 생각을 했다.

"설마 이것이 책에서 보던 바로 그 기회일까?"

"예기치 못한 변수로 떨어진 가격은 언젠가는 원상회복되지 않을까?"

"이것이 기회라면 책에서 배운 대로 떨어진 주식을 매수할 수 있을까?"

외부 변수에 의해 일시적으로 흔들리는 시장은 언젠가 회복된다는 것을 알고 있었지만 정작 손가락은 생각과 달리 느리게 움직였다. 심지어 '이번에는 다를 수도 있지'라는 생각으로 실행에 옮기지 못했고 일생에 몇 번 오지 않을 기회가 그렇게 사라져 가는 것을 지켜만 보았다. 책에서 배운 것처럼 코스피는 단 며칠 만에 회복했고 빠른 속도로 3,000선을 훌쩍 넘겨 버렸다. 분명 책에서 봤던 기회였는데 왜 이성이 시키는 대로 하지 못했을까?

자책해 봐야 이미 기회는 멀리 가 버리고 난 후였다. "겨울은 절대로 영원히 지속되지 않는다. 봄은 항상 다시 온다"라는 격언을 눈으로 보고 몸으로 체감했다.

"비트코인 1억 시대가 온다"라는 말이 공공연하게 들리던 즈음 비트코인 한 개의 가격은 7,000만 원대였다. '7,000만 원대까지 왔으니 1억이 되는 것도 무리는 아니지'라는 생각이 들었다. 지금이라도 비트코인을 사 볼까라는 말을 했더니 누군가 "제가 700만 원일 때 사라고 했는데 그때 안 사셨어요?"라고 되물었다.

'아차 그런 때가 불과 얼마 전이었는데 7,000만 원대일 때 살까 말까 고민하는 모습이라니!'

결국 6,000만 원대에서 비트코인을 소량(그나마 아주 소량이라서 이렇게 말할 수 있다)을 매수했다. 2022년 6월 비트코인 앞자리가 2로 바뀌었다. 뉴스에서는 코인 때문에 일가족이 자살했다는 기사가 등장했다. 그렇다면 2,000만 원대인 지금(2022년 10월 기준)은 그나마 소량이라 다행이라며 시장을 떠나야 할 때인가? 아니면 기다리던 매수 기회인가?

투자 성과를 내기 위해서는 오랜 시간을 견디고 기다려야 한다는 사실을 이해했다면 적절한 투자 타이밍이 그리 중요하지 않다는 점도 깨닫게 된다. 물론 싸게 사는 게 안전마진을 확보하는 것은 맞지만, 긴 투자 기간을 놓고 보면 언제 살까 타이밍을 맞추는 것보다 기간을 나눠서 분할 매수를 하는 것이 더 효과적이라는 사실을 확인할 수 있다. 결국 최악의 선택은 최고의 타이밍이 올 때까지 현금을 쥐고 기다리는 것이다. 코스피 지수가 1,300까지 떨어졌을 때, 비트코인이 2,000만 원대로 떨어졌을 때 무슨 생각을 했는지 기억하자. 코스피가 반등해 3,000을 넘겼을 때, 비트코인이 7,000만 원까지 상승했을 때 어떤 후회를 했는지 기억하자. 할까 말까 고민되는 상황이라면 지금의 후회를 기억하며 더 이상 시장 밖에서 서성이는 실수를 하지 말자.

BOOK 11

사이클을 알면
기회가 열린다

《**부동산 투자 이렇게 쉬웠어?**》,
부룡(신현강), 지혜로, 2017.06.

부동산 온라인 커뮤니티로 가장 큰 규모를 자랑하는 '부동산 스터디' 카페는 유명 칼럼니스트를 배출한 곳이다. 저자 역시 이 카페에 올린 글이 회원들에게 큰 반향을 일으키며 유명해졌다. 많은 회원들이 '부룡(저자의 필명)'이라는 닉네임을 가진 사람의 글을 알림 설정해 놓고 글을 읽기 위해 카페에 접속했다. 글을 읽는 것으로 모자라 출력해서 공부하듯 읽었다는 사람들도 많다. 그는 20대 후반부터 부동산 투자를 시작하여 1998년 IMF 경제 위기, 2000년 중반 상승장, 2008년 금융 위기로 인한 하락장, 그 이후 회복기까지 부동산 시장의 상승과 하락을 모두 경험한 실전 투자자 중의 한 명이다. 오랜 투자 과정과 경제 원리를 접목해 자신만의 인사이트가 담긴 많은 칼럼을 썼다. 특히 부동산 사이클(침체기, 회복기, 호황기, 급등기)과 갭 메우기로 인한 집값 상승 원리는 부동산 투자자들 사이에서 꼭 알아야 하는 원칙처럼 통한다. 다음과 네이버카페 등에서 칼럼니스트 활동하며 부동산 투자를 공부하는 이들에게 많은 경험과 지식을 나눠 주고 있다. 그 외 저서로는 《부동산 상승 신호 하락 신호》가 있다.

⌂ 가격이 오르는 부동산을 찾기 위해 기억해야 할 세 가지 흐름

부동산 투자를 시작하려고 마음먹었다면 무엇인가 동기가 있을 것이다. 전세를 살고 있었다면 만기가 되어 전세금이 크게 오르는 것을 경험하고 '그냥 집을 살까?' 하는 생각이 든다. 주변에 집값이 크게 올랐다고 기뻐하는 사람을 보면서 '나도 부동산 투자를 해 볼까?' 하는 생각이 든다. 용기를 내서 막상 집을 사려고 하면 두려움이 밀려온다. '내가 사면 집값이 떨어지는 것 아닐까?', '내가 꼭지에 집을 산 재수 없는 사람이 되는 건 아닐까?'

하는 두려움 말이다. 기왕이면 계속 오르는 부동산을 사고 싶다. 집값이 어떨 때 오르고 내리는지 알면 좋을 것 같다. 가격이 오르고 내리는 데 원칙 같은 것이 있을까 궁금하다. 저자 역시 그런 궁금증을 오랜 시간 갖고 있었다. 20여 년이라는 세월 동안 상승장과 하락장을 거치면서 오랜 시간을 관통하는 법칙을 찾으려고 노력했다. 여러 번의 투자를 통해 성공과 실패를 경험하면서 가격을 결정하는 간단한 원리를 발견한다. 이는 생각보다 단순 명료하다.

"가격에 관한 모든 것은 수요와 공급이라는 간단한 원리에서부터 시작한다. 수요가 늘면 가격은 상승한다. 공급이 감소하는 경우에도 가격은 상승한다."

수요와 공급 법칙으로 부동산 가격이 결정된다는 점은 특별한 이야기가 아닐 수 있다. 고등학교 교과서에서 배운 기본적인 시장 원리다. 부동산 시장에도 똑같은 원리가 적용된다는 사실을 저자는 투자 경험으로 확인했을 뿐이다. 다만 저자가 발견한 원리는 여기에서 그치지 않는다. 다른 상품과는 달리 부동산의 수요를 판단할 때는 꼭 감안해야 할 부분이 있음을 발견했다.

집은 단순히 '사는 곳(live)'이라고 생각한다면 '실수요'만 고려한 사람이다. 집은 사는(live) 곳도 되지만 수익을 위해 사는(buy) 일종의 상품이고 생각한다면 '투자 수요'의 힘을 아는 사람이다. 실수요만 있던 곳에 투자 수요가 가세하면 가격은 사람들이 생각하는 것 이상으로 크고 빠르게 오른다. 그렇게 오르고 나면 집이 단순히 사는(live) 곳이라고 생각했던 사람들은 크게 오른 가격에 어리둥절해진다. 정작 살기(live) 위한 집도 너무 오른 가격 때문에 사지 못하게 된다.

저자는 다른 상품에서는 존재하지 않는 '투자 수요'를 부동산 시장에서 확인했다. 특히 투자 수요가 유입되는 곳에서는 큰 수익이 난다는 점도 강조한다. 투자 수요와 더불어 가격이 오르는 부동산을 찾기 위해 기억해야 할 세 가지 흐름을 알려 준다.

- 부동산 정책은 시장의 수요를 변화시킨다.
- 정책은 입지를 만들고, 입지는 수요를 부른다.
- 수요는 또 다른 수요를 만든다.

⌂ 부동산 정책은 시장의 수요를 변화시킨다

신도시 개발 계획을 발표하거나, GTX 같은 교통 계획을 발표하면 어김없이 투자 수요가 몰린다. 1기 신도시가 그랬고, 2기 신도시도 그랬다. 현재 3기 신도시가 진행 중이고, GTX 노선이 속속 발표되고 있다. 사람들은 새롭게 생길 신도시, 신설될 철도 노선을 보며 오를 부동산을 찾는다. 정부에서 발표하는 정책은 매우 중요한 힌트를 제공한다.

저자는 정부 정책이 규제로 전환되는 시점에 주목하라고 알려 준다. 정부 정책이 바뀌는 시점을 잘 활용하면 싸게 살 수 있는 기회를 포착할 수 있다는 의미다.

"유예 기간이 종료되기 직전에는 매물이 늘어날 수밖에 없다. 이 시점에는 정부의 규제로 인해 가격이 하락하는 데다 급히 팔아야 하는 매도인의 사정이 함께 맞물리면서 가격을 더욱 낮춰 매입할 수 있는 기회가 생긴다."

조정대상지역에 여러 채의 집을 보유한 사람들은 부동산을 팔 때 기본적으로 적용되는 양도세에 중과세율을 더하여 세금이 부과됐다. 2021년 5월 31일까지 매도하면 '기본세율+20퍼센트 중과세율'을 적용했지만, 6월 1일부터는 '기본세율+30퍼센트 중과세율'로 올린다고 발표했다. 조금이라도 세금을 덜 내고자 했던 사람들은 5월 31일 이전에 잔금을 치르는 조건으로 가격을 내려서 매물을 내놨다. 이 정책을 이해하고 있던 실수요자라면 시세보다 저렴한 가격으로 급매물을 살 수 있는 기회였다. 시장에 참여하여 꾸준히 공부했던 사람이라면 이처럼 정책이 바뀌는 시점이 기회임을 알아 챌 수 있다.

정부 정책의 궁극적인 목적은 '시장의 안정'이지 '부동산 가격의 하락'이 아니다. 정부 정책이 발표되면 많은 사람들이 자신의 입장에서 정책을 평가하고 불만을 토로한다. 이는 어쩌면 당연한 반응이지만 그 이후의 행동에 따라 고수와 하수로 구분된다.

"고수는 정부의 운영을 정확히 이해하고 그에 대처하기 위해 항상 준비한다. 반면 일반 대중은 철저하게 자신의 입장만 생각하며 정부 정책의 옳고 그름을 평가하려 한다."

정책의 옳고 그름을 평가하는 것은 각자의 몫이다. 평가를 하고 바꿀 수 있는 부분이 있다면 목소리를 내는 것은 좋다. 하지만 거기서 그치면 하수다. 내가 태어난 나라를 바꿀 수 없듯, 정책을 바꿀 수 없다면 그 안에서 나에게 유리한 방향이 무엇인지 빨리 찾아내는 것이 진정한 고수다. 정책이 발표되면 '키보드 워리어¹'가 되어 비판만 하려 들지 말고 나에게 필요한 행동 전략이 무엇인지 곰곰이 생각해 보는 진정한 고수가 되자.

🏠 부동산 사이클의 네 단계

수요와 공급을 알고, 정부 정책을 이해하고 집을 산다면 남들보다 싸게 집을 살 수 있다. 하지만 당장은 싸게 샀다 하더라도 부동산 시장이 침체기에 들어간다면 결국은 비싸게 산 것이 된다. 상승장에서는 누구나 돈을 번다. 중요한 것은 하락장에서도 잃

---

1   키보드 워리어: keyboard warrior, 악성 댓글을 상습적으로 다는 네티즌을 가리키는 말

지 않는 투자를 해야 한다. 그러기 위해서는 부동산 시장의 흐름을 읽을 수 있어야 한다. 저자는 오랜 기간 부동산 시장에서 상승과 하락을 경험하며 시장의 흐름을 이렇게 표현한다.

"부동산 시장이 장기적으로 상승과 하락이 반복되는 일정한 사이클이 나타난다는 것을 확인했다. 상승과 하락이 반복되는 가운데 수익이 되는 투자 종목도 매번 달랐고, 그때마다 투자자들은 밀물과 썰물처럼 몰려다니면서 가격 변화의 진폭을 크게 키웠다. 긴 시간 꾸준히 수익을 내고 싶다면 시장의 흐름을 읽으며 적절한 투자 시기와 그에 맞는 방법을 알고 투자해야 한다."

그렇다면 부동산 시장에서 반복되는 상승과 하락 사이클은 과연 어떤 식으로 나타날까? 경기 순환 과정을 흔히 '불황 → 회복 → 호황 → 후퇴' 네 단계로 표현한다. 부동산 시장 역시 경기 순환 과정과 크게 다르지 않지만 저자가 강조하는 '투자 수요'라는 특별한 요소를 고려하여 '침체기 → 회복기 → 상승기 → 급등기'로 사이클을 표현한다. 각 단계를 간단히 요약해 보면 이렇다.

- **침체기(1단계)**
  시세차익을 기대하기 어려운 시기
  수익형 투자에 유리한 시기

- **회복기(2단계)**
  공급이 줄어 전세가격이 상승하는 시기

정부의 집값 정상화 대책이 거론되는 시기

갭 투자와 분양권 투자에 유리한 시기

- **호황기(3단계)**

  미분양 아파트가 사라지고 분양경쟁률이 높아지는 시기

  입지가 좋은 지역부터 가격 상승이나 프리미엄이 형성되는 시기

  부동산 투자에 관심 갖는 사람들이 점차 늘어나는 시기

  A급 지역을 투자해야 하는 시기

- **급등기(4단계)**

  시세차익을 경험한 사람이 늘면서 부동산 투자가 대세라는 사실을
  인지하는 시기

  덜 상승한 외곽 지역으로 투자 수요가 몰리며 갭 메우기가 진행되는 시기

2010년 이후 부동산 시장을 저자의 네 단계 사이클에 따라 다음과 같이 구분할 수 있다.

- **침체기** : 2009~2013년
- **회복기** : 2013~2016년
- **호황기** : 2016~2019년
- **급등기** : 2019~2021년

개인적인 기준에 따른 판단이므로 사람에 따라 약간의 차이는 있을 수 있다. 결국 상승과 하락이라는 분명한 사이클이

존재한다는 점이 중요하다. 사이클을 알고 있는 사람이라면 2013~2014년부터 본격적인 투자를 시작해 급등기에 큰 수익을 거둘 수 있었다.

각 단계가 몇 년 동안 이어질 지는 아무도 알 수 없다. 2017년에 서울에 투자하려는 사람들은 이미 오른 가격에 주저했다. 그때 투자했던 사람과 투자하지 못했던 사람의 자산 격차는 말로 설명할 수 없을 만큼 커졌다. 10년 주기설을 사이클에 적용해 2019~2020년에 본격적으로 수익 실현에 나선 사람들도 있었다. 상승기에 하락을 염두에 두고 파는 것은 쉽게 할 수 없는 결정이다. 이 또한 시장이 상승과 하락을 반복한다는 사이클을 이해하고 있어야만 가능하다.

2020년 수익을 실현한 사람들은 2021년 또 한 차례 급등이 왔을 때 일찍 판 것을 후회하며 속앓이를 해야 했다. 결국 '슈퍼 사이클'이라는 말이 나오면서 집값은 끝없이 상승할 듯 보였다. 2021년 9월의 분위기는 추석연휴가 지나면 또 한 번 불장이 올 것이라는 기대감으로 뜨거웠다. 하지만 시장은 예측대로 흘러가지 않았다. 2021년 10월을 기점으로 부동산 시장의 심리는 급격하게 꺾이기 시작했다. 처음에는 오랜 상승으로 인해 잠깐 쉬어 가는 시기라고 해석하는 의견이 많았다. 꺾인 심리가 길게 가지 않을 거라는 예상과 달리 2022년이 얼마 남지 않은 시점에도 불씨는 살아나지 않고 있다. 무려 일 년간 이어진 조정과 하락에 사람들은 하락기에 들어선 것이 아니냐는 분위기가 팽배하다. 결국 2020년에 수익을 실현한 사람들에게 2021년은 아쉬운 장이었지만 2022년은 안도의 장이 되었다.

사이클을 이해하는 사람이라면 침체기 때 투자 결정을 내려 기회를 잡고, 급등기 때 매도 결정을 내려 수익을 실현할 수 있다. 조금 더 싸게 사지 못해서, 상승분을 모두 취하지 못해서 아쉬울 수는 있어도, 시장 분위기에 따라 천국과 지옥을 경험하지는 않을 수 있다. 투자를 오래 하고 싶다면 롤러코스터가 아닌 유람선을 타며 편안하게 투자해야 한다. 사이클을 안다는 것은 롤러코스터가 아닌 유람선 티켓을 선택할 수 있는 기회를 준다.

🏠 하나의 물건으로 최대 수익을 추구하지 마라

투자는 매도를 통해 수익을 확정시켜야 진짜 수익을 얻은 것이다. 매도에 비하면 매수는 훨씬 쉽다. 나와 있는 물건들을 비교해 보고 조건과 가격이 맞으면 계약금을 넣으면 된다. 여러 번 반복하면 기계적으로 진행할 수 있는 기술처럼 느껴질 때가 있다. 하지만 매도는 매번 난이도가 다르다. 매도가 안 되는 시기에는 "부동산에 개미 한 마리 보이지 않는다"고 한탄할 정도로 쉽지 않다. 매도하기 가장 좋은 시기는 당연히 상승기이다. 저자의 충고를 마음에 담아 둔다면 아쉬운 듯 편한 마음으로 매도 시기를 잡을 수 있다.

"하나의 물건으로 최대 수익을 추구하지 마라."

이 책을 읽으면 저자의 오랜 경험에서 나온 투자 조언이 등장한다. 많은 조언 중에서 개인적으로 꼭 기억하고 싶은 문장이다. 투자 자체가 돈을 많이 벌고 싶은 욕심에서 기인한 행동이다. 하지만 욕심은 투자에서 반드시 경계해야 할 것이기도 하다. 꼭지에 근접했다는 것은 하락이 바로 붙어 있다는 의미다. 저자가 사이클에서 강조하듯 급등기 이후 바로 침체기로 들어갈 수 있는 게 부동산 시장이다. 2020년 아쉬운 매도를 했지만 2022년 마음 편하게 지낼 수 있는 것은 꼭지에 팔아 최대의 수익을 올리겠다는 욕심을 버린 결단 덕분이다.

사이클을 이해하면 지난 장에 기회를 놓쳤다 해도 덜 조급한 마음으로 다음 사이클을 기다릴 수 있다. 다음 사이클 초반에 다른 사람보다 일찍 기회를 잡는다면 지금 놓친 것과 비교도 되지 않을 만큼 큰 수익을 얻을 수 있다. 부동산 사이클이 10년 혹은 15년마다 반복된다고 가정하면, 여러분의 투자 인생에서 최소 두세 번의 상승장을 만날 수 있다. 인생의 큰 파도는 딱 한 번만 타도 충분하다. 잔파도에 흔들리기보다 큰 파도에 제대로 올라타겠다는 마음으로 꾸준히 시장에 남아 다음 사이클이 오는 소리에 귀 기울여 보자.

BOOK 12

거장의 이론을
어떻게 부동산 투자에
적용할까

《부의 인문학》,
브라운스톤(우석), 오픈마인드, 2019.10.

저자는 금융업에 종사하면서 〈머니투데이〉와 〈이코노미스트〉 등의 칼럼니스트로 활동했다. 국내 최대 부동산 카페인 '부동산 스터디'에서 우석이란 필명으로 활동하며 많은 사람들의 호응을 받았다. 지금도 저자가 글을 올리면 많은 사람들이 앞다퉈 댓글을 남긴다. 부동산에 관심이 있다면 그의 글을 읽어 보지 않은 사람이 없을 정도다. 저자의 글을 인쇄해서 다시 읽어 본다는 댓글이 많을 정도로 많은 이들이 찾아와서 읽는다. 첫 저서인 《내 안의 부자를 깨워라》는 부자가 되지 못하게 만드는 심리적 편향에 대해 저술했다. 내가 지인들에게 강력 추천하는 책이며 앞에서 다룬 《부의 본능》은 개정판이다. 《부의 본능》은 10만 부 이상 판매되었으며 인세를 불우이웃을 위한 성금으로 기부하고 있다.

그는 초기 거듭되는 투자 실패를 통해 많은 경험을 쌓은 후 우량 주식과 부동산 투자를 통해 재기에 성공했다. 전세보증금까지 빼서 마련한 500만 원을 50억으로 불려 40대 초반에 은퇴했다. 마흔두 살이 되던 해 미련 없이 회사를 그만두고 캐나다행 비행기에 올랐다. 투자를 통해 소망하던 자유를 얻고 가족과 경제적 자유를 누리고 있다.

그의 글은 부동산에 한정되지 않고 최근에는 주식 투자에 관한 칼럼을 많이 쓰고 있다. 2017년 11월부터 일관되게 서울이 많이 오를 것이라고 주장했다. 2018년 1월에는 비트코인이 폭락할 것이라고 경고했다. 2018년 2월부터는 재개발이 많이 오를 것이라고 전망했다. 2018년 4월 이후 매물이 잠겨서 급등할 것이라고 전망했다. 부동산이나 주식 외에 자녀 교육이나 세상 돌아가는 이야기도 많은 공감을 얻었으며 정시가 확대될 것이라는 입시 전망까지 적중하면서 많은 사람들이 찾는 칼럼니스트가 되었다.

저자는 지금까지의 전망이 적중률 높았던 이유는 거인들의 통찰력을 빌렸기 때문이라고 겸손하게 말한다. 여기서 말하는 거인은 역사 속에 살아 있는 경제학 거장들이다. 인문학을 돈 버는 것과 관련지어 읽고, 생각하고, 실전 투자로 연결시킨 사람이 많지 않아서인지 《부의 인문학》은 큰 인기를 얻었다. 단순한 시장 분석이 아닌 위대한 투자자들의 철학을 해당 분야와 접목하여 글을 쓰기 때문에 많은 사람들이 그의 글을 좋아한다.

"달걀은 한 바구니에 담지 마라."

"가치투자를 해라."

"분산투자를 해라."

주로 주식의 대가라 불리는 사람들이 한 말이다. 주식이든 부동산이든 투자 영역에서 통하는 격언이므로 부동산 공부를 하더라도 주식 거장들의 책을 읽어 보라고 권한다. 막상 책을 읽으면 다 이해하는 것 같지만 실제 투자하는 과정에서 그 말을 실천하기는 어렵다. 거장들이 알려 주는 격언과 실제 내가 투자하는 것과는 다르다고 생각하기 때문이다. 격언을 기억하더라도 그것을 실천하지 못하게 만드는 사람들의 심리적 편향도 큰 몫을 차지한다. 그럼에도 불구하고 우리는 읽고 기억해야 한다. 왜냐하면 결정적인 순간에 거장들의 조언이 중요한 역할을 할수도 있기 때문이다.

저자는 정치, 경제를 아우르는 수많은 인문학 서적에서 투자에 적용할 수 있는 아이디어를 발견하고 그것을 쉽게 설명하는 데 탁월한 재주를 지니고 있다. 그의 설명을 듣고 있으면 인문학이 우리 주변에 가깝게 적용되고 있음을 느낀다. 또한 '왜 같은 내용을 읽어도 이렇게까지 생각하지 못할까?' 하며 감탄하게 된다. 이 책에서는 부동산과 주식 분야로 나눠서 거장들의 투자 원칙을 어떻게 투자와 연결시켰는지 예를 들어 설명하고 있다. 부동산과 관련된 부분만 자세히 살펴보자.

🏠 진보정권이 집권하면 부동산 가격이 오른다

- **적용** : 왜 진보정권이 집권하면 부동산 가격이 더 오를까?
- **거장** : 밀턴 프리드먼(Milton Friedman)
- **약력** : 자유방임주의와 시장제도를 통한 자유로운 경제 활동을 주장한
  미국의 경제학자, 1976년 노벨경제학상 수상

밀턴 프린드먼은 경제 영역에서 정부의 역할을 축소해야 한다고 주장한 경제학자이다. "가장 나쁜 시장도 가장 좋은 정부보다 좋다"라는 말로 정부 개입의 부작용과 단점을 강조하고 시장경제를 옹호한 경제학자이다.

문재인 정부 5년(2017.3~2022.3) 동안 가장 실패한 분야로 '부동산'을 꼽는다. 2022년 대선에서 참패한 가장 큰 이유도 '부동산 정책' 때문이라고 평가한다. 진보 지지자들 가운데서도 문재인 정부 후반의 과도한 부동산 세금과 규제 때문에 돌아섰다는 사람들이 있다. 새로운 정부에서 가장 기대하는 점이 '부동산 규제 완화'라고 하니 어느 정도인지 가늠할 만하다.

문재인 정부에서는 취임 초반부터 줄기차게 규제 정책을 발표하며 시장에 개입했다. 문재인 정부 첫 국토부장관은 역대 최장수 장관 재임 기록을 세우며 3년 6개월 동안 26번의 부동산 대책을 발표했다. 42개월 동안 26번이면 한 달 반마다 한 번씩 부동산 대책을 발표한 셈이다. 그리고 부동산 대책 모두 시장을 규제하는 정책이었다. 가장 큰 패착이라고 지적되는 부분은 공급을 늘리지 않은 점이다. 시장에서는 공급이 부족하다고 하는데 정부는 일관되게 공급은 충분하다고 외쳤다. 사람들이 가장 살고 싶어 하는 도심에 공급을 늘리는 방법은 재건축, 재개발뿐임을 알지만 집값이 많이 오를까 봐 과도한 규제를 가했다. 결론은 지속적인 공급 부족으로 역대 최대 상승 랠리를 이어 가며 대선에서 정권 교체라는 결과를 가져왔다. 도심에 공급이 부족하다는 시그널을 알면서도 경기도에 3기 신도시 건설 계획을 발표했다. 일찌감치 심리를 잠재우기 위해 사전청약도 실시했지만 언제쯤 공급이 이루어질지는 요원하다. 상승률이 높은 곳마다 규제지역으로 지정하다 보니 발표될 때마다 풍선효과가 발생하는 현상이 이어졌다. 전국이 규제지역으로 지정되면 끝나겠다는 말이 현실로 이루어졌고, 정부의 정책 발표가 있을 때마다 사람들은 "제발 정부는 아무것도 하지마라"라는 반응을 보였다. 밀턴 프리드먼이 말한 "가장 나쁜 시장도 가장 좋은 정부보다 낫다"라는 말이 크게 와닿는 시기였다. 밀턴 프리드먼이라는 사람을 몰라도, 진보 정권을 몰라도, 계속되는 정부의 시장 개입에 힘든 사람들은 하나 같이 "더 이상 아무것도 하지 말고 시장에 맡겨라"라고 한목소리로 불만을 토로했다.

　대통령 후보 경선이 끝나고 대선 레이스가 시작되면 사람들은 차기 정부에서 어떤 정책들을 펼칠지 예측을 내놓는다. 진보 정당(노무현 정부, 문재인 정부)이 정권을 잡으면 집값이 오르고, 보수 정당(박근혜 정부, 이명박 정부)이 정권을 잡으면 집값이 내릴 것으로 예상했고 실제 시장은 비슷하게 움직였다. 문재인 정부 시절 반복되는 규제 정책에서 꿈쩍도 안 하던 집값은 보수 정당으로 바뀌자마자 지역에 따라 조정과 하락을 보이고 있다. 정치 이념에 따른 정책 방향을 아는 사람은 지방선거와 대선 결과에 따라 투자 방향을 수정해 가며 시장에 대응한다. 알고 대응하는 사람과 아닌 사람은 그 결과에서도 분명 차이가 있다.

🏠 임대료 통제가 임차인을 더 괴롭게 한다

- **적용**: 지옥으로 가는 길은 선의로 포장되어 있다.
- **거장**: 프리드리히 하이에크(Friedrich Hayek)
- **약력**: 신자유주의 입장에서 모든 계획 경제를 반대한 영국의 경제학자, 1974년 노벨경제학상 수상

우리나라 주택임대시장의 가장 큰 문제점은 임대 공급 물량의 대부분을 민간에서 책임지고 있다는 점이다. 바로 집을 사서 세를 놓는 '다주택자'들이다. 문재인 정부는 다주택자들로 인해 부동산 시장에 불안이 초래되었다고 판단하고 이들을 규제하는 정책을 지속적으로 내놓았다. 다주택자로부터 임차인을 보호한다는 명목으로 통과시킨 '임대차 2법'은 자연스럽게 유지되던 임대인과 임차인과의 관계를 적으로 만들었다. 임대차 2법으로 인해 임차인은 기존 임대차계약 기간에서 추가로 2년을 더 거주할 수 있는 권리를 얻었다. 물론 임대료도 인상하지 않고 말이다. 임대인과 임차인 간의 협의로 5퍼센트를 올릴 수 있다고 하지만 협의되지 않으면 올리지 못한다. 임대인은 4년 동안 자신이 보유한 집에 대한 권리를 잃었다. 심지어 주인이 직접 거주한다고 해도 임차인이 퇴거를 거부하면 집주인은 집에 들어갈 수 없다는 판결이 나와서 많은 임대인들의 공분을 사기도 했다. 심지어 당시 장관이 임차인을 내보내기 위해 3,000만 원의 이사비를 주면서 강남 일부 지역에서는 이사비 1억 원이 국룰(보편적으로 통용되는 정해진 규칙)처럼 여겨지기도 했다. 임차인들 중에는 당당하게 이사비를 요구하거나 집을 보여 주는 대가를 요구하기도 했다. 임대차법을 통과시킬 때에도 시장에는 반대 여론이 높았지만 거대 여당의 힘으로 이를 통과시켰다. 임대차법 통과 이후 수많은 분쟁이 생겼고, 국토부에는 그 많은 분쟁을 모두 조정할 수 없는 상태까지 이르렀다. 시장이 하던 대로 놔뒀다면 문제 없이 흘러갈 임대차 시장에 돌을 던진 격이다. 임대인과 임차인의 소송은 많아졌고, 국토부가 더 이상 중재할 수 없는 상황까지 이르렀다. 임차인들은 임대차법이 그들을 위하는 법이라고 생각했을 것이다. 프리드리히 하이에크가 말한 것처럼 지옥으로 가는 길이 선의로 포장되어 있음을 알 리 없었다.

운 좋게 기존 임대료로 2년을 연장한 사람들은 2년의 유예 기간이 생겼다. 하지만 새로 집을 구하는 사람들은 2~3억씩 오른 임대료를 감수해야 했다. 같은 아파트 같은 평형의 임대료가 2~3억씩 차이 나는 것이 자연스러운 일이 되었다. 새로 임차인을 받는 임대인은 4년간 임대료가 묶일 수 있음을 감안해 임대료를 높일 수밖에 없다. 갱신권을 사용한 임차인이라고 해서 마냥 안심할 수는 없다. 갱신권이 끝나는 2년 뒤에 자신도 감당해야 할 상황이기 때문이다. 임대차 2법 통과 당시 신혼부부들이 신혼집을 구하는 게 전쟁과도 같았다. 대부분의 사람들이 갱신을 요구하니 전세 매물 찾기가 힘들어졌다. 어쩔 수 없이 오피스텔 원룸에서 신혼을 시작해야 하는 상황이 됐다. 오피스텔만큼은 안 된다며 어쩔 수 없이 집을 사 주는 부모가 늘었다는 뉴스 기사가 나오기도 했다.

하이에크는 임대료 통제가 가져올 재앙을 미리부터 경고했다. 하이에크의 고향 오스트리아에서 임대료 통제 정책을 실시한 이야기를 들어 보자.

임대료를 통제하자 집주인은 유지 보수비와 재산세를 내고 나니 오히려 손해를 보게 되었다. 그 결과 집주인은 더 이상 집을 고치지 않았다. 집주인은 임대 수입이 사라지니 새로운 집을 지을 자금 축적이 안 되고, 새집을 지을 수 없으니 집은 더욱 부족하고 주거 문제는 더 심각해졌다. 임대료 통제 정책의 또 다른 부작용은 일단 세입자가 들어오면 나갈 생각을 안 한다는 점이다. 세입자는 자녀가 출가해도 집을 줄여서 작은 집으로 옮길 생각을 하지 않는다. 임대료가 워낙 싸고 한 번 나가면 다시 들어오기 어렵기 때문이다. 상황이 이렇다 보니 굉장한 비효율이 발생한다. 직장과의 거리가 먼 곳에 집을 둔 세입자는 직장 근처로 집을 구할 수 없고, 오랜 시간을 들여 출퇴근할 수밖에 없었다. 결국 사회 전체적으로 교통비를 낭비하는 결과를 초래했다. 여러 측면에서 오스트리아 경제에 상당한 타격을 입혔다.

1931년 하이에크의 경고를 아는 사람이라면 2021년 임대차 2법이 시장에 미칠 영향을 예상할 수 있다. 입법을 하는 국회의원들이 더 알아야 할 일이지만 부동산 시장에 참여하는 투자자라면 이 법안이 미칠 영향력을 미리 간파하고 대응할 수 있어야 한다.

🏠 무조건 서울에 투자했어야 한다

- **적용**: 슈퍼스타 도시인 서울에 투자하라
- **거장**: 에드워드 글레이저(Edward Glaeser)
- **약력**: 하버드대학교 경제학과 교수, 저서 《도시의 승리》

경제학의 거장들이 서울에 투자하라고 했다고? 아마 책을 읽지 않았다면 믿지 않았을 것이다. 어쩌면 콕 집어 서울이라고 하지는 않았지만 그들이 말하는 도시가 서울이었음을 알아챘던 것은 아닐까? 이 책을 읽어 보니 후자였다. 저자는 어떻게 경제학 교수들의 말을 듣고 '서울에 투자하라'는 아이디어를 얻었을까?

에드워드 글레이저는 책의 서문에서 서울에 대해 이렇게 말했다.

"서울은 수십 년 동안에 전국 각지에서 많은 인재가 몰려와서 번영했다. 서울의 크기와 범위는 서울을 위대한 혁신의 집합소로 만들었다."

서울은 아시아와 유럽, 미국을 연결하는 관문으로써 한국과 세계를 이어 주는 연결고리 역할을 한다고 보았다. 또한 한국은 혁신으로 계속 성장할 것이며, 서울은 성장의 중심적 역할을 할 것이라고 평가했다.

비단 에드워드 글레이저만 서울을 이렇게 평가한 것은 아니다. 조선 후기의 문신이자 유학자이며 실학자의 대표 인물로 알려진 정약용 역시 아들에게 이런 당부를 했다고 한다.

"중국과 달리 우리나라는 서울에서 수십 리만 떨어져도 야만적인 지역인데 먼 지방은 더 하다. 서울에 살 곳을 정해 세련된 문화적 안목을 떨어트리지 마라. 내가 유배를 당한 처지여서 너희들을 농촌에 물러나 살게 하지만 훗날 계획은 꼭 서울 십 리 안에 살도록 하는 것이다."

저자는 애덤스미스의 《국부론》과 데이비드 리카도(David Ricardo)의 '비교우위론(theory of comparative advantage)'에서도 "서울에 집을 사야 한다"는 통찰을 이끌어 냈다. 애덤스미스의 《국부론》은 어떻게 해야 하나가 되어 잘살 수 있을까에 대한 해답으로 '분업'을 제시한다. 분업을 잘하려면 사람이 한 곳에 모여야 한다. 그래서 도시가 생기고 인구가 집중된다. 인구가 집중된 도시는 더욱 발전한다. 대한민국에서 그러한 도시가 바로 서울이다. 대한민국 5,000만 인구 중에 약 1/5인 1,000만 명이 서울에 산다. 이만큼 인구가 집중된 도시도 없다. 그러니 서울이 발전하는 것은 어찌 보면 당연한 이치다.

'비교우위론'을 언급한 데이비드 리카도의 이론도 살펴보자. 제조업 공장은 비교우위론에 따라서 전부 후진국으로 옮겨 가고 있다. 그러면 결국 한국에는 본사와 연구소만 남는다. 외국에 최소한의 인력만 남긴다면 당신은 어디에 사무소를 설치할 것인가? 당연히 그 나라의 수도다. 그곳에 남게 될 고급 인력들이 가장 살고 싶은 곳은 당연히 각종 인프라가 밀집된 서울일 것이다. 서울 집값이 오르는 이유, 서울에 투자했어야 하는 이유를 자연스럽게 도출할 수 있다.

거장들의 이론은 특별한 사람만 접할 수 있는 게 아니다. 누구나 책을 통해 읽고 생각할 수 있다. 하지만 대부분의 사람들은 '그들은 특별하니까'라고 말할 뿐 그들의 이론을 적용해 보려고 하지 않는다. 그저 '거장들이 이렇게 말했대'라고 인용하는 정도다.

어렵게만 느껴지는 인문학 책에서 투자 아이디어를 도출했다는 점이 저자의 특별함이다. 거장들의 이론을 투자와 연관시키니 인문학이 이렇게 실용적인 학문이었나 싶을 정도다. 같은 책을 읽어도 이론을 투자와 접목시키는 것은 누구나 할 수 있는 일은 아니기에 저자의 칼럼이 많은 사람들에게 반향을 일으킨 것인지도 모른다. 다양한 이론들을 현실 투자에 적용할 수 있는 아이디어를 앞으로도 많이 제시해 주기를 기대한다.

BOOK 13

과거를 통해
미래를 본다

《아파트값 5차파동》, 최명철, 다다원, 2001.08.

이 책은 다른 책들과는 많이 다르다. 우선 저자에 대한 정보가 별로 없다. 다다원출판사의 등록 주소를 보면 경기도 광주의 한 아파트이다. 자가 출판을 한 게 아닐까 유추하게 되는 부분이다. 저자가 부동산 시장에서 활발하게 활동한 것도 아니다. 지금 어떤 일을 하고 있는지도 알 수 없다. 그럼에도 불구하고 이 책을 감히 국내 부동산 분야 최고의 책으로 추천하는 데는 여러 가지 이유가 있다.

책의 부록을 보면 이 책을 집필하면서 참고했던 부동산 관련 일지가 수록되어 있다. 1962년부터 발행일인 2000년까지 부동산뿐만 아니라 당시의 경제 상황과 물가까지 기록되어 있다. 저자가 개인적으로 수집한 정보로 추측되는데 해당 시기의 상황을 자세하게 기록하고 있다.

부동산 가격이 상승하고 하락하는 사이클을 분석하여 '파동'으로 구분하였고, 각 파동이 시작된 국내외 상황, 파동이 진행된 기간, 파동이 끝나게 된 요인까지 나름의 기준을 적용하여 분석하였다.

발행일이 20년 넘었지만 현재 부동산 시장에서 전문가로 활동하는 사람들이 '원칙'이라고 말하는 것이 이 책에 거의 모두 언급되었다. 아마도 부동산 시장의 원리를 가장 먼저 파악하고 기록한 사람이 아닐까 생각된다.

이 책은 절판된 지 오래되어 정보를 검색하면 중고가 먼저 검색된다. 중고책 가격을 보면 깜짝 놀란다. 정가 1만 6,000원인 책의 중고가는 무려 20만 원이다. 6년 전에 검색했을 때만 해도 15만 원 정도였는데 그 사이 중고가가 더 뛰었다. 중고 거래 가격이 그 책의 중요도를 나타내는 척도라고 한다면 부동산 관련 책으로는 단연 최고의 가치를 인정받는 책이 아닐까 싶다.

대한민국에 수많은 도서관이 있지만 이 책을 대여하기란 쉽지 않다. 6년 전에 이 책을 읽고자 했을 때는 동네 도서관에서 어렵지 않게 대여할 수 있었다. 하지만 몇 년 사이 이 책은 도서관 보존 도서로 지정되어 더 이상 빌릴 수 없게 되었다. 다른 도서관에서도 사정은 비슷하며 일부 대학도서관과 몇 군데 대형 도서관에서만 대출이 가능하다. 2년 전 국회도서관에서 제본 서비스로 책을 구할 수 있다는 정보를 확인하고, 나의 첫 책에 소개했는데 이후 많은 사람들이 제본 서비스를 이용해 읽었음을 후기를 통해 확인할 수 있었다.

부동산 공부를 시작하는 사람들에게 이 책은 반드시 읽어 보라고 추천한다. 책을 읽은 사람들의 반응은 한결같다.

"20년 전에 쓰여진 책이지만 어마어마한 책이다. 집에 있는 재테크 책 모두를 합해도 이 책 한 권만 못하다고 느꼈다."

"미래는 알 수 없지만 인간의 본질은 쉽게 바뀌지 않아서 모르는 사이 하락장에 오더라도 이 책을 읽은 사람이라면 시장에 내 소중한 자산을 내놓는 불상사는 없을 것이다."

역사를 기록하는 이유는 과거를 통해 교훈을 얻고 미래를 대비할 수 있는 지혜를 얻고자 함이다. 과거와 유사하게 흘러가는 부동산 시장의 흐름을 보면서 앞으로는 어떻게 전개될지 힌트를 발견한 기분이 들 것이다.

🏠 파동이란?

저자는 이 책의 제목인 '아파트값 파동'을 이렇게 정의한다.

"아파트값 파동은 주택시장을 둘러싼 여건의 변화로 수요가 일시에 집중되어 수급 불균형이 발생하면 이로 인해 시장 에너지가 강해져 아파트값이 짧은 기간 동안 큰 폭으로 오르는 것을 말한다."

아파트값 파동이 어떤 과정을 거쳐 진행되는지 알면 주(住)테크에 성공할 수 있다고 말한다. 이 책을 읽는 독자들이 바라는 점과 일맥상통한다.

부동산 투자에 관심 있는 사람이라면 아파트 시장이 어떤 파동(사이클)을 갖고 있으며, 각 사이클을 불러오는 원인이 무엇인지 알고 싶다. 부동산 시장이 주는 사인을 포착할 수만 있다면, 다음에 일어날 일을 예측할 수만 있다면, 다른 사람보다 빨리 사이클에 올라탈 수 있을 것이라고 생각한다. 물론 사이클과 원인을 안다고 해서 모두 올라탈 수 있는 것은 아니다. 하지만 불확실한 미래를 예측하는 작은 힌트라도 발견할 수 있다면 역사를 공부해야 하는 이유로 충분하다.

이 책을 펼치면 타임머신을 타고 과거로 여행하는 느낌을 받는다. 아파트값의 역사를 정리했다고 해서 딱딱할 것으로 생각하기 쉽지만 꼭 그렇지만은 않다. 저자만의 위트 있는 말투로 당시 사람들이 살았던 재미나고 신기한 이야기를 할머니, 할아버지에게 듣는 듯한 느낌을 받는다. 역사책이라고 하니 부담감이 몰려오는 사람이라면 할아버지가 들려주는 옛날이야기를 듣는다는 기분으로 부담 없이 책을 펼쳐 보자. 이 책을 읽는 동안 우리 부모님이 경험한 과거로 날아간 듯한 기분을 맛볼 수 있다.

🏠 대한민국 최초의 아파트

"대한민국 최초의 아파트는 중앙산업(주)이 1958년 해외에서 주택 건설 기술자들을 초빙해 종암동 고려대학교 옆에 건설한 5층짜리 아파트다. 수돗물 사정이 좋지 않았는데도 수세식 화장실을 설치해 멀리 떨어져 있던 뒷간이 집 안으로 들어왔다. 아궁이에 장작불을 지펴 난방과 취사를 하던 시절에 최신식 연탄보일러 시설을 갖춰 주부들에게 선망의 대상이 되기도 했다."

MZ세대라면 지금 검색창을 열어 뒷간과 아궁이를 검색하고 있을지도 모르겠다. 장작불을 지펴 밥을 했다니 원시시대인가 어리둥절하게 들릴 수도 있다. 집 안에 화장실과 부엌이 있다는 것이 얼마나 획기적인 일이었는지 당시 사람들이 느낀 문화적 충격을 상상이나 할 수 있을까?

초가와 기와집 등 전통 가옥이 즐비했던 서울에 닭장 같은 아파트 골격이 완성되자 많은 구경꾼들이 몰려왔고 공동주택 건설의 필요성을 강조한 이승만 대통령도 건설현장과 준공식에 참석해 테이프를 끊었다고 한다. 그렇다면 첫 아파트 분양 성적은 과연 어땠을까?

"사람은 땅을 밟고 흙냄새를 맡으며 살아야 한다."

"높은 곳에서 잠을 자면 고공병이 생긴다."

구경꾼은 몰려들었으나 실속은 별로 없었던 것 같다. 대한민국 최초의 아파트는 분양이 안 되어 어쩔 수 없이 임대로 전환됐다. 고려대 근처였기에 하숙 목적으로 임대를 한 사람들이 많았다고 한다. 아이러니하게도 지방에서 서울로 유학 온 학생들이 대한민국 최초 아파트 거주자가 된 셈이다. 당시 종암아파트에서 하숙하며 학교를 다닌 사람들은 그것이 최초 아파트였던 것을 알고 있을까? 그들 중에서 현재 대한민국 부동산 시장에 큰 영향을 끼친 사람도 있지 않을까 하는 재밌는 상상을 해 본다.

🏠 정부가 건설한 최초의 아파트

1961년 군사혁명 정부는 도심지에 인구가 집중하여 발생하는 주거 공간 문제를 해결하기 위해 1차 경제개발 5개년 계획 기간 중에 아파트 건설을 추진하였다. 첫 번째 아파트 건설 사업은 주택공사가 맡았다. 도심에서 가까운 도화동 일대 마포형무소의 넓은 농장 터를 불하 받아 도화아파트가 지어졌다. 닭장 같은 아파트에 대한 사람들의 인식이 바뀌지 않은 시점이라 단지화 된 아파트를 그럴듯하게 지어야겠다는 생각에 중앙난방과 수세식 화장실, 엘리베이터까지 갖춘 10층짜리 아파트 건설 계획을 내놓았다. 이는 당시로서는 매우 파격적인 구상이었다고 한다.

"공공기관이 앞장서 호화판 아파트를 짓는다."

"국민소득이 고작 100달러이고 전기 사정도 좋지 않은데 엘리베이터가 웬 말이냐."

"석유 한 방울도 나지 않는 나라에서 기름 난방이 무슨 사치냐."

"마실 물이 부족한 실정에 수세식 화장실 설치는 곤란하다."

파격적인 구상에 대한 사람들의 반응은 부정적이었고 결국 계획대로 지어지지 못했다. 마포아파트는 엘리베이터가 필요 없는 6층으로 낮춰지고 중앙난방은 가구별 연탄난방으로 바뀌었다. 지금 생각하면 살기 좋은 주거지를 지어 준다는데 그렇게까지 거부할 일인지 의아하기도 하다.

우여곡절을 거치면서 도화아파트는 61년에 착공, 62년 12월에 1차분 6개동 완공, 64년 2차분 4개동이 완공되었고 전체 모습을 드러낸 아파트의 위용은 대단했다고 저자는 표현했다. 이 책의 재미는 여기서 끝나지 않는다. 이 아파트를 구경하러 나온 사람들이 연일 밀려들자 한 켠에서 가마솥을 걸어 놓고 라면 무료 시식 행사를 벌였으며 당시 라면 값은 개당 10원, 자장면 값은 한 그릇에 20~30원이었다고 적혀 있다. 마포 도화아파트의 임대료는 보증금 4만 원에 월 3,500원이었고 당시 월 평균소득은 6,600원으로 도시 근로자들에게는 부담스러운 수준이므로 임대율이 10퍼센트도 되지 않았다고 상세하게 기록되어 있다. 당시의 물가 수준을 짐작할 수 있도록 제품 가격과 월 평균소득까지 함께 제공한 점은 이 책의 기록적 가치를 높이는 부분이라고 볼 수 있다.

⌂ 아파트값에 영향을 주는 요인들

아파트의 역사를 재미있게 읽었다면 이제 본격적으로 아파트값 파동에 대해 살펴보자.

저자는 주택시장을 움직이는 변수를 크게 내부적 요인과 외부적 요인으로 구분한다. 내부적 요인은 공급물량, 전세값 비율, 대기 수요(주택청약 관련 예금가입자), 미분양 아파트 증감 추이와 주택정책 변화를 꼽는다. 외부적 요인으로는 실물 경기동향, 금리, 시중자금, 물가, 가계소득을 꼽는다. 저자가 언급하는 요인들은 지금 부동산 시장에서도 똑같이 작용하고 있음을 알 수 있다. 1차~4차까지 아파트값 파동의 주요 요인을 살펴보자.

- **1차 파동(1973~1974년)** : 유동성(오일쇼크)
- **2차 파동(1977~1978년)** : 유동성(중동특수로 인한 오일머니)
- **3차 파동(1982~1983년)** : 유동성, 저금리 및 정부 부동산 정책
- **4차 파동(1987~1991년)** : 유동성, 3저 호황, 수급 불균형 및 정부 부동산 정책

지금도 많은 부동산 전문가들이 공급물량, 전세값 비율, 미분양 증감 추이 등을 참고하여 아파트 시장의 수급을 예측한다. 정부의 부동산 정책 역시 시장에 큰 영향을 미친다.

외부 요인 중 하나로 꼽는 시중자금, 즉 유동성은 최근 집값 상승의 주요 요인으로 꼽힌다. 코로나19로 인해 지원금 형식으로 시중에 풀린 엄청난 돈(유동성)이 집값을 끌어올렸다는 분석이 많다. 서민 복지의 일환으로 실시된 전세자금대출 역시 시중에 돈을 푼 역할을 했고 이로 인해 전반적으로 전세금이 상승했다는 평가를 받는다.

금리가 집값에 직접적인 영향을 주는 요인이 아니라고 하지만 저금리는 집값 상승과 밀접한 연관이 있어 보인다. 저자가 정리한 파동 요인에서도 저금리는 자주 등장하는 요소 중 하나이다.

과거의 경험은 미래를 예측할 수 있는 힌트를 준다. 이번 부동산 상승기에 역대급 상승을 일으킨 요인을 꼽으라고 하면 어떤 것들이 거론될까? 아마도 유동성(코로나19와 전세자금대출)과 저금리, 공급 부족 및 정부의 부동산 정책을 꼽을 수 있다. 예나 지

금이나 부동산 시장에 영향을 주는 요인이 크게 다르지 않음을 확인하였다면, 각각의 요인들로 인해 앞으로의 부동산 시장이 어떻게 전개될지 스스로 가늠해 볼 수 있을 것이다.

⌂ 1차파동부터 4차파동까지

저자의 인사이트를 담아 정리한 1차~4차파동은 부동산 역사를 아는 데 매우 큰 역할을 한다. 오랜 기간 정보를 수집하고, 원인을 분석하고, 시장 흐름을 기록하여 파동으로 정리한 저자의 노고에 박수를 보낸다. 이 책은 시기별 경제 상황과 부동산 시장의 흐름을 자세히 기록하였으며, 각 파동 마지막에 파동의 요인, 과정, 마무리를 간략하게 요약하는 형식으로 기록되어 있다. 마지막 요약 부분만 발췌하였으니 책을 읽으면서 과거로의 시간 여행을 꼭 경험해 보길 바란다.

1차파동(1973~1974년)

철근파동으로 아파트값이 오르기 시작했고 석유파동 때 큰 폭으로 올라 1년에 100퍼센트가량 올랐다고 한다. 원자재 가격이 오르면 아파트값은 필연적으로 오를 수밖에 없다는 의미다. 한 번 오른 원자재나 인건비가 내리는 경우는 거의 없다. 수급에 따라 평균 건설비용이 크게 오르면 분양가도 높아질 수밖에 없다. 물가가 지속적으로 상승한다고 가정하면 아파트값이 오르내림은 있을지언정 꾸준히 상승할 수밖에 없는 이유가 설명된다. 실물 경기 호황, 시중자금 풍부, 인플레이션으로 인한 환물심리(현물에 투자하려는 심리) 등 유동성으로 인한 상승작용을 1차 파동의 원인으로 설명한다. 여기에서 우리가 가장 크게 배워야할 점은 마지막 결론이다.

1차파동은 정부의 시장 개입이 거의 없는, 철저하게 시장 경제 원리에 따라 시작과 마무리가 이뤄졌다고 저자는 분석한다. 그래서 1차파동이 가장 교과서적인 아파트값 파동이라고 평가한다. 유동성으로 인한 상승과 충분히 상승했다는 심리가 퍼지면서 서서히 가격이 주춤해지는 시장 경제의 원리에 충실했던 것이다.

2차파동(1977~1978년)

중동특수를 누리며 구매력을 지닌 유효 수요가 크게 증가하면서 자생적으로 발생했고, 1년 6개월 동안 진행되며 전국을 휩쓴 대파동이라고 기록되어 있다. 결국 2차파동의 원인도 유동성의 증가였다. 1차파동과 다른 점이라면 네 번에 걸쳐 전국적으로 아파트값이 오르자 정부의 강력한 행정 규제로 쉼표를 찍게 되었다는 점이다. 2차파동을 잠재운 1978.8.8 대책을 살펴보자.

- 양도소득세 기본세율 인상, 2년 이내 단기 거래 70퍼센트, 미등기 전매 100퍼센트 중과세
- 토지거래허가 및 신고제 도입 추진
- 공한지세율 누진 적용

8.8 대책이 발표된 당시의 상황을 저자는 이렇게 기록하고 있다. "8.8 대책의 발표로 일순간 부동산 시장이 숨을 죽였고, 부동산 거래는 올스톱 상태에 빠져 매물이 쏟아져 나왔다."

집값 상승을 억제하기 위해 40여 년 전에 발표한 대책이 지금과 크게 다르지 않다고 느꼈다면 부동산 정책을 잘 이해하고 있는 사람이다. 집값을 안정시키기 위해 정부가 꺼낼 수 있는 카드는 양도소득세와 토지거래허가제도다. 40년이 지난 지금 정부는 집값을 안정시키기 위해 서울 일부 지역에 토지거래허가제도를 실시했고, 양도소득세 중과로 최대 82.5퍼센트의 세금을 부과했다. 2차파동 당시 70퍼센트보다 12.5퍼센트 더 무겁게 세금을 부과하며 집값이 안정되기를 바랐다.

3차파동(1982~1983년)

1, 2차 파동과 달리 3차파동은 실물 경기가 불황일 때 발생한 정책파동이라고 저자는 평가한다. 실물 경기가 불황권이지만 시중에는 인위적으로 유동성이 공급되었고 결국 집값을 상승시

킨 요인이 되었다. 3차파동 시기에 유동성을 공급한 이유는 건국 이래 최대 경제 지진이라 불리는 '장여인 어음 사기 사건' 때문이다. 초토화된 은행권을 수습하기 위해 어쩔 수 없이 시중에 엄청난 돈을 풀었다고 한다. 거기에 더해 은행 금리도 한 자릿수로 낮아져 연 24퍼센트 은행 금리가 1년 6개월 만에 연 8퍼센트로 뚝 떨어졌다고 한다. 금리가 1/3 토막으로 떨어지니 8퍼센트라도 저금리라고 생각했을 만하다. 당시 주택임대 수익률이 3퍼센트였기 때문에 굳이 주택을 사서 골치 아프게 임대를 놓을 필요도 없었다. 연 24퍼센트라면 월급만 차곡차곡 저금해도 4, 5년이면 원금의 두 배가 되던 시기다. 달리 투자를 하지 않아도 저금만으로 충분히 재테크나 노후 준비가 가능했다.

뒤이어 금융실명제가 시작되고 눈치를 살피던 떠돌이 뭉칫돈이 갈 수 있는 곳은 주택시장밖에 없었다고 저자는 분석한다. 분양가 현실화를 위한 채권입찰제까지 실시되면서 향후 아파트값이 상승할 것이라는 불안감과 누적된 공급 부족이 복합적으로 아파트값을 끌어올린 시기라고 정리되어 있다.

유동성, 저금리, 분양가 현실화, 누적된 공급 부족, 아파트값이 오를 것이라는 불안감이 복합적으로 작용한 3차파동은 최근 2021년까지 이어진 아파트 시장을 보는 듯한 착각이 들게 만든다. 그런 의미에서 3차파동의 전개 과정은 더욱 흥미롭게 다가온다.

4차파동(1987~1991년)

4차파동은 외부적 요인에 의해 자생적으로 발생했다고 분석한다.

- '3저 호황'으로 엄청난 국제수지 흑자 발생
- 대통령과 국회의원 선거를 치루면서 선거 자금이 시중에 뿌려짐
- 1988년 올림픽 특수로 시중에 엄청난 유동성 공급

이외에도 수요와 공급, 실물 경기동향, 시중자금, 가계소득, 국제수지, 물가, 은행 금리, 정책 변화, 투자 심리 등 여러 가지 요인이 복합적으로 작용하여 무려 3년 8개월 동안 일곱 차례나 오르는 대파동이 바로 4차파동이다.

지금으로서는 3년 8개월간의 상승이 길다고 생각되지 않겠지만 길어야 1~2년 동안의 상승만 경험했던 사람들에게는 4년에 가까운 집값 상승은 엄청난 기회이자 스트레스가 아니었을까 생각된다. 저자는 이 시기를 브레이크가 없는 배로 비유하며 당시 상황을 이렇게 기록하고 있다.

"브레이크가 없는 배를 멈추게 하기 위해서는 엔진을 정지시킨 뒤 스스로 멈출 때까지 기다려야 하듯이 주택시장도 마찬가지다. 시장 에너지가 넘치면 제풀에 꺾일 때까지 기다려야 한다."

문재인 정부 시절 부동산 시장은 브레이크 없는 비행기와 같

았다. 정부는 26번의 대책을 내놓으며 브레이크를 걸어 봤지만 역사상 유례없는 집값 상승을 막지 못했다. 시장이 에너지를 모두 발산하고 제풀에 꺾일 때까지 기다렸어야 했지만 다급한 정부는 그럴 여유가 없었다. 4차파동의 교훈을 알았더라면 시장에 반하는 규제 정책이 가져올 부작용도 어느 정도 짐작할 수 있지 않았을까?

이 책은 부동산 시장의 흐름과 집값 파동을 분석하면서 깨달은 원리를 아낌없이 기록해 놓았다. 주테크에 성공하고 싶은 사람들을 위해 남긴 조언이라고 생각된다. 20년 전에 발간된 책에서 현재 부동산과 같은 원리를 발견하고 보니 '이 책이 부동산 투자서의 바이블이구나'를 다시 한 번 느낀다.

⌂ 주테크에 성공하기 위한 세 가지 조언

집값과 전셋값의 관계는
토끼(집값)와 거북이(전세값) 경주와 같다

토끼와 거북이 전래동화는 대한민국 사람이라면 모르는 사람이 없다. 거북이는 전세값에, 토끼는 집값에 비유한 이 문장은 부동산 투자자들 사이에서 격언처럼 자주 인용된다. 저자는 오르막길을 토끼가 앞서고 거북이는 뒤따르며 경주가 펼쳐지는데 동화처럼 거북이가 토끼를 앞지를 수는 없다고 말한다. 토끼가 뜀박질하다 지쳐 숨을 고르면 거북이가 따라 붙고 거북이가 어느 정도 접근하면 다시 토끼가 껑충껑충 뛰어가는 것처럼 일정한 간격을 유지하며 펼치는 경주를 집값과 전세값에 비유한다.

전세값은 주택은행이 조사를 시작한 1986년 이후 IMF 때인 1998년을 빼고 계속 올랐다. 주택 수급이 균형을 이루며 전세시장에 상식이 통할 때, 전세값 비율은 일반적으로 소형 아파트는 40~50퍼센트, 중대형 아파트는 30~40퍼센트가 적당하다고 저자는 분석한다. 다만 이 비율은 지금 적용하기에는 다소 무리가 있다. 전세자금대출로 인해 서민들이 감당 가능한 전세금 규모가 커졌기 때문이다. 단순한 수치는 지금 적용하기에는 무리가 있다 하더라도 전세값 비율이 상승하여 매매가격에 근접하면 상승의 불씨가 되는 것은 예나 지금이나 변함없이 적용된다.

밀짚모자는 겨울에 사라

한창 더울 때 에어컨이 잘 팔리고, 비가 많이 오는 장마철에 제습기가 많이 팔린다. 수요가 많으니 할인을 할 필요도 없다. 하염없이 내리는 비를 보며 겨울에 제습기 세일을 하면 사야지 생각하는 사람은 거의 없다. 많은 사람들이 필요할 때는 가격도 비싸고 배송도 늦다는 것을 알면서도 절박해져야 행동으로 옮긴다. 집 역시 마찬가지다. 남들보다 조금이라도 싸게 사겠다고 매수를 미루다 보면 어느새 매물은 사라지고 가격은 오르기 시작한다. 큰돈이 오가는 거래인데 급하게 살 수도 없고 다시 고민하는 사이 가격은 더 빠르게 오른다. '장고 끝에 악수 둔다'는 말처럼 심사숙고한 탓에 결국 집값이 한 단계 오르고 난 후 막차를 탄 것이 아닌가 후회한다.

대부분의 사람들이 이와 똑같은 실수를 저지른다. 집값이 바닥을 찍으면 사겠다고 기다린다. 하지만 언제가 바닥인지 아무도 알 수 없다. 바닥에 가까운 시점을 포착했다고 하더라도 그 시점에 집을 사겠다고 용기 내는 사람은 거의 없다. 집은 사용가치가 있어 그냥 눌러 살면 밑져 봐야 본전이고, 수익성과 환금성뿐만 아니라 값이 쉽게 떨어지지 않는 하방 경직성까지 갖추고 있어 안전성도 높은 투자이기에 평생 살 집을 먼저 마련해 놓으라고 충고한다. 지금 부동산 전문가들이 하는 충고와 별반 다르지 않다.

동틀 무렵이 가장 어둡다

많은 사람들이 궁금해 할 만한 "과연 언제 집을 사야 할까?"에 대해 지자는 이렇게 대답한다.

"매물이 쌓일수록 사람들은 느긋해지고 주택을 소유하기보다는 이용하려는 경향을 보이는데 젊은 층을 중심으로 '집 없이 폼

나게 살자'며 전세를 선호하는 현상이 나타난다. 예나 지금이나 젊은이들이 이러한 생활 모습을 보이는 것은 같은 모양이다."

'예나 지금이나'라는 표현은 기존 세대가 젊은 세대를 보면 누구나 한 번쯤 사용하게 되는 단어가 아닐까 싶다. 지금보다 훨씬 집값이 저렴했던 20년 전에도 '집 없이 폼 나게 살자'며 전세를 선호하는 현상이 있었다는 것이 신기하게 느껴진다. 저자는 전세를 선호하는 현상이 나타나면서 전세가가 오르는 것을 보고 집값이 더 이상 오르지 않을 것이라고 판단하면 안 된다고 경고한다. 전세 수요 증가로 인한 전세가 상승은 일시적인 현상이고 토끼와 거북이의 경주처럼 결국은 집값 상승으로 이어진다는 조언이다. 집값이 더 오르지 않을 것이라는 암울한 전망이 가득해서 전세 수요가 늘고, 전세가가 상승해서 전세가율이 높아질 때가 집을 사기 가장 좋은 시기라는 의미다.

이 책은 아파트값 5차파동을 끝맺지 못하고 마무리된다. 저자는 현재 부동산 시장에서 활동하고 있지 않지만 2000년 이후 부동산 일지를 기록하고 있을 것이라 믿는다. 그가 다시 펜을 들고 이 책에서 현재 진행형으로 끝난 5차파동 이후의 아파트값 파동을 꼭 써 주길 기대한다. 저자의 기록에서 지금은 몇 차 파동이 진행 중일까? 아마도 6차나 7차파동이 아닐까 싶다. 2021년까지 이어진 상승장을 파동으로 기록한다면 역사상 유례없는 슈퍼 파동으로 기록하지 않을까 싶다. 유례없이 긴 파동이었기에 휴식기도 그만큼 길어질 지도 궁금한 대목이다. 역사는 지나고 나서야 정확하게 기록되기에 우리는 과정 속에서 해야 할 일을 할 뿐이다. 다만 역사를 통해 부동산 시장의 궤적을 확인한 사람이라면 예상치 못한 상황을 마주할 때 그 시기를 잘 넘기는 지혜를 발휘할 수 있다.

BOOK 14

실패의 경험에서
교훈을 새기다

《대한민국 부동산 40년》,
국정브리핑 특별기획팀, 한스미디어, 2007.06.

이 책이 다른 책들과 가장 큰 차이는 저자가 국정브리핑 특별
기획팀인 점이다. 책에서도 저자에 특별한 의미를 부여한다. 국정브리
핑과 주택도시연구원, 국토연구원, 금융연구원 등이 참여한 특별기획
팀이 중심이라고는 하지만 사실상 정부 부처가 함께한 작업이었다고
평가한다. 또한 이 작업을 했던 실무진들은 '정직하고 정확한 기록을
남기자'는 것을 모토로 참여했음을 밝히며 이 책의 특별함을 부각했다.

168

2006년 하반기 집값 불안이 가중되는 상황에서 '도대체 왜 올랐고, 어떤 정책을 폈는데 왜 실패했으며, 앞으로 어떻게 될 것인가' 등 논리적 순서에 따라 제기된 의문에 대해 역사적 연원을 밝히는 방식으로 연구와 취재를 진행했다. 그렇게 모아진 자료를 바탕으로 2007년 1월부터 3개월간 국정브리핑에 〈실록 부동산 정책 40년〉이라는 제목으로 총 22회에 걸쳐 연재됐고, 이를 단행본으로 묶은 것이다.

'부동산 불패 신화'라는 독특한 문화를 갖고 있는 대한민국 부동산 시장을 정부는 어떻게 바라보고 있을까? 어떻게 보면 '누워서 침 뱉기'가 될 수 있는 부동산 정책 평가를 과연 객관적으로 할 수 있을까? 정부가 생각하는 '부동산 불패 신화'의 원인은 무엇일까?

사실상 정부 부처가 함께 진행한 작업이라고 밝힌 만큼 정부가 부동산 시장을 바라보는 시각을 자세히 기록하지 않았을까 하는 기대감을 갖기에 충분했다.

🏠 부동산 정책의 변천사

부동산 정책을 발표하면 무수히 많은 평가들이 나온다. 그중에서는 "생각 없이 나온 정책 아니냐!" 하는 비판을 듣기도 한다. 하지만 이 책을 읽어 보면 정책 결정 과정에서 정부도 얼마나 고심하며 결정하는지 조금은 이해할 수 있다. 당시 관계부처 장관의 실명과 함께 회의에서 오고 간 대화 내용을 그대로 표기하여 정책 결정 과정을 현실감 있게 표현했다. 발표 직전 제외된 정책들을 기록해 놓았는데 부동산 정책이 세상 밖으로 나오기까지 얼마나 많은 검토가 있었는지 짐작할 수 있다. '왜 이런 정책은 나오지 않았을까?' 생각했던 것들이 준비는 했으나 발표되지 않았다는 것을 알면 정책 입안자들이 아무 일도 하지 않는다는 오해는 면할 수 있지 않을까 싶다.

이 책이 만들어진 2007년은 고(故) 노무현 대통령(2003~2008년)이 집권한 시기이다. 그리고 이 책은 문재인 대통령(2017~2022년)이 집권한 2020년에 다시 주목 받았다. 두 대통령이 서로 얼마나 많은 영향을 주고받으며 정치 활동을 했는지는 설명할 필요가 없다. 그래서인지 두 정권의 부동산 정책이 거의 판박이에 가깝다는 평가를 받는다. 역사는 돌고 돈다는 말처럼 문재인 정권에서 노무현 정권의 부동산 정책이 반복되어 나오면서 사람들은 그때의 정책을 파헤치기 시작했다. 예상처럼 비슷한 시기에 비슷한 정책이 발표되자 사람들은 재빨리 적응하기 시작했다. 정책의 틈새를 더 빨리 찾아냈고 대응했다.

문재인 정권은 26번의 부동산 정책을 냈지만 집값은 잡히지 않았고 국민들의 평가는 대선 결과로 나타났다. 노무현 정부에서 실시했던 정책이 그대로 반복되어 발표됐고, 정권의 마지막에 똑같은 평가를 받았다는 점에서 많은 교훈을 남긴다.

1967~2007년 1월까지 발표한 부동산 및 주거복지 관련 정책은 총 59건이었다.

- 부동산 투기 억제 및 가격 안정을 위한 정책 31건
- 규제 완화 등을 통한 경기 활성화 대책 17건
- 임대주택 확대 등 주거복지 정책 11건

수치로 확인할 수 있듯 정부는 규제 강화와 완화를 반복하며 정책을 펼쳤다. 1967~2007년까지 40여 년간 발표된 정책을 보면 규제 강화 정책이 완화 정책의 두 배 정도 많았다.

그렇다면 규제 정책으로도 잡히지 않았던 부동산 시장의 근본적인 문제점은 무엇이었을까? 이 책에서는 '공급 확대 대책 추진 및 시중 유동성 관리 미흡'과 공급 확대를 추진함에 있어서 '공급 시차'를 간과했음을 패착으로 꼽았다.

2005.8.31 대책에서 향후 5년간 공공택지 1,500만 평 확보라는 총량적인 계획은 있었지만 세부적으로 택지 공급에서 분양까지 걸리는 공급 시차에 대한 대비가 부족했고, 규제에 따른 민간공급 위축에 적절하게 대처하지 못했다고 분석한다. 이 부분은 얼마 전 문재인 정부의 '부동산 정책 실패 원인'을 분석하는 듯한 데자뷔를 느낀다. '정직하고 정확한 기록'을 남겼음에도 불구하고 같은 평가를 받을 수밖에 없었던 대한민국 부동산 시장

의 특수성은 과연 무엇일까?

이 책에서 지적한 우리나라 부동산 시장의 구조적 딜레마는 '민간에 의존하는 주택 공급 시스템'이다. 전세제도는 전 세계에서 대한민국에만 유일하게 존재하는 임대 시스템이라고 한다. 그만큼 우리나라의 주택 공급은 민간에 크게 의존하면서도 행정 규제를 통해 주택 건설을 촉진하거나 억제하며 공급을 관리하고 있다. 그 예로 민간임대 공급 역할을 하는 다주택자의 부담을 가중시키는 세금 정책을 시행한다. 공공의 이익을 우선하며 규제 정책을 내놓을 때마다 시장은 공급 부족을 겪는다. 공급 부족은 필연적으로 집값 상승을 불러온다. 다주택자의 세금 부담은 임대료 상승으로 이어져 서민들의 고통이 가중되는 결과를 낳았다.

분양가 규제 논란, 주택 청약제도의 변천, 개발이익 환수, 국토 균형 발전, 전·월세 대책, 토지공개념 등 여러 정책들의 역사를 이 책에서 확인할 수 있다. 2022년을 마무리하는 시점에서 가장 쟁점이 되고 있는 정부 정책은 보유세다. 보유세 기준이 되는 과표 현실화 문제, 재산세율, 종부세율의 정책 변천사를 살펴보면서 보유세 정책이 어떻게 바뀔지 가늠해 보자.

🏠 과표 현실화 정책 변천사

과표는 과세표준의 줄임말로 세금을 부과하는 데 있어서 기준이 되는 것을 말한다.(출처: 네이버 지식백과) 세금은 과세표준에 세율을 곱해서 결정된다. 과세표준은 우리가 실제 거래하는 금액이나 정부에서 발표하는 재산의 가격(공시지가)은 아니다. 실제 거래금액 또는 공시가격이 과세표준이 될 수도 있으며, 공시가격에 일정비율(공정시가비율)을 곱한 것이 과세표준이 되기도 한다. 실제 납부해야 할 세금을 높게 책정하기 위해서는 과세표준을 높이거나 세율을 높이면 된다. 즉 공시가격이나 공정시가비율을 인상하면 세금을 인상시키는 효과가 발생한다. 세금 인상은 당연히 조세 저항을 불러온다. 정부는 조세 저항에도 불구하고 세금을 밀어붙이는가 하면, 강력한 반발에 정책을 철회하기도 한다.

　과표 현실화는 꾸준히 진행되어 왔고 현재도 진행형이다. 현재진행형이라는 의미는 아직도 실거래가에 맞춰 세금이 부과되고 있지 않다는 뜻이다. 1988년 과표 현실화율은 15퍼센트에 불과했다. 실거래가의 15퍼센트 정도 금액으로 세금이 부과되었다. 1988년부터 3년에 걸쳐 토지과표를 매년 23~25퍼센트씩 올려 토지는 60퍼센트, 건물은 50퍼센트까지 과표를 현실화하겠다는 계획을 발표했다. 당시 내무부는 조세 저항에 따르는

체제 불안과 북한과의 대치 상황까지 거론하며 거세게 반대했다고 기록되어 있다. 당시 나웅배 경제기획원 부총리는 무려 다섯 차례나 장관회의를 열어 설득했지만 결국 여론에 민감한 내무부의 반대로 과표 현실화는 백지화되었다고 한다.

1993년 다시 한 번 과표 현실화 정책을 발표한다. 5월 26일 재무부는 '신경제 5개년 계획 세제부문 개혁안'을 발표한다. 김영삼 대통령은 "부동산을 가지고 있는 것이 고통이 되도록 하겠다"며 공시지가(시가의 70~80퍼센트)의 21퍼센트 수준이었던 종합토지세 과표를 단계적으로 올려 1996년부터는 아예 공시지가로 전환하겠다는 계획을 발표했다. 이로써 보유세 부담을 높이는 등 부동산 투기 및 과다 보유를 막기 위한 제도적인 장치를 갖추려 했다. 공시지가로 과표가 전환된다고 해도 실거래가에는 턱없이 낮은 금액이지만 이 또한 심한 저항에 부딪혔다. 특히 선거에서 표를 의식한 정치적인 이유로 정책이 사라지는 경우도 많다.

1995년 11월 17일 정부와 민자당은 당정회의를 열어 결국 종합토지세 과표적용비율을 동결하고 일부 토지에 대한 세율은 오히려 낮추는 지방세법 시행령 개정안에 합의한다. 이때 여론은 '총선을 겨냥한 땅 부자 달래기'라는 기사로 세금 정책을 비난한다. 결국 임기 말인 1997년 과표 현실화율은 30.5퍼센트에 그쳤다.

2007. 8. 31 부동산 정책에 따라 주택과표는 현실화되었다. 재산세의 기준이 되는 공시가격은 80퍼센트까지 반영되었고, 2007년 1월부터 모든 부동산에 대한 양도세는 공시가격이 아닌 실거래로 부과했다. 지금 생각하면 양도세를 실거래가로 부과하는 것이 지극히 정상이지만 불과 15년 전만 해도 실거래가가 아닌 금액으로 양도세를 신고했다고 생각하니 격세지감을 느낀다.

　　공시가격은 실거래가와 차이가 있다. 2020년 공시가격은 시세의 50~70퍼센트 수준이었다. 문재인 정부에서는 2020년 11월 '공시가격 현실화율 제고 로드맵'을 발표하며 2028년 현실화율 90퍼센트 달성을 목표로 매년 3퍼센트씩 공시가격을 인상하겠다는 계획을 발표했다. 공시가격 인상은 재산세, 종합부동산세 부과 기준이 되며 나아가 건강보험료, 기초연금 수급 대상자 선정의 자료가 된다. 따라서 공시가격이 인상되면 국민들에게 미치는 파급 효과가 상당할 수밖에 없다. 특히 재산세나 종부세와 같은 보유세는 조세 반발이 심한 세금이다. 이전 정부의 부동산 정책을 되돌리겠다는 기조를 갖고 출범한 윤석열 정부에서는 공시가격 현실화에 대한 수정 방안을 만들어 2023년부터 적용하겠다는 방침을 밝혔다. 2022년 종부세에 적용될 공정시가비율을 60퍼센트로 하향 조정하여 종부세 부담을 경감하는 대책을 발표했다.

🏠 재산세 변천사

재산세는 보유하고 있는 토지와 건물에 부과되는 세금이다. 6월 1일을 기준으로 소유권을 가진 사람에게 부과되며 주택을 보유한 사람은 매년 7월과 9월에 재산세 고지서를 받게 된다.(연납의 경우 7월 단 1회 고지서 부과)

2020년 기준 자가보유율은 전국 60.6퍼센트, 수도권 53퍼센트, 광역시 62.2퍼센트, 시, 도 지역 71.4퍼센트이다. 전국을 기준으로 봐도 대한민국 국민의 60퍼센트가 재산세 납부 대상이다. 따라서 재산세 인상은 매우 민감한 사항일 수밖에 없다.

1986년 5월 17일 재산세 인상 계획 발표와 함께 당시 정석모 내무부장관이 사퇴서를 제출한 사건을 두고 '재산세 파동'이라고 표현한 것을 보면 재산세가 국민에게 미치는 영향을 짐작할 수 있다. 1986년 1월 전국 건물 평균 과세표준 3.4퍼센트 인상과 건물 크기에 따른 가감산율 조정 계획 발표로 여론은 매우 크게 요동쳤다. 과표를 약간 올리고 세율을 조금 올렸을 뿐이지만 곱하기의 상승작용에 따라 재산세 인상폭이 매우 컸고 '봄철 재산세 기습 인상', '최고 122퍼센트, 시민들 항의' 등의 제목으로 언론마다 재산세 과다 부과를 지적했다고 한다. 내무부장관의 사퇴서는 한 차례 반려되었으나 같은 해 8월 결국 자리에서 물러나게 되었다. 이 사건을 두고 '살아 있는 지방세 사전'으로 불리는 김대영 행정자치부 전 지방세제관은 "세금 잘못 건드리면 코피 터진다"는 속설이 증명된 사건이었다고 말했다. 또한 재산세를 '장바구니세' 또는 '주부세'로 불렸다고 하니 보유세 인상 정책이 국민에게 미치는 파급 효과를 가히 짐작할 수 있다.

재산세는 시가표준액에 공정시장가액비율을 곱하여 과세표준이 결정된다. 따라서 주택공시가격이나 공정시장가액비율에 따라 재산세 증감이 발생한다.

　• 재산세 = 주택공시가격 × 60퍼센트(공정시장가액비율)

만약 문재인 정부에서 제안한 공시가격 현실화율 90퍼센트를 목표로 매년 공시가격이 인상된다면 재산세는 자연스럽게 증가할 수밖에 없는 구조다. 결국 윤석열 정부는 2022년에 부과되는 재산세 중 1세대 1주택자에게 공정시장가액비율을 60퍼센트에서 45퍼센트로 하향 조정하여 부과한다고 밝혔다. 1주택자부터 재산세 인하 혜택을 주겠다는 것이다.

🏠 종부세 변천사

2021~2022년 뜨거운 감자는 종합부동산세였다. 진보에서 보수 정당으로 정권 교체가 이루어진 가장 큰 원인이 종합부동산세였다고 해도 과언이 아니다. 종합부동산세는 다주택자나 고가주택 보유자를 겨냥한 세금이었지만 전국적인 집값 상승으로 1주택자마저 부과 대상이 되면서 여론은 빠르게 악화됐다. 세율 인상 발표 때까지만 해도 시장은 아랑곳하지 않는 분위기였다. 하지만 2021년 12월 종합부동산세 고지서를 받은 사람들의 체감은 생각보다 높았고 그 분노는 고스란히 다음 해 대선 결과로 드러났다.

종합부동산세는 2003년 10월 29일 주택시장안정종합대책에서 처음 도입됐다. 종합부동산세는 보유하는 것만으로도 세금이 부과되는 미실현 소득 세금이며, 이미 재산세라는 보유세가 존재하는 상황에서 이중과세 논란이 끊이지 않는다.

2003년 종합부동산세 도입을 발표하고 2004년 말 입법 과정부터 순탄치 않았다. 2004년 12월 30일 종부세법안이 국회를 통과한다. 종부세 적용 대상이 6억 원 이상(10만 명)에서 9억 원 이상(3만 5,000명)으로 완화되고 가구별 합산에서 개인별 합산, 세부담 상한선도 100퍼센트에서 50퍼센트로 원안에서 크게 후퇴하였다. 당시의 상황을 '2005년 말 종합부동산세 관련법이 국회를 통과하기까지 정부 안팎의 상황은 일종의 전쟁이었다'고 기록한다. 하지만 2005년 집값이 다시 오르기 시작한다. 2005년 6월 판교 발 부동산 값 상승세로 급기야 판교 택지분양 일정을 대통령이 직접 중단시키는 사태가 발생한다. 2005년 8월 31일 서민 주거 안정과 부동산 투기 억제를 위한 부동산 제도 개혁 방안 발표에서 후퇴시켰던 종부세를 원상 복귀해 공시가격 6억 원 이상(전체 세대의 1.6퍼센트)으로 부과 대상을 확대하고 개인별 합산에서 가구별 합산으로 바뀌게 된다.

2006년 12월 공시가격 6억 원으로 과세 기준이 강화된 종합부동산세를 내놓자 언론은 연일 '세금 폭탄'이라며 몰아붙였고 '조세 저항'이라는 표현이 신문을 뒤덮었다. 2006년 11월 '종부세 폭탄 D-7', '일단은 버텨 보자'(2006년 11월24일 연합뉴스)라는 기사들이 보도되었고, 2006년 12월 19일 전군표 국세청장이 직접 '납세자에게 드리는 글'을 발표하였다. 2006년의 기사 제목이 마치 2021년 말 종부세 고지서가 발송된 후에 나온 듯한 느낌이다.

2006년 종합부동산세는 자진 신고에 의한 납부였는데 우려와 달리 신고율은 98.2퍼센트로 성공적이었다. 현재 재산세와 종합부동산세는 고지 납부, 양도세는 자진 신고 납부로 이루어진다. 자진 신고라도 해도 부동산 실거래 신고가 의무이기 때문에 누락될 여지는 거의 없다. 2006년에 첫 시행되고 자진 신고 납부임에도 신고율이 100퍼센트에 가깝다는 것은 납세 의무를 성실히 이행하는 대한민국 국민들의 국민성을 보여 주는 사례가 아닌가 싶다. 종합부동산세는 이렇게 훈훈한 결말을 주는 듯하였으나 이후 이중과세 논란을 일으키며 헌법재판소에 위헌소송이 끊이지 않게 된다.

계속되는 정책 발표에도 부동산 상승세가 꺾이지 않자 문재인 정부에서도 종합부동산세가 다시 소환된다. 공시지가 현실화, 공정시가비율 인상에 큰 폭의 세율 인상이 겹치면서 종합부동산세 부담은 매우 크게 다가왔다. 강남에 집 두 채가 있으면 평균 연봉 이상의 종부세를 부담해야 했다. 강남이 아니라 집 한 채만 가진 실소유자여도 상황은 마찬가지다. 이미 재산세라는 보유세를 부담하고 있는데 추가로 종합부동산세가 부과되니 가계 부담이 커질 수밖에 없다.

정부 정책의 실패는 '망각의 역사'와 일맥상통한다는 철저한 자기반성으로부터 이 책은 시작된다. 정부 정책이 제대로 효과를 발휘하기 위해서는 '정책의 신뢰도'가 높아야 한다. 정책이 나와도 '때가 되면 바뀌는 것'이라는 인식을 심어 주면 정책을 통해 기대하는 시장의 반응은 나타나지 않는다. 경기가 과열되면 규제, 세금, 공급 정책 등으로 진정시키고, 경기가 침체되면 규제 완화를 선택하여 부동산 정책이 '대증요법'이 되어버렸다는 말로 정책의 신뢰도가 낮음을 솔직하게 고백한다. 과거부터 현재까지 규제 정책이 나올 때마다 시장에서는 "규제는 오래 가지 않는다. 버티는 사람이 승자다"라는 말이 나온다. 사람들의 말처럼 정권이 교체되면 규제가 풀렸고, 규제를 피하기 위해 빠르게 대응했던 사람들은 후회하는 일이 반복됐다.

부동산 시장은 앞으로도 상승과 하락을 반복할 것이다. 부동산 시장이 침체되면 정부는 과거의 완화 정책을 다시 꺼내고, 과열되면 과거의 규제 정책을 다시 꺼낼 것이다. 역사를 공부한 사람이라면 정부가 꺼낼 카드가 무엇인지 예상할 수 있다. 예상할 수 있다면 빠르게 대응하는 것도 가능하다. 이것이 역사를 공부해야 하는 이유다.

---

1 대증요법: 어떤 환자의 질환을 치료하는 데 있어 원인을 제거하기 위한 직접 치료가 아닌 증상을 완화하기 위해 실시하는 치료법

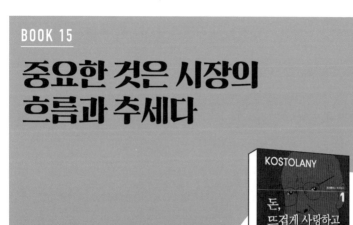

BOOK 15

중요한 것은 시장의 흐름과 추세다

《돈, 뜨겁게 사랑하고 차갑게 다루어라》,
앙드레 코스톨라니, 미래의 창, 2001.02.
원제: Die Kunst über Geld nachzudenken

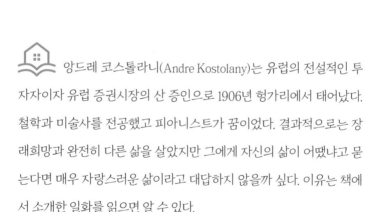

앙드레 코스톨라니(Andre Kostolany)는 유럽의 전설적인 투자자이자 유럽 증권시장의 산 증인으로 1906년 헝가리에서 태어났다. 철학과 미술사를 전공했고 피아니스트가 꿈이었다. 결과적으로는 장래희망과 완전히 다른 삶을 살았지만 그에게 자신의 삶이 어땠냐고 묻는다면 매우 자랑스러운 삶이라고 대답하지 않을까 싶다. 이유는 책에서 소개한 일화를 읽으면 알 수 있다.

열여덟 살이던 1920년 후반 그의 부모는 증권 투자를 배우도록 증권 거래인 친구가 사는 파리로 아들을 유학 보낸다. 파리에서 유학 생활을 하면서 증권계에 발을 들인다. 훗날 앙드레 코스톨라니의 부모님은 전쟁 통에 공산주의자들에게 재산을 빼앗기게 되지만 투자 공부를 한 막내아들의 재정 지원으로 스위스에서 편안한 노후를 즐길 수 있었다고 한다.

그는 18세에 증권계에 발을 들인 이후 80여 년 동안 스스로 '투자자'라는 자부심을 갖고 있었다. 외환, 원자재, 현물, 선물 등 모든 유가증권에 투자했다. 뉴욕 월 스트리트, 파리, 프랑크푸르트, 취리히, 도쿄, 부에노스아이레스, 요하네스버그, 상하이 등 가리지 않고 투자했다. 주식, 국채, 외환, 신발 가죽, 콩을 비롯한 모든 곡류, 섬유, 자동차 타이어, 철, 커피, 카카오, 위스키, 귀금속에도 투자했다. 주가가 오르는 곳뿐만 아니라 떨어지는 곳에도 투자했다. 호경기나 불경기에도, 인플레이션이나 디플레이션일 때에도, 가치상승이나 가치절하가 있을 때에도 모든 영역에 투자했고 잘 살아남았다. 1924년 이후로 단 하룻밤도 주식을 생각하지 않은 적이 없다는 말로 80여 년의 투자 인생을 증명하고 있다.

투자에 대해 논하는 사람들은 대게 두 가지 부류로 구분된다. 하나는 이론을 열심히 공부해서 배운 대로 투자에 임하는 사람이고, 다른 하나는 직접 몸으로 경험하고 그 속에서 지혜를 얻어 투자에 임하는 사람이다. 코스톨라니는 스스로를 후자라고 자신 있게 말한다. 훗날 대학에 초대되어 강연을 하면 교수들의 따가운 눈초리를 받기도 했다고 고백한다. 이론으로 무장한 그들에게 경험에서 우러나오는 조언을 당당히 내뱉을 수 있는 자신감은 스스로를 '진정한 투자자'라고 여겼기 때문에 가능했다.

스스로에게 도전하는 삶을 살았던 앙드레 코스톨라니는 92세인 1998년에만 30회 이상의 강연을 했다. 텔레비전 방송에 출연하고 인터뷰도 마다하지 않았다. 평생 동안 총 13권의 책을 남겼고 마지막 책은 죽기 직전까지 집필했다. 93세에 자신의 투자 인생을 총 정리한 책인 《돈, 뜨겁게 사랑하고 차갑게 다루어라》를 마지막으로 남기고 1999년 9월 14일 파리에서 생을 마감하였다. 이 책은 1999년 2월에 쓰기 시작해 서문을 완성하지 못한 그를 대신해 친구이자 동반자인 스테판 리쎄가 썼다.

이 책은 출간되자마자 독일 베스트셀러 1위에 올랐으며 최장기 베스트셀러 목록에 오르기도 했다. 그 외 저서로는 《투자는 심리게임이다》, 《실전 투자강의》, 《사랑한다면 투자하라》 등이 있으며 모두 베스트셀러가 되었다.

90세가 넘은 나이에도 하고 싶은 일이 있고 또 그것에 최선을 다했다는 점이 그를 최고라고 인정하게 만드는 부분이 아닐까 싶다.

🏠 투자자의 기본 자세

이 책의 원제는 '돈에 대해 생각하는 기술(Die Kunst ueber Geld nachzudenken)'이다. 스스로를 주식 투자자라고 칭했으며 그에게 투자 행위는 지적인 도전이었다. 하지만 그는 돈을 쫓는 인생을 살지 않았다. 그는 항상 돈과 일정한 거리를 유지했고 이러한 태도야말로 투자자가 가져야 할 가장 기본적인 전제라고 말했다. 돈은 나치를 피해 도망쳤을 때 그를 보호해 준 방패막이 되었고, 말년에 최고의 의학 치료를 받을 수 있었으며 덕분에 편안하고 즐거운 생을 누리게 해 준 수단이었다고 그는 말한다.

이 책을 위대한 투자자의 역작이라고 칭하지만 여느 투자서와는 다른 느낌을 준다. 투자서에 흔히 등장하는 차트나 도표가 전혀 등장하지 않는다. 과거부터 지금까지의 수치를 들며 예측하지도 않는다. 어떤 통계자료도 제시하지 않지만 어느 누구도 반박할 수 없는 투자 교훈들이 가득하다. 적당한 자신감과 유머로 독자들에게 에세이를 읽는 듯한 재미와 감동을 준다.

피터 린치(Peter Lynch), 워런 버핏 등 이름만 대면 알 만한 투자 대가들은 그들을 상징하는 유명한 격언이 있다. 앙드레 코스톨라니 역시 다음과 같은 유명한 말을 남겼다.

"우량주를 산 다음 약국에 가서 수면제를 먹고 몇 년 동안 푹 자라."

🏠 인플레이션에 대한 지혜

2022년 세계 경제의 화두는 '인플레이션'이다. 코로나19 이후 막대하게 풀린 유동성에 더 이상 물가가 버티지 못하는 상황을 맞이하고 있다. 인플레이션이 고착화되지 않도록 하기 위해 미국은 금리인상을 시작했다. 이제 겨우 몇 차례 금리를 올렸지만 세계 경제는 심각하게 요동치고 있다. 이 정도면 그만하지 않을까 예상했던 것과 달리 한 번 시작한 금리인상은 목표를 달성할 때까지 계속될 전망이다. 시장에 최대한 충격을 덜 주면서 인플레이션을 경착륙시키는 것이 지금 세계 경제가 직면한 가장 큰 과제라고 사람들은 말한다. 미국이 금리를 인상하면 우리나라도 금리를 인상할 수밖에 없다. 미국의 금리인상에 맞춰 급격하게 올리다 보니 외환 위기 때와 맞먹는 수준까지 오른 상황이다. 금리인상과 더불어 물가가 크게 오르면서 많은 사람들이 이자 부담에 힘들어하고 있다. 이에 따라 사람들의 투자 심리는 급격하게 위축되었다. 시장에 풀린 유동성은 많지만 부동산, 주식, 코인 등 어느 것에 투자하기에도 불안하다는 심리가 팽배하다.

앙드레 코스톨라니는 인플레이션을 '악마가 싫어하는 성수'에 비유할 정도로 증권인이 얼마나 인플레이션을 싫어하는지를 표현했다. 소비자물가, 생산가, 시간당 임금, 임금비용지수 등의 수치가 오르면 주식시장의 분위기가 가라앉고 시세도 떨어진다. 이 수치의 상승을 불러일으키는 것이 바로 인플레이션이다.

저자는 인플레이션을 따뜻한 목욕물에 비유한다. 따뜻한 물속에 있으면 편안하고 좋다. 시간이 지나면서 물의 온도에 몸이 적응하면 온도가 더 높아져야만 따뜻하다고 느끼게 된다. 여기서 주의할 점은 몸을 따뜻하게 계속 유지하기 위해 더 뜨거운 물을 공급하면 저온 화상을 입을 수 있다는 사실이다.

코로나19로 인해 전 세계적으로 천문학적인 돈이 시장에 풀렸다. 통장에 찍힌 재난지원금은 공짜로 얻은 선물같이 느껴졌다. 거리두기로 인해 인터넷 상거래는 폭발적으로 늘었다. 배달앱이 생겨나고 별도의 배달비도 부과됐다. 사람들은 예전에 없던 배달비용이지만 어쩔 수 없이 받아들였다. 시중에 돈이 풀리면 내가 쓸 돈보다 물가가 오르는 속도가 더 빨라진다고 한다. 처음에는 많은 사람들이 유동성의 힘을 체감하지 못했다. 어느 순간 평소에 쓰던 대부분의 것들이 가격이 올랐다. 한 번 오른 가격은 내려가기 힘들다. 한 번 오른 임금이 내려가는 것도 보지 못했을 것이다. 어느 순간 사람들은 물가 상승을 피부로 체감했고, 몇 달 만에 급격하게 오르는 물가가 무서워지기 시작했다. 앙드레 코스톨라니의 표현대로 따뜻한 물에 몸을 담그고 있어서 뜨거운 줄 몰랐지만 저온화상처럼 서서히 고통이 시작되고 있었다.

인플레이션을 막기 위해 은행이 제일 먼저 취하는 조치, 바로 금리인상이 우리 앞에 직면했다. 3퍼센트대 신용대출 만기를 연장했더니 6퍼센트가 되었다며 놀라는 사람들이 많다. 든든한 직장으로 인해 이자율이 높지 않다는 사람도 신용대출 이자가 7~8퍼센트대에 이른다. 금리가 그나마 싼 주택담보대출조차 금리인상에 직격탄을 맞았다. 주택담보대출은 대체로 규모가 크다. 1억 미만은 신용대출로 가능하기 때문에 주택담보대출을 받지 않는다. 주택담보대출은 절차도 복잡하기 때문에 많은 자금이 필요할 때 고려하는 대출이다. 담보가 제공되는 만큼 신용대출에 비해 금리가 낮고, 저금리 시대에는 2퍼센트대를 유지했다. 하지만 금리가 인상되면서 주택담보대출도 4퍼센트대를 넘겼다. 이는 매월 납부해야 할 이자가 두 배 증가했다는 의미다. 가계에서 순수하게 지출할 수 있는 가처분소득이 그만큼 줄어든다는 의미다.

5퍼센트대 확정금리를 제공하는 적금이 출시되자 사람들이 줄을 서서 가입하고 있다는 기사가 나온다. 서울과 수도권의 상가 임대 수익률은 3퍼센트대에 미치지 못하는 것들도 많다. 이런 상가에 투자하는 이유는 임대 수익률보다는 시세차익을 기대하기 때문이다. 하지만 부동산 시장의 심리가 얼어붙고 거래가 힘들어지면 관리하는 데 노력이 필요한 임대 수익보다 마음 편한 은행이자를 더 선호한다.

금리인상은 어느 날 갑자기 발표되지 않는다. 시장에 준비할 시간을 주기 위해 신호를 보낸다. 하지만 사람들은 설마 하는 마음으로 적극적으로 대비하지 않았다. 갖고 있는 주식을 팔 시간이 충분했음에도 불구하고 그렇게 하지 않았다. 적시에 빠져나오지 못한 사람들은 안이하게 대처한 만큼의 고통을 감수해야 한다. 그렇다고 해서 희망이 없는 것은 아니다. 버틸 수 있는 여력이 있는지가 관건이다. 인플레이션을 막기 위한 금리인상은 장기적으로 지속될 수 없다. 금리가 오르면 시장에 유동성이 적어지고 경기가 침체된다. 침체된 경기를 활성화하기 위해 다시 금리를 내리는 시기가 올 수밖에 없다. 그때가 되면 '언제'라든가 '그러나'라는 말은 잊고 무조건 시장에 뛰어 들어가야 한다는 거장의 말을 떠올리자.

♟ 투자에 관한 거장의 조언

이 책은 투자할 때 반드시 기억해야 할 거장의 조언이 담겼다. 수많은 조언 중에서도 80여 년을 투자 현장에서 살아온 유럽 증권계의 거장이 가장 중요하게 생각하는 것은 '인내'와 '유연성'이다.

주식 투자에서 가장 경계해야 할 것을 한가지 꼽으라면 '레버리지'를 사용한 투자를 꼽는다. 부동산 투자는 반대로 레버리지를 잘 활용하는 게 현명한 전략이라고 여긴다. 하지만 주식 투자에서는 레버지리를 활용했다가 큰 손해를 입는 경우가 많다. 그 이유는 주식 시장에만 있는 반대매매[1] 시스템 때문이다. 주식 투자에서 활용할 수 있는 레버리지 종류는 미수거래, 신용거래, 주식담보대출 등 다양하다. 레버리지를 사용하면 상환 날짜에 주식 시세가 하락해도, 상환에 필요한 잔금이 부족해도 자동으로 반대매매가 이뤄져 상환된다. 즉, 손해를 만회하기 위해 인내심을 갖고 기다릴 수 있는 시간을 주지 않는다. 주식 투자에서 목표한 수익에 도달하기까지 가장 필요한 것이 인내라고 한다면, 레버리지를 활용할 경우 이 전략을 구현할 수 없기 때문에 매우 위험한 투자가 된다.

부동산 가격은 상승과 하락을 반복하면서 장기적으로 우상향해 왔다. 코스톨라니는 금리의 변화에 따른 주식 가격의 상승과 하락을 달걀 모형으로 설명한다. 상승과 하락을 반복한다는 것은 단순하게 생각하면 손해가 발생했을 때 팔지 않고 버티면 어

---

1 반대매매: 주식이나 선물, 옵션 등을 미수나 신용 거래 후 과도한 하락이 발생했을 때, 증권사가 고객의 동의 없이 임의로 처분하는 것을 말한다.

느새 가격이 상승하면서 수익을 낼 수 있다는 말로 해석된다. 하지만 이렇게 단순한 논리를 믿고 무조건 버티는 것이 가장 좋은 전략일까? 이 물음에 저자는 버티기보다는 '유연함'을 강조한다. 외부 소음에 흔들리지 않고 버텨야 할 때와, 자신의 투자 원칙을 버릴 수 있는 유연함이 필요할 때는 각각 어떤 상황일까?

단순히 가격이 떨어지는 순간, 심리에 의해 시장이 흔들리는 순간은 누가 봐도 흔들리지 않고 버텨야 할 상황이다.

자신의 투자 원칙을 버릴 수 있는 결정적인 순간은 러시아-우크라이나 전쟁, 금리인상, 코로나19와 같은 중요한 변수가 발생한 시기다. 러시아-우크라이나 전쟁이 시작되자마자 러시아 화폐인 루블화의 가치는 폭락했다. 이를 보고 두려워하는 사람이 있는가 하면 기회라고 보고 매수한 사람들도 있다. 루블화는 얼마 지나지 않아 다시 가치를 회복했고 폭락했을 때 사들인 사람들은 큰 수익을 보았다.

2020년 1월 국내에 코로나19 환자가 처음 발생하고, 3개월 후인 4월 코스피 지수는 1,300선까지 하락했다. 예상치 못한 외부 변수로 인한 하락일 뿐 국내 기업들의 가치에 변화가 있는 것은 아님에도 불구하고 코스피 지수는 하염없이 추락했다. 추락하는 주가를 보며 주식 투자를 하지 않아서 안도한 사람이 있는가 하면, 기회라고 생각하고 주식을 사들인 사람의 결과는 극명하게 갈라졌다.

2021년 하반기부터 테이퍼링을 비롯해 금리인상 시그널이 지속적으로 시장에 던져졌다. 시그널을 포착하고 유연함을 발휘한 사람들은 지금 새로운 기회를 마음 편히 기다리고 있다. 시그널을 봤음에도 설마 하며 버틴 사람들은 매일 마이너스가 커지는 주식을 들고 이러지도 저러지도 못하고 있다.

자신의 투자 원칙을 바꿔야 할 결정적인 순간임을 알아도 손실이 난 상태에서 단호하게 결단을 내릴 수 있는 사람은 흔치 않다. 수익보다 손실을 더 크게 느끼는 손실회피 성향이 단호한 결정을 방해하는 중요한 요소로 작용한다. 손실을 감수하는 것, 잃어버린 돈을 되찾고 싶은 마음을 극복하는 것은 누구에게나 쉬운 일은 아니다.

2022년 1월 대한민국을 떠들썩하게 했던 오스템임플란트 횡령 사건 역시 손실을 만회해 보려는 무모한 행동에서 비롯된 결과였다. 오스템임플란트의 자금팀장인 이모 씨가 횡령한 금액은 회사에서 공식적으로 발표한 금액만 2,215억이다. 그는 2020년 3월부터 수차례 회사에서 현금을 몰래 빼내 주식 투자에 활용하고 다시 채워 넣는 방식으로 회사 자금을 유용했다. 그러나 주식 투자가 실패해 원금을 채울 수 없자 본격적으로 회사 돈을 횡령해 금괴를 은닉하고 가족 명의로 부동산을 매입했다. 이 사건으로 이 회사는 상장폐지 위기에 몰렸으며 소액주주들은 소송에 나서기도 했다.

　더 많은 돈을 벌기 위해 투자를 시작했는데 많은 돈을 잃는 상황에 직면하면 이성적인 판단이 불가능해진다. 이성이 제대로 작동하기 힘든 그 순간 그동안 읽었던 책에서 대가들이 말한 조언을 떠올려 보자. 조언을 떠올려야 한다는 것조차 잊어버릴 것 같다면 종이에 적어 잘 보이는 곳에 붙여 놓자. 현명한 투자자들의 조언은 상승장에 수익을 봤을 때보다는 하락장에서 손실을 마주하며 이성이 제대로 작동하지 못할 때 더욱 진가를 발휘한다.

부동산에도 다양한 영역이 있고,
각자의 상황에 따라 투자처가 다를 수 있다.
학령기 자녀를 둔 부모라면 학군지를 우선순위로 둘 것이고,
종잣돈이 많지 않다면 전세 레버리지 투자 또는 소액 투자를 생각한다.
다주택자라면 세금과 법인에 대해 공부할 필요성을 느끼고,
새 아파트에 살고 싶은 사람은 청약이나 정비사업에 관심을 갖는다.
이렇듯 모든 영역을 다 알아야만 투자를 잘할 수 있는 것은 아니다.
자신에게 가장 적합한 투자 무기는 무엇인지
15권의 추천 도서를 통해 알아보고 실행에 나서자.

3장

부동산 실전
: 나에게 맞는 부동산 투자법이 있다

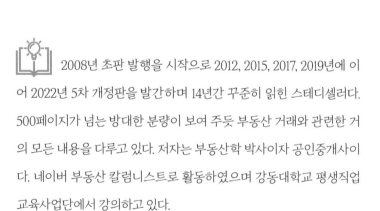

BOOK 16

상식 : 사회초년생에게 유용한 도구

《**부동산 상식사전**》, 백영록, 길벗, 2008.11.

2008년 초판 발행을 시작으로 2012, 2015, 2017, 2019년에 이어 2022년 5차 개정판을 발간하며 14년간 꾸준히 읽힌 스테디셀러다. 500페이지가 넘는 방대한 분량이 보여 주듯 부동산 거래와 관련한 거의 모든 내용을 다루고 있다. 저자는 부동산학 박사이자 공인중개사이다. 네이버 부동산 칼럼니스트로 활동하였으며 강동대학교 평생직업 교육사업단에서 강의하고 있다.

이 책은 부동산을 거래하기 위해 알아야 할 기본적인 내용부터 세금, 상가, 경매, 청약, 토지까지 부동산 투자를 위해 알아야 할 기본적인 내용을 전반적으로 다루고 있다. 부동산 초보가 궁금해 하는 기초적인 내용부터, 전문가와 중개업자들이 알 만한 전문적인 내용까지 폭넓게 다루고 있다는 점에서 장단점이 있다. 각 영역을 책 한 권으로 엮을 만큼 방대한 내용이기 때문에 한 챕터 안에 내용을 넣기에는 한계가 있다. 따라서 각 영역에서 기본이 되는 핵심만 간추리듯 소개하는 방식으로 전개된다. 전반적인 영역을 경험하고 좀 더 깊은 내용이 알고 싶다면 해당 분야의 전문 서적을 찾아 읽는 방법으로 이 책을 활용하면 좋다. 특히 저자가 부동산 중개인으로서 현장에서 깨달은 실전 팁을 알려 주는 부분은 초보자들에게 매우 유용할 것이다.

🏠 부동산 거래 과정에서 확인할 것들

이 책에서 가장 자세하게 다루고 있는 부분 중 하나는 부동산 거래 과정에서 필수적으로 확인해야 할 각종 서류들이다. 등기사항전부증명서(등기부등본), 건축물대장, 부동산종합증명서, 토지이용계획확인서, 토지(임야)대장, 지적도 등을 처음 보는 사람들은 각 항목에서 표시하는 것들이 무슨 의미인지 이해하기 어렵다. 막상 서류를 떼어 보더라도 각 항목에 대한 설명을 듣지 못했다면 서류를 확인하는 의미가 없다. 부동산의 현황을 확인하기 위한 서류 외에 실제 거래 과정에서 작성하는 각종 계약서 또한 항목별로 자세히 설명한다. 전·월세계약서, 매수·매도계약서 등 실제 계약서 이미지를 보며 항목마다 작성 시 유의할 점을 알려 준다. 또한 경매 과정에서 중요한 자료로 활용되는 감정평가서, 현황조사서, 매각물건명세서 등도 항목별로 자세하게 설명한다.

국가에서 지원하는 다양한 제도도 소개한다. 특히 전세자금대출은 사회초년생이나 신혼부부 등 소득이 적은 사람들에게 주거 안정을 제공하기 위한 목적으로 만든 중요한 복지 정책 중 하나라고 할 수 있다. 자신에게 해당되는 대출을 정확히 알고 있다면 낮은 금리로 필요한 자금을 활용할 수 있다. 중소기업 취업청년 전월세보증금대출, 주거안정월세대출, 청년 전용 보증부월세대출과 버팀목전세자금, 근로자와 서민의 주거 안정을 위한 버팀목전세자금, 신혼부부 전용 전세자금, 소년소녀가정 등 다양한 대출 상품이 있지만 정작 자신이 받을 수 있는 대상인지 정확히 몰라서 이용하지 못하는 경우도 많다. 대출 신청 자격 요건을 꼼꼼히 확인하여 저금리 혜택을 활용하는 것이 현명한 재테크의 첫걸음이다.

국가에서 지원하는 주거 안정 제도인 임대주택에 대한 안내도 참고하자. 영구임대주택, 국민임대주택, 5년 혹은 10년 임대주택, 통합 공공임대주택, 장기전세, 전세임대, 행복주택, 공공지원민간임대, 신혼희망타운 등 다양한 임대주택의 신청 요건을 확인하여 내 집 마련을 하기 전 종잣돈을 모으는 데 적극 활용하자.

사회생활을 시작하면 부모님과 살던 집에서 나와 직장 근처로 새로운 거주지를 찾아야 하는 경우가 있다. 이때 처음부터 내 집 마련을 하기보다는 전·월세 집을 구하는 사람들이 더 많다. 부모님 손에 이끌려 부동산중개소라는 곳에 처음 가 보고, 알려주는 대로 사인만 하고 나오는 경우가 대부분이다. 그나마 부모님이 도와준다면 실수할 확률이 줄어든다. 스스로 집을 알아보고 계약까지 마쳐야 하는 상황이라면 물어볼 사람도 없고 막막하다. 학교에서 12년 동안 교육을 받았지만 이런 것을 가르쳐주는 과목은 없었다는 점을 깨닫는다. 부동산 계약은 사회초년생에게 있어 지금까지 경험한 것 중에 가장 큰 금액이 오가는 금전 거래일 가능성이 크다. 큰 금액이 오가는 중요한 계약을 중개인이 지시하는 대로 계약서에 도장만 찍으면 된다는 생각으로 임해서는 안 된다. 부모님이 지원해 주시는 혹은 스스로 마련한 소중한 돈을 지키기 위해서 최소한의 지식은 알고 계약에 임해야 한다. 간혹 근저당이라는 것을 몰라 등기부등본도 확인하지 않은 채 계약서에 도장을 찍는 사람도 있다. 전세계약을 했을 경우 확정일자를 받아야 한다는 사실도 모른 채 살다가 집이 경매에 들어갔는데 보증금을 날리게 됐다는 이야기도 빈번한 사례다. 뉴스에 오르내리는 안타까운 사연의 주인공이 내가 되지 말란 법은 없다. 내 집 마련이나 부동산 투자가 나와는 먼 이야기라 생각하는 사람도 부동산 계약을 하지 않으리라는 법은 없다. 당장 내가 머물 집을 마련하는 과정에서 부동산 거래에 대한 상식은 본인의 자산과 권리를 지킬 수 있는 중요한 무기이다. 그런 의미에서 이 책은 기본적으로 알아야 할 부동산 상식 전반을 알려 주는 교양서적에 해당된다.

⌂ 투자 방법 맛보기

상식 사전이라고 해서 투자에 대한 이야기를 다루지 않는다고 생각하면 오해다. 상가, 토지, 재건축과 재개발, 경매 등 다양한 투자 방법들을 맛보기로 경험할 수 있다.

임대 수익의 꽃이라 불리는 상가 투자에 관해서는 다음과 같은 것들을 알려 준다.

상가 투자하기 전에 꼭 살펴봐야 할 것들, 근린상가, 단지 내 상가, 테마상가, 재개발 상가 분양, 상가주택, 오피스텔 투자할 때 주의할 점, 부가가치세, 포괄양수도계약, 자금출처조사, 건물주 임대수익률 계산 방법, 임대사업자가 꼭 알아야 할 세금과 법률 상식까지 광범위한 부분을 다룬다.

부동산 투자의 종착지라 불리는 땅 투자에 관해서는 다음과 같은 것들을 알려 준다.

가치는 높고 가격은 저렴한 논밭 고르는 법, 땅값을 높이는 지목 변경, 용도에 따라 가치가 달라지는 산지 임야 투자, 개발제한구역, 토지거래허가구역, 토지임야대장, 지적도, 토지이용계획확인서, 지적도, 농지은행(농지의 신탁, 임대, 매매, 관리를 담당하는 기관) 활용법 등을 소개한다.

경매는 부동산을 싸게 사는 좋은 기술이다. 경매 절차, 경매 사이트, 물건 고르기, 명도하기 등 전반적인 개념을 익힐 수 있다.

🏠 중개사로서 현장 경험이 담긴 팁

'백선생의 비밀 과외'라는 챕터는 부동산 중개인으로서 저자의 현장 경험이 담긴 팁들을 소개한다. 지금은 잘 쓰지 않는 용어이지만 부모님 세대라면 알 수 있는 '1부, 2부'라는 표현이 있다. 여기서 '부'는 할푼리에서 '푼'에 해당하는 수치다. 백분율로 나타내면 1퍼센트다. '1부=1퍼센트'라는 의미로 월세가 1부라는 것은 월 1퍼센트, 즉 연 12퍼센트를 말한다. 전세보증금 일부를 월세로 전환하는 반전세로 계약하면 월세를 얼마로 해야 하는

지 계산하기 어려워하는 사람들이 의외로 많다. 부동산에서 중개인이 1부, 1.5부라는 표현을 할 때 아는 척하고 도장을 찍는다면 나중에 후회할 수도 있다. 따라서 현장에서 통용되는 용어들을 알아 두는 것도 유용하다.

중개인의 경험을 살려 솔직하게 쓴 '이런 중개업자는 피해라'라는 조언은 매우 유용한 부동산 상식 중 하나다. 1, 2년 안에 집값이 두 배, 세 배 된다고 하는 중개업자, 과다한 중개수수료를 요구하는 중개업자, 집의 장점만 설명하는 중개업자, 전부 알아서 다 해 주겠다고 큰소리치는 중개업자는 피하자.

중개업소에 들어가기 두려운 이유는 부동산에 대한 상식이 없어서이다. 부동산 거래와 관련해 미리 상식을 쌓아 둔다면 실생활에서 매우 유용하게 활용할 수 있다.

BOOK 17

상식:
부동산 초보자가
알아야 할 모든 것

《부린이가 가장 궁금한 질문 TOP 99》,
레비앙, 더디퍼런스, 2022.11.

《부동산 투자 필독서 30》에 나의 책을 소개하는 이유는 초보자들에게 실전에서 시행착오를 줄여 주기 위해 그동안의 투자 경험과 부동산 지식을 모두 담았다고 자신하기 때문이다. 그런 점에서 이 책을 소개하기 전에 미리 독자들에게 양해를 구하는 바이다.

나는 경제 및 부동산 관련 책을 꾸준히 읽고, 매일 뉴스를 요약해 블로그에 올리면서 이웃수가 늘어 경제 분야 인플루언서가 됐다. 2015년부터 책을 통해 부동산 공부와 투자를 시작했으며, 2016년부터 7년 넘게 블로그에 경제 및 부동산 관련 책 리뷰를 올리고 있다. 나의 블로그 속 서재에는 약 530여 권의 리뷰가 있으며, 많은 사람들이 책을 고르기 전에 나의 책 리뷰를 참고한다고 한다. 책으로 부동산 공부를 시작했고 투자를 실행했으며, 감사하게도 내가 원하는 경제적 목표를 달성했다. 나는 직장에 다니면서 주로 새벽과 저녁 시간을 쪼개 책을 읽고, 주말에 임장을 다니며 부동산 투자를 했다. 그렇게 공부한 것들을 블로그에 차곡차곡 기록하면서 많은 사람들이 내가 추천한 책을 읽고, 소개한 공부법대로 부동산 공부를 하기 시작했다. 부동산 공부를 어디서부터 시작해야 할지 몰라 방황하는 사람들을 위해 '문우공감'이라는 독서 모임도 만들어 운영했다. 2020년에는 그동안 읽은 400여 권의 책 중에서 도움이 됐던 책을 엄선해 《책으로 시작하는 부동산 공부》를 펴냈다. 나는 책을 단순히 읽기만 하는 것이 아니라 제대로 읽는 방법을 알려 주고자 했다. 눈으로만 읽으면 쉽게 기억에서 사라지기 때문에 책의 종류에 따라 효과적인 읽기법과 정리법을 제안했다. 부동산 투자와 접목하여 책을 활용하는 방법을 소개한 이 책은 출간한 지 2년이 지난 지금까지도 꾸준히 판매되고 있다. 이후 부동산을 공부하고 실행에 나설 때 도움이 되는 책이 있으면 좋겠다는 생각에서 이 책을 쓰게 되었다. 이론과 실전이 항상 같을 수는 없다. 여러 가지 변수가 생기는 현장에서 당황하지 않고, 실수하지 않도록 나의 투자 경험을 녹여 초보자들에게 도움을 주고자 하였다.

🏠 우리는 모두 부동산 시장 참여자

《부린이가 가장 궁금한 질문 TOP 99》는 집과 관련하여 사람들이 가장 궁금해 하는 질문 99가지에 대한 답을 모았다. 집을 사고파는 과정뿐 아니라 무주택자들이 갖는 근본적인 질문에 대한 답도 찾을 수 있다. 집은 우리 생활과 밀접하게 관련된 필수재이다. 내 집 마련을 하느냐 평생 전세로 살면서 2년마다 이사를 다니느냐는 선택이지만, 우리 가족이 살(live) 집 하나는 꼭 있어야 하기에 부동산 투자를 생각해 보지 않은 사람이라도 부동산 시장에는 어쩔 수 없이 참여하게 된다. 내 집에서 집값 변동에 책임을 지며 주체적으로 살 것인지, 다른 사람의 집에서 집값 떨어질 걱정을 안 하는 대신 옮겨 다니면서 살 것인지는 스스로 결정할 문제다. 하지만 가정 경제에서 집값 혹은 임대료가 차지하는 비중이 매우 높기 때문에 아무런 공부 없이 섣불리 결정할 수 있는 문제는 결코 아니다.

무주택자들이 가장 궁금해 하는 질문인 "집을 사야 하나요"라는 질문에 단호하게 "내 집 한 채는 따지지 말고 그냥 사야 한다"고 말한다. "집을 사고 나서 집값이 떨어지면 어쩌죠"라는 질문에 "본인이 거주하거나 임대를 주고 팔지 않으면 된다"는 명쾌한 해답을 준다. 다른 사람보다 조금이라도 싸게 사려는 욕심에 "하락이 끝나길 기다렸다가 바닥을 찍었을 때 사면 어떠냐"는 질문에 "바닥이 언제인지 어떻게 알 수 있는지, 바닥이라는 확신이 들면 살 자신이 있는지"라고 되묻는다.

🏠 순간의 선택이 중요한 이유

생애 처음 집을 마련해야 하는 신혼부부에게 집 문제는 결정하기 힘든 과제 중 하나다. 신혼부부라면 처음 집을 얻는 사람도 많고, 부모님의 도움을 받아 집을 마련하는 경우도 있다. 신혼집을 마련하는 경우도 있지만 대부분 임대를 얻어 결혼 생활을 시작한다. 이 시기에 남들보다 조금 빠르게 내 집 마련을 고민했느냐 아니냐에 따라 이후 부동산 투자를 바라보는 시각이 크게 달라진다. 신혼부터 내 집을 마련하고 이후 집을 늘려 가며 자산을 증식시킨 사람과 그렇지 않은 사람의 자산 규모는 점점 그 격차가 크게 벌어진다. 그런 점에서 신혼 시기에 내 집 마련에 대해 진지하게 조언해 주는 사람이 있다면 큰 행운이다. 주변에 집 문제로 의논할 사람이 없다고 고민하는 신혼부부라면 인생 선배의 조언이 담긴 이 책이 도움이 될 것이다.

당신이 결혼하고자 하는 상대가 경제관념이 없어 고민된다면 그 결혼을 한 번 더 생각해 보라고 조언한다. 경제관념이 다르다는 이유로 결혼을 엎을 수 없다면 반드시 결혼 전에 경제문제에 관한 대화를 진지하게 나눠 봐야 한다.

부부가 맞벌이하고 아이가 없으면 집을 구할 때 직장에서 가까운 곳을 고려한다. 하지만 앞으로 자녀 계획이 있다면 양육자를 고려하여 집을 구해야 한다. 누가 자녀를 키울 것인지, 양가 부모님 중에 도움을 주실 수 있는 분이 누구일지, 아이가 미래에 갈 학교는 어디인지까지 고려해서 집을 구하는 것이 좋다. 한 발 멀리 내다보라는 조언은 아이가 태어나면서 다시 이사해야 하는 불편함을 덜어 준다.

사회초년생이라면 내 집 마련보다는 임대계약을 하는 경우가 많다. 임대를 얻는 사람들은 집을 소유하는 것이 아니기 때문에 계약 과정에 대해 모르는 것이 더 많다. 집을 소유하지 않았다고 해서 잘 몰라도 되는 것은 아니다. 오히려 자신의 권리를 보호하기 위해 알아야 할 것들이 더 많다. 내가 거주하는 동안 통보 없이 임대인이 바뀔 수도 있다는 것을 아는가? 임대인이 중간에 바뀌면 계약서를 다시 써야 할까? 계약 기간을 다 채우지 못했는데 이사해야 한다면 어떻게 해야 할까? 실제 내 상황이 되면 누구에게 물어봐야 할지 몰라 당황한다. 책에는 이러한 궁금증에 대해 친절하게 답을 알려 준다.

내 집을 산다는 것은 인생에서 경험하는 큰 선택 중 하나다. 내가 돈을 지불하고 살 수 있는 가장 비싼 재화가 바로 집이다. 옷을 사려고 해도 가격을 비교하고 몇 번을 입어 보고 결정하는

데 하물며 인생에서 가장 비싼 재화를 사는데 함부로 결정할 수는 없다. 사람들은 물건을 살 때 자신만의 기준이 있다. 집도 마찬가지로 기준이 필요하다. 하지만 자주 사 본 것이 아니기 때문에 적당한 기준을 알기 힘들다.

인테리어가 잘 된 집은 수리가 안 된 집에 비해 얼마를 더 줘도 되는지, 1층과 탑층 중에 골라야 한다면 어떤 집을 선택해야 하는지도 애매하다. 판상형과 타워형은 어떤 차이가 있는지, 방향에 따라 집값은 왜 차이가 나는지, 차이가 난다면 얼마가 적당한지 분명하게 알려 주는 사람이 없다. 누구에게 물어야 할지도 모르겠지만, 누군가에게 물었을 때 그 사람의 대답이 정확한지도 의문이다. 한편으로 이런 질문을 하면 왠지 초보티를 내는 것 같아 물어보기가 망설여진다. 집을 사는 데 알아야 할 사항이 이렇게 많다는 것을 그때서야 깨닫는다. 당신이 고민하는 여러 조건들이 사소해 보일 수 있지만 나중에 그 집을 매도할 때 아주 중요한 역할을 한다. 내가 팔고 싶은 시기에, 높은 가격에 팔리는 집이란 남들이 사고 싶어 하는 집이다. 매도 순서와 가격은 바로 당신이 고민했던 그 조건으로 결정된다. 결정에 어려움을 겪는 순간 이 책을 펼쳐 보자.

🏠 부동산 계약 과정에서 놓치지 말아야 할 것들

임대든 매매든 계약은 법적인 효력을 가지는 중요한 과정이다. 살 집을 정하고, 대금을 정산하고, 등기를 하는 모든 과정에서 놓치지 말아야 할 것들이 많다. 중개인이 보내 준 계약 문자에도 꼼꼼하게 체크해야 할 부분이 있다. 가계약금(원칙은 계약금의 일부라고 해야 함)은 얼마를 해야 하는지, 중도금, 잔금은 얼마씩 하는지, 중도금은 반드시 지급해야 하는지, 임대가 껴 있으면 중도금을 어떻게 하는지, 약속한 날짜보다 중도금을 빨리 입금해도 되는지, 잔금일에 꼭 챙겨야 하는 서류는 무엇인지 등등 계약 과정에서 알아야 할 거의 모든 질문에 대한 답이 상세하게 들어 있다.

부동산 공부를 했다면 반드시 실행에 옮겨야 한다. 책을 읽고, 시뮬레이션을 돌려 봤어도 막상 현장에 나가면 결국은 초보가 된다. 부동산에 가서 무엇을 물어봐야 할지, 집을 보러 가면 어떤 것을 중점으로 봐야 할지 분명 알았던 것도 막상 눈앞에 현실이 되면 말문이 막히고 기억이 나지 않는다. 현장의 상황은 늘 변화무쌍하다. 상대에 따라, 상황에 따라 배운 것과 다른 모습이 연출된다. 상대방이 어떤 조건을 내걸지 사전에 알 수 없고, 그 상황에서 나에게 유리한 조건이 무엇인지 빠르게 판단하기 어렵다. 중개인과 협의할 수는 있지만 절대적으로 내 편이라고 생각해서도 안 된다. 결국 상황을 유리하게 이끌어 나가려면 나의 적절한 판단에 달렸다. 이런 것도 모르고 집을 사는 거냐고 핀잔을 들을까 봐 당장에는 아는 척하고, 집에 와서 검색하며 혼자 고군분투한다. 나 역시 이런 초보 시절이 있었다. 그래서 초보들의 답답한 심정을 누구보다 잘 이해한다. 블로그에서 '초보에게 친절한 레비앙'으로 불리는 만큼 이번에도 현장에서 겪을 수 있는 여러 가지 질문에 대한 답을 친절하게 알려 주고자 노력했다. 매수, 등기, 임대, 매도 전 과정에서 갖게 되는 질문 99가지를 선정해 친절하면서도 때론 단호하게 답한다. 집을 한 번도 구해 보지 않은 사회초년생, 처음으로 내 집을 장만하는 신혼부부, 임대를 처음 놓는 초보 투자자들에게 사소한 궁금증부터 알면 돈 버는 꿀팁까지 자세하게 알려 준다. 책으로 공부한 것을 실행에 옮길 때, 이 책은 누구보다 훌륭한 조언자가 되어 줄 것이다.

BOOK 18

투자법 : 소액(무피&플피)으로도 투자할 수 있다

《나는 대출 없이 0원으로 소형 아파트를 산다》,
잭파시(최경천), 다산북스, 2022.09.

사회생활을 시작한 지 얼마 되지 않아 통장에 300만 원밖에 없던 저자는 경매 입찰보증금 2,000만 원을 마련하기 위해 대출을 받아 부동산 투자를 시작했다. 낙찰을 받으면 경락잔금대출을 통해 이후에 필요한 자금은 쉽게 마련할 수 있던 시기였다. 하지만 각종 규제 정책이 경매에도 적용되면서 경락잔금대출이 어려워지자 그는 경매가 아닌 새로운 투자 방법을 찾아야 했다. 종잣돈이 없어도 할 수 있는 투자, 즉 소액으로 투자할 수 있는 대상을 끊임없이 찾기 시작했다. 그렇게 10년간 아파트, 빌라, 오피스텔, 분양권 등을 소액으로 투자했고 현재 50여 채의 임대주택을 보유한 자산가가 되었다. 평범한 직장인으로 종잣돈도 많지 않은 상태에서 많은 집을 가질 수 있었던 투자 노하우와 직접 손품과 발품을 팔아 얻은 부동산 정보를 블로그에 올리기 시작했다. 그러자 블로그를 개설한 지 일 년 3개월 만에 2만 명의 이웃수를 돌파하는 기록을 세웠다. 저자가 해 왔던 소액 투자는 갭 투자와 비슷하면서도 다르다. 매매가와 전세가의 차이가 적어 투자금이 적게 드는 투자를 '갭 투자'라고 부른다. 여기서 투자금이 적다는 것은 사람마다 다르지만 평균적으로 몇백만 원에서 몇천만 원 정도를 예상한다. 하지만 저자는 몇백만 원도 아닌 투자금이 전혀 들지 않는 무피 투자나, 투자하고 돈이 더 들어오는 플피 투자 경험을 소개하며 차별화된 모습을 보였다.

⌂ 최소 금액으로 최고의 수익을 내는 법

저자가 사회초년생 시절 후배와 나눈 대화는 직장인이라면 누구나 공감할 것이다.

"대리님, 회사를 3년 동안 다니셨으면 그래도 2,000~3,000만 원은 모으지 않나요? 왜 대출을 받죠?"

"나 3년 일했는데 지금 통장에 300만 원 있어."

자신의 대답에 신입사원이 비웃었던 것을 회고하며 저자는 3년 뒤 그 직원에게 같은 질문을 했다고 한다.

"이제 3년 차인데 얼마 모았어?"

"대리님이 그때 많이 모으신 거였어요. 저는 오히려 마이너스예요."

짧은 대화지만 직장 생활만 열심히 해서는 자산을 크게 늘릴 수 없다는 현실을 깨닫게 해 주는 일화다. 저자 역시 10년간의 직장 생활을 통해 이런 결론을 내렸다고 한다.

'회사는 직원이 도망가지 못하게 딱 굶어 죽지 않고 살 수 있는 만큼만 돈을 준다. 월급으로 절대 부자 될 수 없다.'

부동산 상승장이 길어지며 자산이 증가하자 '파이어(조기 은퇴)'를 외치를 사람들도 많아졌다. 부동산 투자만이 경제적 자유를 줄 수 있는 것은 아니지만 직장에서 나오는 월급만 차곡차곡 모아서는 절대 급격한 자산 증가를 경험할 수 없다는 것을 많은 사람들이 공감한다.

저자는 많은 부동산 투자자들 가운데서도 특별한 점이 있다. 한 마디로 말하면 매우 솔직하고 직설적이다. 첫 책을 집필하면서 "이 책에서는 조금만 알려 주고 나중에 또 책을 내야지, 좋은 정보는 유료 강연으로 알려 주고 여기서는 맛만 보여 줘야지."라는 생각은 하지 않았다고 고백한다. 책을 읽으면 많은 부분에서 저자의 다짐이 느껴진다. 지금껏 어떤 책도 이렇게 디테일하게 투자 과정과 노하우를 보여 준 적이 없다. '아파트 단지까지 알려 주는 가장 친절한 투자 사례 16'에서는 자신이 투자한 지역과 아파트까지 구체적으로 언급하며 투자 경험을 공유한다. 투자자들이 아파트 이름까지 공개하기 힘든 이유는 자신의 투자 성적이 그대로 드러나기 때문이다. 투자자라고 해서 모든 투자가 만족스러운 것은 아니다. 어떤 곳은 수익률이 현저하게 떨어지기도 한다. 자신의 투자 성적을 가감 없이 공개했다는 것만으로도 저자의 솔직함과 자신감을 느낄 수 있다.

투자금이 많다면 이렇게 어렵게 투자할 필요도 없다. 서울에만 투자하면 수익률도 높을 거란 사실을 모르는 사람은 없다. 하지만 모든 사람이 투자금이 넉넉하지 못하고, 최소 금액으로 최고의 수익을 내기 위해 고군분투한다. 저자도 마찬가지이다. 투자금이 적게 드는 만큼 남들보다 훨씬 많은 시간과 노력을 들여 투자처를 찾았다. 그 결과 남들이 달성하지 못한 투자 수익을 달성할 수 있었다. 결코 노력 없이 맞이한 결과가 아니었다. 저자는 자신의 투자 성과를 무려 10년 동안의 훈련 덕분이라고 겸손하게 말한다. 돈이 없으니 투자금이 덜 드는 투자처를 찾는 데 많은 시간을 들여야 했다. 남들보다 빨리 덜 오른 지역을 찾아내야 적은 돈으로 투자할 수 있는 기회를 잡을 수 있었다.

"어떻게 하면 투자금 없이 집을 살 수 있을까?"

"이 집이 얼마까지 오를까?"

"투자금이 들어간다면 그 물건의 연 수익률과 목표 매도가, 예상 수익률은 얼마나 될까?"

이렇게 끊임없이 연구하여 돈 없이 집을 사는 무피[1]와 플피[2] 투자 전략을 구축했다. 무피와 플피 투자는 특별한 투자 방법이 아닐 수 있다. 이런 투자가 가능한 지역을 다른 사람보다 먼저 찾아내야 한다는 게 중요하다. 저자는 돈이 없었기 때문에 더욱 치열하게 검색하여 수만 개의 물건 중에서 투자금이 필요 없는 물건을 찾았다고 한다. 투자금이 적게 드는 물건이라고 해서 다 좋은 투자처가 되는 건 아니다. 투자의 목적은 수익이다. 저자 역시 이 점을 강조하며 투자 이후 가격이 상승할 여력이 있는 물건을 찾는 게 핵심이라고 말한다. 2년마다 전세금 증액이나 매도를 통해 다시 투자금을 만들 수 있어야 하기 때문이다. 투자 초기 자산이 쉽게 쌓이지 않는 답답함도 견뎌야 한다고 저자는 조언한다. 그렇게 4년 정도 꾸준히 투자하면서 앞서 투자한 물건들을 통해 자금을 조달했다고 한다.

성공한 사람들의 이면에는 남들이 알지 못하는 인내의 시간이 반드시 있다. 실행력과 분석력이 남다르기도 하지만 부동산

---

[1] 무피: 전세가와 매매가의 차이가 없어 매수자의 돈을 들이지 않고 부동산을 구매하는 것
[2] 플피: 전세가가 매매가보다 높아 매수자가 오히려 돈을 받으면서 부동산을 구매하는 것

투자 초기에는 100권 정도의 책을 읽었다는 말로 독서의 중요성도 강조한다. 나아가 책에서 알게 된 내용 중에서 자신이 실행할 수 있는 것은 바로 투자에 적용했다는 말로 실행의 중요성도 덧붙인다. 이 책에 나온 내용은 모두 저자가 실행하고 수익을 낸 방법들이며 지금도 같은 방법으로 투자하고 있다고 한다. 그가 활용하는 자료나 앱 등을 보면 복잡하고 어려운 것들이 아니다. 모두에게 공개된 자료이며 조금만 관심 있게 보면 누구나 활용 가능하다. 저자가 가감 없이 공개한 투자 방법을 참고해서 자신만의 투자법을 구축하고 실행에 옮기길 바란다.

🏠 세 가지 포트폴리오 전략

2022년 하반기 서울과 수도권 부동산 시장은 전반적으로 심리가 주춤한 가운데 거래량이 살아나지 않고 있다. 과거 부동산 시장의 역사를 보면 전국적으로 다 같이 하락하기도 하지만 지역에 따라 상승과 하락 사이클이 조금씩 다른 시기가 있다. 또한 전체적으로 집값이 상승하는 시기에도 종류에 따라 상승 시기와 폭이 다르다. 이런 데이터를 참고하여 저자는 자신만의 세 가지 포트폴리오 전략을 소개한다.

• **포트폴리오 전략1** : 수도권과 디커플링되는 지역을 찾아라.

지역별로 수도권과 지방 물건을 6 : 4 정도로 보유하여 지역별 사이클에 따라 주기적으로 찾아오는 하락 리스크를 분산시킨다.

• **포트폴리오 전략2** : 종류에 따라 투자 기간을 달리한다.

종류별로 수도권 아파트, 지방공시가 1억 이하 아파트, 서울·인천 구축 빌라, 서울 오피스텔을 4 : 2 : 2 : 2 정도로 보유하여 투자 기간을 분산시킨다.

• **포트폴리오 전략3** : 월세로 현금 흐름을 확보하라.

2년마다 전세나 매매를 통해 투자금을 확보한다는 것은 상승기를 가정한 투자법이다. 현금 흐름을 확보해야만 하락기에 전세나 매도가 마음대로 되지 않을 때를 대비할 수 있다. 전세가 상승분을 월세로 받는 방법을 활용해 현금을 확보하는 전략을 소개한다.

🏠 소액으로 투자하기 위한 자신만의 원칙

소액으로 투자하기 위해서는 투자금을 보유한 사람들보다 먼저 지역을 찾아내 투자하는 것이 관건이다. 투자 정보가 모든 사람에게 공개된 시장에서 좋은 투자처라고 소문나는 순간 많은 투자자들이 들어온다. 그렇게 되면 소액으로 살 수 있는 물건은 일시에 사라진다. 많은 투자자들은 자신이 해당 지역에 가장 먼저 투자하는 사람이 되고 싶다. 하지만 막상 투자금이 적게 드는 지역을 찾았다고 해도, 먼저 투자하기란 쉽지 않다. 그렇게 머뭇거리는 동안 다른 투자자들이 들어오면 이내 물건은 사라지고 매물 가격이 오르면서 소액으로 투자할 수 있는 물건은 찾기 어려워진다. 저자는 절대 실패하지 않는, 상승할 아파트를 고르는 기준으로 '인구수'를 제시한다. 각 도에서 인구가 많은 순서부터 투자자들이 들어가기 시작한다는 자신만의 간단한 규칙을 소개한다. 저자는 아직 오르지 않은 인구가 많은 지역에 투자하거나, 먼저 투자할 자신이 없다면 이를 지켜보다 인구수가 가장 작은 시에 뒤따라 들어가 준신축과 구축에 투자하거나, 그 다음 인구가 많은 시에 분양권과 대장 아파트에 투자하라고 말한다. 결국 인구수로 상승 순서가 결정된다는 것이다. 해당 지역을 선택했다면 어떤 아파트를 골라야 할지 고민한다. 이러한 고민에 저자는 다음과 같은 순서로 상승한다고 알려 준다.

분양권, 신축 대장 아파트 → 준신축 아파트 → 32평 이상 계단식 구축 아파트 → 25평 계단식 구축 아파트 → 21평 이하 복도식 구축 아파트

그리고 웬만하면 복도식 아파트는 투자하지 않는다는 자신만의 원칙도 강조한다.

 빅데이터가 일상화되고 많은 정보가 공유되면서 데이터는 이제 누구나 활용 가능한 자원이 되었다. 결국 많은 데이터 중에 어떤 것을 활용하고 버릴지를 아는 게 중요해졌다. 부동산 투자가 활성화되면서 휴대전화에서 손쉽게 활용 가능한 앱도 많이 개발되었다. 이 역시 어떤 앱을 어떻게 활용하는지가 더 중요해졌다. 저자는 자신이 투자에 활용하는 빅데이터 중 가장 중요하게 생각하는 다섯 가지(매매전세가격 추이, 주택구입부담지수, 입주 및 미분양물량, 매매전세물량, 청약경쟁률)와 추가로 활용할 수 있는 여덟 가지(거래량 추이, 외지인거래량 추이, 전세지수, 매수매도지수, 전세수급지수, 세대 추이, 사업장 총수 및 1인당 월평균 소득, PIR)를 자세히 소개한다. 이와 함께 투자를 도와줄 네 가지 앱의 활용법도 소개한다. 실시간 인기 아파트 등 단기 트렌드 파악에 용이한 호갱노노, 일 년간의 중기 데이터를 파악하는 데 좋은 아실, 장기적인 데이터를 분석하기 좋은 부동산 지인, 투자자가 직접 만든 부동산 시장 분석 플랫폼 손품왕이 그것이다. 앱의 정보를 활용해 체크해 보는 '투자 타당성 체크리스트'도 참고할 만하다.

이 책의 차이점은 자신만의 투자 기준을 수치로 명확하게 제시한다는 점이다. 데이터를 투자에 활용할 때 가장 중요한 것은 이를 해석하는 기준이다. 저자는 이 기준을 누구보다 명확하게 제시함으로써 독자들에게 매우 중요한 기술을 알려 준다. 취득세 중과의 틈새로 공시가 1억 이하 지방 아파트를 매수, 매도할 때 매수가격은 공시가격의 120~150퍼센트, 매도가격은 공시가격의 200퍼센트라고 자신만의 기준을 명확하게 제시한다. 서울 원룸 오피스텔의 경우 공시가격 대비 100~130퍼센트 선에서 매수한다. 저자 스스로도 수치상 명확한 근거를 가지고 매수하기 때문에 실패할 가능성이 거의 없다고 말한다. 이렇게 수치를 정해 두면 주변의 말이나 단발성 기사에 마음이 흔들리지 않기 때문에 고평가된 물건을 따라서 매수한다거나 조급한 마음에 급하게 매도하지 않아도 된다고 강조한다.

물론 저자의 기준에 맞춰 투자할 필요는 없다. 하지만 저자처럼 자신만의 기준을 찾기 위해 노력해야 한다. 아무리 경험이 많고 성과가 좋은 사람이 정한 기준이라도 그것을 따라 하기는 쉽지 않다. 다른 사람의 경험과 노하우를 100퍼센트 신뢰하고 투자에 임하는 것은 어렵다. 누구의 말에도 흔들리지 않기 위해서는 결국 자신만의 기준을 만들어야 한다. 그 과정에서 다른 사람의 경험과 노하우는 중요한 데이터로 활용된다.

저자는 부동산 부자가 될 수 있는 두 가지 습관으로 '네이버 부동산 매물 검색 생활화하기'와 '부동산 중개소에 들어가는 것을 무섭게 생각하지 않기'를 꼽는다. 그리고 정말로 부자가 되기 위해서는 이 두 가지를 오랫동안 실행해야 한다고 조언한다. 자신의 경험 상 10년이면 충분하다는 말도 덧붙인다. 저자가 10년이라는 시간이 필요했다면 나는 그것보다 더 걸릴 수 있다고 생각해야 한다. 10년이라는 시간이 너무 길게 여겨져 포기하고 싶은 사람도 있을 것이다. 하지만 직장 생활을 10년 해서 부동산 투자만큼의 자산 상승이 가능할지 생각해 보면 부동산 습관을 들이는 10년 이 결코 아깝지 않게 느껴질 것이다.

BOOK 19

투자법:
평생 돈 버는
전세 레버리지
투자 기술

《부동산 투자의 정석》, 김원철, 알키, 2016.12.

저자는 2004년부터 아파트, 토지, 분양권, 상가, 경매 등 다양한 부동산 투자를 경험하면서 부동산 호황기와 불황기를 골고루 경험했다.

2007년《부동산 투자의 정석》이 발간되고 각종 방송과 언론에 소개되기도 했다. 부동산TV, EBS라디오, ING, SK텔레콤, 백화점, 부동산 전문가 포럼 등에서 강의했으며 한국경제신문, 스피드뱅크, 닥터아파트, 네이버 부동산 칼럼니스트로도 활동했다.

또 다른 저서로는 《부동산 투자 베스트 비법》, 《코로나 이후, 대한민국 부동산》, 《부동산 소액 투자의 정석》이 있다.

《부동산 투자의 정석》은 절판된 후 중고책 가격이 정가의 세 배 이상 될 정도로 인기가 많았다. 부동산 공부를 시작하는 사람들에게 표지 색인 '빨간책'으로 불리며 꼭 읽어야 할 책으로 자주 추천된다. 초판 발간 이후 약 15년 만인 2022년 개정판이 발간되었다.

🏠 부동산 공부는 평생 돈 버는 기술을 배우는 것

책이 처음 발간된 2007년은 한창 집값이 상승하던 시기다. 집값은 2008년 꼭지를 찍었고 잠시 조정기를 거쳐 2009년 다시 한 번 반등한 후 본격적인 하락기를 맞이했다. 저자가 책을 출간하고 독자를 만났을 때 "이 책을 진작 알았으면 좋았을 텐데요"라는 말을 들었고, 지금부터라도 열심히 하면 된다고 답했다고 한다. 하지만 사람들은 너무 늦었다며 그 말을 듣지 않았다고 회상한다.

2013~2014년에 바닥을 다진 집값은 반등을 시작했고, 2017년 본격적인 상승기에 들어갔다. 2017년 개정판이 나오고 다시

독자와의 만남이 있었는데 사람들은 비슷한 반응을 보였다고 한다. 사람들의 반복되는 행동을 보면서 저자는 이렇게 말한다.

"대중들은 부동산 시장이 활황이면 투기 대상에 현혹되고, 불황으로 돌아서면 관심 자체를 끈다. 진작 알았으면 좋았겠다는 말은 그저 인사말일 뿐 어떤 상황에서든 실천하지 않는 것은 매한가지다."

2017년 이 책을 처음 읽은 사람들은 2015~2016년에 투자하지 못한 것을 아쉬워하며, 지금이라도 부동산 책을 읽고 공부해야겠다고 다짐했을 것이다. 만약 이 책을 읽고 부동산 투자를 하지 않을 것을 후회한 채 포기했다면, 이후 끊임없이 상승하는 집값을 보면서 무슨 생각을 했을까? 반면 이 책을 읽고 지금이라도 늦지 않았으니 부동산 투자를 시작해야겠다고 결심하고, 상승 열차에 올라탄 사람들은 지금 무슨 생각을 할까?

부동산 공부가 평생 돈 버는 기술인 이유는 부동산 시장이 활황과 불황을 반복하기 때문이라고 저자는 말한다. 경제 원리에서 어떤 재화의 가격이 너무 오르면 수요가 감소하고 가격이 하락하는 것은 당연한 원리다. 집값 역시 이러한 경제 원리를 따른다. 상승장이 길어질 때 하락이 올 수 있음을 대비해 수익 실현을 계획하고, 하락이나 침체가 어느 정도 진행되면 바닥을 찍고 상승할 것을 대비해 기회를 잡을 준비를 해야 한다.

평범한 사람들이 부동산 상승장 막바지에 집을 사는 이유를 저자는 어떻게 생각할까?

"부동산 경기가 좋지 않을 때는 눈길도 주지 않다가 부동산 가격이 많이 오르고 매스컴에서 연일 보도를 쏟아 내면 그때서야 비로소 흘깃 눈을 돌린다. 이들이 부동산 투자에 관심을 가지게 되었다고 해서 바로 투자에 돌입하는 건 아니다. 막상 부동산을 매수하려고 보니 가격이 그 사이 너무 많이 올라 매수를 망설인다. 지금 사도 되는지 너무 늦은 것은 아닌지 고민하고 갈등한다. 시간을 보내는 사이 부동산 가격이 계속 오르는 걸 보며 결국 매수를 결정한다."

여러분은 지금 누군가에게 매도 타이밍을 알려 주는 인간 지표인가? 아니면 인간 지표를 보면서 유유히 수익을 실현할 준비를 하는 사람인가? 이 책을 읽고 부동산 공부를 시작한다면 당신이 누군가의 인간 지표가 되는 걸 막아 줄 것이다.

🏠 평생 돈 버는 시스템, 전세 레버리지 투자

진정한 영웅은 위기에서 더 빛이 나는 법이다. 부자가 될 사람과 그렇지 않은 사람도 위기가 왔을 때 분명히 알 수 있다고 저자는 말한다.

"위기가 왔다. 그래서 나도 힘들다." VS "위기가 왔다. 나에겐 돈이 있다."

위기가 왔을 때 견딜 수 있는 힘은 바로 '돈'이다. 모두가 힘든 시기에도 돈이 있으려면 시장 분위기에 상관없이 현금이 나오는 시스템을 확보해야 가능하다. 언제 집값이 떨어질지 모르니 통장에 돈을 넣어 두거나, 집을 사는 대신 전세를 사는 것과는 다른 이야기다. 부자가 될 사람은 무작정 돈을 모으는 사람이 아니라 돈이 나오는 시스템을 만들어 놓고 기다리는 사람이다.

조정이나 하락장은 예고 없이 찾아온다. 시장이 나빠질 것을 확인하고 매물을 내놓으면 원하는 시기에 현금화시키기 어렵다. 꼬박꼬박 나오는 근로소득도 시스템이라고 할 수 있지만 저자가 말하는 시스템이란 월급 외에 추가로 확보할 수 있는 현금 흐름을 말한다.

돈이 나오는 시스템의 하나로 저자는 2년마다 올려 받는 전세금을 예로 든다. 임대를 주고 있는 집에서 2년에 한 번씩 전세금을 올려 받으면 자연스럽게 현금이 확보된다. 이것이 바로 전세보증금 상승분을 이용한 투자 즉, 전세 레버리지 투자다. 매년 소액으로 전세를 낀 부동산을 매입하고, 2년마다 전세보증금 상승분으로 다시 부동산을 추가 매입하는 방식이다.(임대차 2법과 보유세 개정이 있기 전에 써진 책이라 2년마다 보증금 증액이 가능하던 시기임을 감안하고 읽기를 바란다.) 이러한 방식을 소개하면 2년 뒤 전세가가 하락할 수도 있지 않느냐고 걱정하는 사람들이 있다. 저자는 이러한 염려가 든다면 자금의 일부는 현금으로 보관하고, 일부는 추가 매입에 사용하라고 조언한다.

하지만 이는 임대료가 상승한다는 것을 전제로 한다는 점에서 약점이 있다. 매매가가 크게 하락하면 전세가도 동반해서 하락한다. 하지만 전세가는 어느 순간 하락을 멈춘다. 집값이 하락할 것이라는 생각에 전세를 찾는 수요가 지속적으로 증가하면 매매가는 오르지 않지만 전세가는 다시 오르기 때문이다. 이렇게 전세가가 오르면서 매매가와의 차이가 적어진 때가 매수 타이밍이며 그러한 지역이 매수 대상이 된다고 저자는 말한다. 지난 장에서 2013~2014년이 바로 그런 시기였으며 이후에도 전세가와 매매가의 차이가 급격히 줄어 소액으로 투자가 가능한 타이밍이 있었다. 다행인 것은 지역마다 여러 가지 요인으로 인해 매매가와 전세가의 간격이 좁아지는 시기에 차이가 있다는 점이다. 이런 차이를 먼저 알아차린 사람들은 시기와 지역을 분산하며 부동산 투자를 지속적으로 이어 갈 수 있었다.

전세금 상승분을 재투자하는 방식은 단기간에 구축할 수 있는 시스템은 아니다. 저자는 3,000만 원씩 딱 4년 만 투자하라고 강조한다. 월급을 열심히 모아 일 년에 종잣돈 3,000만 원을 만든다. 전세를 끼고 부동산을 매년 한 채씩 구입하기를 딱 4년간 하면, 그 이후에는 2년에 한 번씩 나오는 전세보증금 상승분으로

그와 비슷한 부동산을 한 채 더 구입할 수 있다. 이렇게 10년을 하면 무려 23그루의 머니트리가 생긴다는 산술적인 계산이 나온다. 물론 실행하는 과정에서 생각지 못한 어려움을 마주할지도 모른다. 하지만 목표를 세우고 달성해 나가는 사람과 처음부터 안 될 거라고 포기하는 사람의 미래는 분명 다르다.

🏠 지금 부동산 시장은 거품일까 아닐까?

나는 2017년에 처음 이 책을 읽었고, 2022년에 다시 읽었다. 같은 책이지만 2017년 부동산 시장이 상승장을 달리고 있을 때와 2022년 부동산 시장 분위기가 한풀 꺾인 시점일 때 공감 가는 부분도 많이 달랐다. 2017년 집값을 보면서 거품이라고 생각한 사람은 많지 않다. 하지만 지금 이 책을 다시 읽는다면 '거품을 판단할 수 있는 세 가지' 기준을 가장 집중해서 읽을 것 같다.

1. **기간** : 상당 기간(5년 이상) 가격이 본격적으로 상승했다면 거품일 가능성이 있다.
2. **가격** : 매스컴에서 회자될 정도로 올랐고 또 그것이 광범위한가?
3. **관심** : 부동산에 전혀 관심도 없던 사람이 관심을 갖고, 돈을 벌었다고 자랑하듯 떠들거나 돈을 벌겠다고 덤비는가?

이 세 가지 기준으로 보면 지금의 부동산 시장은 거품이 끼어 있다고 판단된다. 아이러니한 것은 거품이 끼기 전보다 거품이 끼기 시작한 이후 혹은 거품이 가득한 시점에 부동산 시장에 참여하는 사람들이 많다는 점이다. 아직도 내 집 마련을 하지 못해서 지금이라도 집을 사야 할까 고민한다면 당신이 바로 그런 사람일 수 있다. 왜 나는 항상 인간 지표인가 억울하다면 지금부터라도 시장에 계속 남아 있어야 한다. 부동산 시장 분위기가 주춤하다고 해서 시장을 빠져나갔다 다시 돌아온다면 딱 지금과 같은 시점일 가능성이 높다.

🏠 꾸준히 시장에 남아 있어야 한다

오랜 투자 경험을 바탕으로 저자는 '부동산 투자에서 고수 되는 방법' 두 가지를 알려 준다.

첫째, 투자의 '때'를 기다려야 한다.

부동산에서 최고의 투자 시기는 아무도 집을 사지 않을 때다. 이때 '자금'이 준비되어 있지 않으면 좋은 기회도 날리게 된다.

둘째, 계속해서 열심히 물건을 찾아야 한다.

시장에 꾸준히 남아 있으라는 말이 가장 핵심이면서 실천하기 어려운 조언이다. 뒤늦게 시장에 참여한 사람들은 지난 장에 수익을 실현한 사람들의 성공담을 들으며 상대적 박탈감을 느낀다. 답답한 마음에 이제 와서 '묻지 마' 투자를 할 용기도 없다. 부동산 시장에 뒤늦게 눈을 떴지만 결국 시작도 못 해 본 채 떠날 준비부터 하는 사람들이 있다. 바로 2021년 말부터 겨우 부동산 시장에 눈을 뜬 사람들이다.

하락장이 오면 사람들은 다음 기회를 기다리는 것이 아니라 장을 떠난다. 상승장이 시작되면 다시 오겠다고 다짐하지만 장을 떠난 사람이 남들보다 먼저 바닥을 인지하기란 어렵다. 때를 기다리겠다는 사람은 다음 상승장 시작에 맞춰 다시 돌아올 수 있을까? 시장에 참여하고 있지 않은 상태에서 바닥임을 알아차릴 수 있을까? 결국 지금처럼 상승장 막바지에 들어와 똑같은 후회를 하지는 않을까?

⌂ 참고 버티며 기다릴 줄 알아야 한다

투자를 시작하고 나면 다음과 같은 갈등의 과정을 반드시 거친다.

1. 투자할 곳을 발견하면 마음이 조급해진다. 모든 물건이 다 마음에 든다.
2. 일찍 팔아 버린 물건이 아까워서 병이 날 지경이다. 자꾸 과거를

돌아보며 후회한다.

3. 시장의 흐름을 보며 기다릴 줄 알아야 한다고 하는데 흐름과 상관
   없이 자꾸 사고 싶고, 자꾸 팔고 싶다.

이런 마음의 동요를 느낄 때면 저자의 다음 조언을 차분하게
떠올려 보자.

1. 시장의 흐름이 좋지 않을 때 참을 줄 알아야 한다.
2. 투자한 물건이 마음에 들지 않는다면 버릴 줄도 알아야 한다.
3. 버린 물건이 혹여 이후 대박이 나도 다음 기회를 기다릴 줄 알아야
   한다.

BOOK 20

학군 :
대한민국 부모라면
최우선 고려 사항

《심정섭의 대한민국 학군지도》
심정섭, 진서원, 2019.05.

저자는 대한민국 최고 학군이라 불리는 대치동에서 20년간 영어를 가르치던 베테랑 강사다. 텐인텐 등 부동산 관련 카페에 '서민 가정 교육법'과 '학군 분석' 글을 올려 좋은 반응을 얻었다. 저자는 교육법과 공부 그릇을 강조하지만 학부모들은 학군에 더 많은 관심을 보이는 것이 대한민국 교육의 현실이다. 학군지도를 출간하게 된 이유를 들어 보면 저자의 고뇌가 잘 드러난다.

"제가 원래 말하고 싶은 것은 가치 지향적인 교육이지만, 결국 학부모들이 제게 가장 많이 묻는 질문은 대치동으로 이사 가야 하는지, 언제 가야 하는지 같은 현실적인 것들입니다."

그래서 저자는 우선 학부모들이 궁금해 하는 학군에 대한 조언을 하고, 보다 근본적인 교육적 고민도 해야 한다는 의견을 담았다.

그는 학부모들의 상담 요청에 답하기 위해 직접 발품을 팔며 전국 19개 명문 학군을 분석하였고 이를 정리해 책으로 펴냈다. 책을 출간한 이후에도 블로그를 통해 지속적으로 학군지 대표 학교들의 성적을 업데이트하며 정보를 제공하고 있다.

🏠 학군지와 집값의 형성

서울 시내 고등학교는 학군이라는 단위로 배정된다. 1998년 이전에는 2-5구를 하나의 학군으로 묶어 9개 학군이었다. 1998년 학군 제도가 부분적으로 바뀌어 지역교육청 관할 지역을 중심으로 11개 학군으로 개편된 이후 현재까지 유지되고 있다.

- **1학군 동부교육지원청** : 동대문구, 중랑구
- **2학군 서부교육지원청** : 마포구, 서대문구, 은평구
- **3학군 남부교육지원청** : 영등포구, 구로구, 금천구

- **4학군 북부교육지원청** : 노원구, 도봉구

- **5학군 중부교육청** : 종로구, 용산구, 중구

- **6학군 강동송파교육청** : 강동구, 송파구

- **7학군 강서양천교육지원청** : 강서구, 양천구

- **8학군 강남서초교육지원청** : 강남구, 서초구

- **9학군 동작관악교육지원청** : 동작구, 관악구

- **10학군 성동광진교육지원청** : 성동구, 광진구

- **11학군 성북강북교육지원청** : 성북구, 강북구

1970년대 박정희 대통령 시절, 강북에 몰려 있는 서울 시민들을 분산시키기 위해 강남을 개발하기 시작했다. 강북 억제책에도 불구하고 강남으로 이전하지 않자, 강북의 명문 고등학교를 강남으로 이전시키는 교육지책을 실시했고 결과적으로 보면 성공을 거두었다. 1972년 경기고등학교(지금의 정독도서관 터)를 삼성동으로 옮기는 계획을 발표했고, 동문들의 반대에도 불구하고 1976년 이전했다. 이후 도심에서 이전한 학교 20곳 가운데 15곳이 강남, 서초, 송파, 강동 등 이른바 강남권으로 옮겨 갔다. 종로구에 있던 휘문고는 대치동으로, 숙명여고는 도곡동으로, 중동고는 일원동으로 옮겨 소위 8학군의 명문 학교로 자리 잡았다. 중구에 있던 양정고와 종로구에 있던 진명여고는 목동으로 이전하였고, 종로와 성동구에 있던 정신여고, 보성고, 창덕여고는 송

파구로 이전하여 해당 지역에서 명문 학교로 자리 잡았다.

1980년대 이후 강남구로 이전한 학교들이 자리를 공고히 하면서 8학군이라는 단어가 등장하기 시작했다. 8학군(지금의 강남 서초교육지원청)에 있는 고등학교로 배정 받기 위해 위장 전입 등 각종 사회문제가 야기되기도 했다. 강남구 대치동과 도곡동에 걸쳐 형성된 학원가는 주변 학교 명성과 더불어 대한민국 1등 학군지를 형성했다. 매년 입시 결과가 발표되면 학군지 집값이 술렁인다. 자녀 입학에 맞춰 이사하려는 수요가 대기 중이라 전세가 남는 경우는 많지 않다. 좋은 학교에 배정 받으며 대한민국 최고의 학원가를 자유롭게 누릴 수 있는 학군지 주변은 대한민국 집값을 선도하고 있다.

그렇다고 해서 모든 사람이 강남 8학군에 있는 학교를 보낼 수는 없다. 그에 따라 서울에서는 목동과 중계동에도 학군지가 형성되었다. 대치동, 목동, 중계동이 아니더라도 동네에서 선호되는 학교 주변으로 학원가들이 모이고 인근 지역의 아파트 역시 사람들이 선호하는 곳이 된다. 결국 수요는 가격을 형성하고 해당 지역 내에서 높은 집값을 형성한다. 지역에 거주하는 사람들이 선호하는 학교와 학원가의 여부는 집값을 결정하는 중요한 요인이다.

🏠 대한민국 대표 학군 총망라

이 책에는 교육에 관심 있는 부모라면 알 만한 대표 학군을 모두 다루고 있다. 서울의 3대 학군지인 대치동, 목동, 중계동뿐 아니라 반포 서초, 송파 잠실, 광장, 강동 학군 등으로 세분화하여 다루고 있는 점이 특징이다. 서울 못지않게 잘 조성된 분당, 평촌, 일산, 영통, 용인 수지, 인천 송도 학군에 관한 정보도 확인할 수 있다. 지방 광역시의 대표 학군인 대구 수성과 광주 봉선뿐 아니라 대전 둔산, 세종, 부산, 울산 등 지역 대장 학군과 인근 아파트 정보까지 총망라하여 600여 페이지에 달하는 '학군지도'를 펴냈다.

학군지를 객관적으로 판단할 수 있는 수치를 근거로 든 점도 이 책의 신뢰성을 높인다. 고등학교는 '서울대와 의대 합격자 수'를 기준으로 선호 일반지 학군을 정리했다. 중학교 학군은 '전국단위 학업성취도 결과와 특목고 진학률'을 기준으로 주요 학군지를 정리했다. 전국단위 학업성취도 결과를 분석하여, 국·영·수 보통 학력 이상 비율 90퍼센트 이상, 수학 85퍼센트 이상, 특목고 진학률 2퍼센트 전후면 전국 100대 중학교 안에 들어갈 수 있다고 보았다. 다만 전국단위 학업성취도 결과는 더 이상 공개하지 않고 있어서 지난 자료를 참고할 수밖에 없다.

신도시가 만들어지면 입주 후 10년 정도는 지나야 도시가 안정되고 학원가가 자리 잡기 시작한다. 즉, 학군지는 짧은 시간 내에 형성되지 않는다는 의미이다. 결국 한 번 만들어진 학군지는 쉽게 바뀔 수 없고 인근 지역에 새로운 도시가 생겼다고 해서 옮겨 가지 않는다. 현재는 전국단위 학업성취도 결과를 볼 수 없지만 이미 공고히 자리 잡은 학군지의 위상은 쉽게 꺾이지 않을 것으로 보인다.

부동산 투자에서 동네의 선호하는 학교를 파악하고 학원가를 조사하는 것은 필수 과제라고 할 정도로 중요하다. 하지만 전국의 학군을 총망라한 책은 《심정섭의 대한민국 학군지도》가 거의 유일하다. 또한 방대한 데이터를 활용해 저자 나름의 분석 기준을 추가로 제시하고 있는 부분이 매우 흥미롭다.

'학교 재학생 수로 해당 지역 학군의 미래 보는 법'과 '졸업생 증감 현황으로 학교 상황 파악하기'는 교육 현장에 대해 깊숙이 알고 있지 않으면 파악하기 힘든 부분이다. 대한민국 1등 학군으로 불리는 대치동은 1학년 학급 수보다 6학년 학급 수가 월등히 많은 기형적인 형태이다. 1학년부터 학군지에 거주하는 사람도 있지만 초등학교 고학년이 되어 이사하는 사람들이 많다는 것을 보여 준다. 내가 관심 있는 지역의 학교마다 학년별 학급 수를 확인하면 고학년이 되어 학생 수가 늘어나는 지역과 줄어드는 지역을 파악할 수 있다. 고학년이 될수록 학급 수가 늘어난

다면 인근에 선호하는 중·고등학교가 있다는 의미이고, 학급 수
가 줄어든다면 중·고등학교 진학을 위해 떠나는 동네라고 생각
하면 된다.

대단지 아파트는 동에 따라 다른 학교로 배정 받기도 한다. 이
런 사실을 모른 채 이사하면 원하는 학교가 아닌 다른 학교로 배
정 받아 낭패를 볼 수도 있다. '학구도 안내서비스(schoolzone.
emac.kr)'를 활용하면 이와 같은 불상사를 막을 수 있다. 이렇게
세밀한 부분까지 파악하고 거주지를 선택한다면 재학 기간 동
안 학교 때문에 이사를 고민할 일은 없을 것이다.

⌂ 부동산 투자와 교육을 동시에 잡고 싶다면

'부동산 투자와 교육 두 마리 토끼를 다 잡을 수 있을까?'라는 사
람들의 니즈를 충족시키기 위해 저자는 아파트별 중학교 배정
현황과 더불어 주요 아파트 시세를 함께 제시한다. 시세는 변동
성이 많아 읽는 시점에 따라 다시 확인해야 하지만 인근의 주요
아파트를 알려 주는 것만으로도 투자를 고려하는 사람들에게
많은 도움이 된다.

이 책 곳곳에는 저자의 교육 철학과 조언도 만날 수 있다.

"무조건 좋은 학군으로 가야 할까?"

"학군이 좋은 곳에서 사교육을 시키면 다 좋은 대학에 갈까?"

대치동이 대한민국 제1의 학군이라는 것을 알지만 모두가 그곳으로 이사할 수 없다는 현실적인 벽이 있다. 부모는 학업에 대한 욕심이 많지만 자녀는 그렇지 않아 학군지에 살아도 의미가 없는 사람들도 있다. 저자가 제시하는 조언을 통해 자신이 갖고 있는 고민에 대한 단서를 찾을 수도 있다.

서울의 대표적인 3대 학군을 둘러보면 왜 그곳이 학군지로 불리는지 바로 이해할 수 있다. '학원공화국'이라는 생각이 들 정도로 대한민국에 있는 대형학원은 거의 찾아볼 수 있다. 심지어 중계 학군은 대중교통이 불편함에도 불구하고 인근에서 가장 높은 집값을 형성할 정도로 학원가가 잘 조성되어 있다. 높은 건물들이 유해업소 없이 각종 학원들로 빼곡히 채워져 있다. 안심하고 교육을 시킬 수 있는 동네에 거주한다는 게 학부모에게 얼마나 중요한지 확인할 수 있는 현장이다.

아이들 교육을 마음 편하게 시키면서 시세차익도 얻는 두 마리 토끼를 과연 잡을 수 있을까? 학군지라면 가능할 수도 있다. 이 책을 읽고 학군지 탐방에 나서 보면 그 답을 직접 확인할 수 있다.

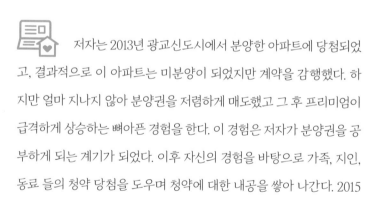

BOOK 21

청약:
청약 당첨에도
전략이 필요하다

《청약 맞춤 수업》,
박지민(월용이), 더디퍼런스, 2021.02.

저자는 2013년 광교신도시에서 분양한 아파트에 당첨되었고, 결과적으로 이 아파트는 미분양이 되었지만 계약을 감행했다. 하지만 얼마 지나지 않아 분양권을 저렴하게 매도했고 그 후 프리미엄이 급격하게 상승하는 뼈아픈 경험을 한다. 이 경험은 저자가 분양권을 공부하게 되는 계기가 되었다. 이후 자신의 경험을 바탕으로 가족, 지인, 동료 들의 청약 당첨을 도우며 청약에 대한 내공을 쌓아 나간다. 2015

년부터 블로그에 청약 관련 글을 쓰기 시작했고, 인터뷰와 강연 요청이 많아지면서 2017년부터 강사의 길로 들어선다. 2018년 국내 최초 청약 전문 서적인 《35세 인서울 청약의 법칙》을 발간하였다. 이 책에서 청약은 운으로 당첨되는 것이 아니라 치밀한 분석과 고도의 전략이 필요하다는 사실을 많은 사람들에게 일깨워 줬다. 저자는 청약통장 가입자 수, 당해 가입자 수, 당첨 가점 등을 꾸준히 분석한 데이터를 바탕으로 청약 예정 단지에 예상 경쟁률과 당첨 가능한 가점대를 정교하게 제시하는 것으로 유명하다. 저자가 발견한 틈새 평형 전략은 최저 경쟁률로 당첨 가능성을 높이는 데 일조하기도 했다.

🏠 나에게 맞는 청약 전략 찾기

저자는 "청약은 전략이다"라고 분명하게 말한다. 많이 공부하고, 분석해서 면밀한 전략을 짠다면 당첨 확률을 높일 수 있다고 자신 있게 말한다. 가점이 낮은 사람도 포기할 부분은 과감히 포기하고 강점을 집중 공략하면 충분히 당첨될 수 있다. 청약 당첨의 행운은 공부를 해야만 얻을 수 있는 기회라고 말한다.

부동산 규제 속에 청약제도 역시 지속적으로 바뀌고 있다. 다주택자의 당첨 기회를 제한하고 무주택자, 1주택자 들을 대상으로 당첨 기회를 높여 주는 방향으로 청약제도는 바뀌어 왔다.

미분양 아파트가 쌓여 있어도 거들떠보지 않던 시절을 이야기하는 사람들이 있다. 가점이 낮아도 추첨제에 도전하면 다주택자도 당첨되던 시절도 있었다. 그렇게 당첨되기 쉬웠을 때는 오히려 청약 신청을 하는 사람이 적었다. 미분양이 줄어들수록, 경쟁률이 높아질수록 더 많은 사람들이 청약 시장에 뛰어들었다. '로또 청약'이라고 할 정도로 청약 당첨이 힘들어지자 미당첨자들은 상대적 박탈감을 느끼기도 했다. 그렇게 청약을 고시처럼 공부하는 사람들이 늘기 시작했다.

청약제도는 법적으로 정해진 절차에 따르므로 기본적인 개념은 어느 책을 읽어도 동일하다. 기본적인 개념을 공부하고 바뀌는 부분을 수시로 업데이트하는 것이 제대로 된 청약 공부법이다. 세금과 마찬가지로 자신에게 적용할 수 있는 규정을 찾아내는 것이 청약 공부의 핵심이다. 주택 수, 특별공급 해당 여부, 부양가족 수, 재당첨제한 여부 등 개인마다 상황이 다르기에 자신에게 맞는 전략을 찾는 것은 스스로 해야 할 과제다. 청약 관련 책을 읽고 분양공고문을 차근차근 분석해 보면서 자신에게 유리한 전략을 발견한다면 남들이 부러워하는 신축 아파트 내 집 마련에 한발 더 가깝게 다가설 수 있다.

🏠 청약은 새 아파트를 싸게 사는 방법

청약을 한 마디로 정의하라고 하면 '새 아파트를 가장 싸게 살수 있는 방법'이다. '가장 싸게'라는 말을 누군가는 반박할지도 모른다. 새로 분양하는 아파트의 분양가를 보면 인근 아파트 시세보다 높기 때문이다. 하지만 인근 아파트는 이미 지어진 지 몇년 된 낡은 아파트다. 새로 분양하는 아파트가 다 지어지는 데 3년이상 걸린다고 하면 비교 대상인 인근 아파트는 7~8년 이상 된구축 아파트가 된다. 구축 아파트와 막 입주한 아파트의 가격이몇천만 원 차이라면 비싸다고 생각하는 사람은 없다. 또 새 아파트가 건설되는 3~4년 동안 시세가 상승한다고 가정하면 분양할 당시의 분양가는 싼 가격이 된다.

새 아파트를 원한다고 해서 부동산에 가서 바로 살 수 있는 것은 아니다.(전매제한이 풀리면 분양권을 부동산에서 살 수 있다.) 아파트를 짓기 전에 먼저 주인을 찾는 선분양 방식으로 지어진다.(간혹 후분양도 있으나 대부분 선분양 방식임) 새 아파트를 갖고 싶다면정부에서 주관하는 청약홈(www.applyhome.co.kr)이라는 사이트를 통해 청약 신청을 하고 당첨이 되어야 한다. 새 아파트에살고 싶어 하는 사람들이 많기 때문에 인근 아파트보다 비싸게분양된다. 기존에 지어진 아파트보다 비싼 것은 당연하지만 터무니없이 높게 분양가를 매기면 주변 부동산 시세에 부정적인 영향을 준다. 그래서 정부는 나라에서 주도하여 건설하는 아파트뿐 아니라 민간에서 분양하는 아파트도 분양가를 너무 높게 책정할 수 없도록 규제한다. 분양가가 주변 아파트 시세 대비 높지 않으면 분양하자마자 프리미엄이 붙어 거래된다. 청약에 당첨되지 않은 사람은 '울며 겨자 먹기'로 프리미엄을 주고 사야 한다. 즉, 새 아파트를 사는 가장 좋은 방법은 청약 당첨이다.

사람들은 왜 신축 아파트에 열광할까? 새로 지어진 아파트에 가 보면 바로 답을 찾을 수 있다. 신축 아파트는 입구에 서 있는 문주부터 보는 사람을 압도한다. 식물원 못지않은 조경은 아파트 저층을 새로운 로얄층으로 만들었다. 단지 안에 조성된 여러 테마의 놀이터는 자녀가 있는 부모라면 매력적인 장점으로 다가온다. 아파트 규모에 따라 커뮤니티 시설은 천차만별이다. 도서관, 골프연습장은 기본이고 세대수가 커지면 수영장까지 들어선다. 강남의 일부 아파트는 특별한 조식 서비스로 많은 사람들이 살고 싶은 아파트로 거론된다. 아파트 사전점검 이후 지역 카페나 부동산 커뮤니티에 올라오는 글은 새 아파트에 살고 싶다는 사람들의 욕망을 더욱 자극한다.

새 아파트라고 해서 모두 인기 있는 것은 아니다. 인기가 없는 아파트는 건설사가 분양해도 모집인원을 채우지 못하는 경우도 있다. 소위 미분양 아파트라고 불린다. 이렇게 남은 아파트는 청약이 아닌 방법으로도 살 수 있다. 분양 당시에는 미분양이었지만 부동산 심리가 살아나면 황금알을 낳는 아파트로 바뀌기도 한다. 하지만 막상 심리가 안 좋은 시기에 미분양 아파트를 계약하기란 어지간한 용기로는 불가능하다.

당연히 많은 사람들이 갖고 싶어 하는 아파트가 인기가 있다. 그만큼 경쟁자도 많고 대기자도 많다. 따라서 청약 신청을 한다고 해도 당첨된다는 보장이 없다. 처음에는 어떤 평형, 어떤 타입을 할까 행복한 고민을 하고 청약 신청을 하지만 수많은 경쟁자들에 밀려 낙첨을 경험하면 결국 경쟁을 뚫고 무엇에라도 당첨되는 것이 중요하다는 사실을 깨닫는다. 그때부터 청약에 당첨되기 위한 전략을 고민하기 시작한다.

저자의 오랜 경험에서 찾아낸 다양한 전략을 제시한 책이 바로 《청약 맞춤 수업》이다. 이 책에서는 주택 수, 가족 수, 분양가, 규제 타이밍에 따른 청약 전략을 제시한다. 기관추천, 신혼부부, 생애최초 등 특별공급에 당첨 가능성을 높이는 전략도 찾아볼 수 있다. 책에서 제시하는 조건을 꼼꼼히 따져 보면 미처 알지 못했던 자신에게 맞는 전략을 찾아낼 수 있다. 이 책을 읽는 동안 당신이 집중해야 할 핵심이다.

🏠 3기 신도시 사전청약

2020년 주택 공급 확대 정책의 일환으로 3기 신도시 공급 계획이 발표되었고 뒤이어 사전청약을 실시한다고 발표했다. 아직 내 집을 마련하지 못한 사람이나 신혼부부에게 3기 신도시는 신기루 같은 느낌이다. 어떻게 구현될지 알 수 없으면서도 뭔가 놓치면 안 될 것 같은, 그렇다고 마냥 기다리기에는 뭔가 불안한 신기루 말이다. 사전청약을 실시한다고 하지만 토지보상도 제대로 이루어지지 않아 2030년이 돼서야 입주가 가능할 것이란 불안한 기사도 나온다. 2030년까지 무주택을 유지해야 하기 때문에 앞으로 7~8년 동안 임대료를 올려 주며 불안정한 거주를 해야 한다는 것도 걱정된다. 그럼에도 불구하고 3기 신도시 예정지로 발표된 일부 지역은 놓치기 아까운 매력적인 곳임에 틀림없다.

물론 3기 신도시는 여러 가지 변수로 인해 정부의 발표대로 진행되지 못할 수도 있다. 하지만 진행이 지연되는 만큼 청약 자격을 갖추기 위한 시간적 여유가 생긴다고 긍정적으로 생각할 수 있다. 인기 있는 사천청약지의 경우 해당 시·도에 주소지를 갖고 있는 사람(당해)이어야 당첨 가능성이 높다. 3기 신도시 청약을 준비하는 사람이라면 지금부터 해당 시·도에 전입해야 할지를 고민한다. 저자는 청약하려는 지역이 투기과열지구에 해당된다면 지금부터라도 전입을 고려해야 한다고 조언한다. 사전청약 시에는 당해에 주소지만 되어 있어도 청약이 가능하다. 하지만 본 청약 시에는 투기과열지역일 경우 거주 요건 2년을 채워야 한다. 만약 사전청약과 본청약간의 기간이 2년을 넘지 않는다면 사전청약 시점에 맞춰 전입하더라도 본청약에서 거주 요건을 채우지 못해 부적격으로 당첨이 취소될 수 있다. 따라서 청약하고 싶은 지역이 투기과열지구이고, 청약 경쟁률이 치열할 것으로 예상된다면 일찌감치 거주지 이전을 고려해야 한다. 저자의 조언대로 3기 신도시 계획이 발표되자 해당 지역으로 미리 전입하려는 사람들로 전·월세 대란이 일어나기도 했다. 청약 당첨은 운이 아니라 전략임을 아는 사람들이 많아졌다는 의미다.

특별공급은 말 그대로 특정 조건을 갖춘 사람들에게 분양 물량의 일부를 먼저 배정하는 방식이다. 다만 당첨 가능한 조건이 까다롭기 때문에 자신이 자격 요건에 맞는지 꼼꼼하게 따져 봐야 한다. 청약에 대해 잘 모르는 사람은 생애 단 한 번 쓸 수 있는 특별공급 기회를 놓치고 넘어가는 경우도 많다. 신혼부부 특별공급(이하 '신혼특공'으로 통칭)은 공공분양과 민간분양에서 조건이 다소 다르다. 가장 크게 다른 점은 공공분양 신혼특공 시 자산 요건과 점수 계산이 있다. 자산 요건으로는 부동산은 2억 1,550만 원, 자동차는 2,764만 원 이내로 보유해야 한다. 특히 투기과열지구에 해당된다면 1순위 자격 요건이 무주택 세대주

이기 때문에 부동산은 보유하지 않아야 한다. 따라서 자산 요건
보다는 자동차 보유 기준이 관건이다. 자동차는 최초 등록일로
부터 매년 10퍼센트씩 감가된다는 점을 확인해서 낭패를 보는
일이 없도록 스스로 챙겨야 한다.

🏠 역발상 당첨 전략

저자의 역발상 당첨 전략도 참고할 만하다. 북위례신도시 분양
시 전매제한이 8~10년임에도 불구하고 시세 대비 60퍼센트 분
양가로 청약자들의 높은 관심을 받은 사례가 있다. 대다수 청약
자들이 저렴한 분양가를 선호한다면 이를 역으로 활용하여 시세
와 근접한 분양가가 예상되는 지역을 공략하는 것이다. 특히 시
세에 가까울수록 전매제한 기간은 줄어든다. 전매제한 기간이
짧다는 것은 미래에 예상치 못한 부동산 시장의 리스크를 줄여
준다는 장점이 있다.

로또 청약 당첨 사례가 뉴스에 보도되면서 대한민국 청약통
장 가입자 수는 역대 최다를 기록했다. 누구나 가입할 수 있는
주택청약저축통장이지만 이를 활용하는 데에도 전략이 필요하
다. 주택청약종합저축 및 청약저축 납입액은 매월 최대 10만 원
까지만 인정된다. 저축 총액이 많은 사람이 유리하다고 해서 무

조건 많은 금액을 납입할 필요가 없다. 가입 기간에 따라 점수가 부여된다고 해서 미성년 자녀가 태어나자마자 가입할 필요도 없다. 17세 이전 가입 기간은 최대 2년만 인정된다. 따라서 미성년 자녀가 있다면 고등학교 2학년 정도에 가입해도 충분하다. 2000년 3월 26일 이전에 가입한 청약예금, 청약부금을 보유하고 있는 다주택자라면 직계비속(세대주 변경 시에 한함)으로 명의 변경이 가능하다. 명의 변경으로 통장을 받은 무주택 자녀(직계비속)는 가입 기간을 인정받기 때문에 청약 당첨 가능성이 높다. 2000년 3월 26일 이후에 가입한 통장은 사망 전에는 물려줄 수 없다. 청약 공부를 통해 이런 전략을 발견하면 세월 속으로 사라져 버릴 통장을 황금알을 낳는 거위로 재탄생시킬 수 있다. 저자가 청약저축통장 가입자 수를 분석한 바에 따르면, 주택청약종합저축은 최초 가입년도가 2009년 5월로 최대 가입 기간은 11년밖에 되지 않았으나 가입자 수는 236만 명에 달한다. 하지만 공공분양에 청약할 수 있는 청약저축통장은 15년 이상 가입자가 약 21만 명에 불과하다.

규제지역 추가 지정과 해제는 수시로 발생한다. 규제지역 지정 효과에 따른 심리적 위축 현상도 청약에서 당첨 확률을 높이는 전략으로 활용할 수 있다고 저자는 말한다. 저자의 분석에 따르면 시세가 전고점을 넘어 회복 이상의 상승을 보이는 시점엔 청약자 수가 증가하는데 통상 한 개 분양단지에 만 개 이상의 청약 접수 건수를 기록하면 과열이라고 판단한다. 만 개라는 수치는 결코 우연에 의해 나온 수치가 아니다. 수많은 청약 결과를 분석해 나온 수치이므로 하나하나가 청약 당첨 확률을 높이는 중요한 도구로 활용된다.

마지막으로 다주택자의 경우 비규제지역을 공략할 수밖에 없다는 한계를 지적한다. 취득세율도 높고, 시세 상승에 대한 기대감도 낮기 때문에 지역 선별 작업은 필수라고 조언한다. 주변 시세보다 20퍼센트 이상 낮게 분양하는 아파트 외엔 청약통장을 아끼는 것이 좋다는 저자의 조언을 명심하자. 누구나 알려 줄 수 있는 청약 절차, 청약 조건 등은 정보의 집약일 뿐 청약 통계와 청약자의 심리를 파고드는 전략이 청약 책의 핵심이라고 말한다. 이 책에 제시된 다양한 전략을 참고하여 자신에게 맞는 청약 전략을 세우고 원하는 아파트에 당첨되는 행운을 누리기 바란다.

BOOK 22

입지 :
부동산은 첫째도 입지,
둘째도 입지

《**수도권 알짜 부동산 답사기**》,
김학렬, 지혜로, 2014.04.

오르는 부동산의 조건은 여러 가지가 있지만 그중에서도 가장 중요한 것을 묻는다면 대부분의 사람들이 입지를 꼽는다. 부동산 분야에서 입지 전문가로는 '빠숑'이라는 필명으로 활동 중인 저자를 꼽을 수 있다. 부동산 분야에서는 독보적으로 많은 블로그 이웃과 유튜브 구독자를 보유했으며 〈빠숑의 세상 답사기〉라는 부동산 TV채널도 운영하고 있다. 국내 최고 시장조사 기관인 한국갤럽에서 부동산

조사를 전문적으로 다뤘으며 국내 여러 신문사의 칼럼니스트와 부동산 자문위원으로도 활동하고 있다. 매년 개최되는 부동산 박람회에 1순위로 초대되는 연사 중 한 명이다. 또한 부동산 책을 가장 많이 출판한 사람으로 꼽히며 지금도 활발하게 집필 활동을 이어 가고 있다. 지금까지 쓴 책으로 《인천 부동산의 미래》,《김학렬의 부동산 투자 절대 원칙》,《대한민국 부동산 미래지도》,《이제부터는 오를 곳만 오른다》,《대한민국 부동산 사용 설명서》,《지금도 사야 할 아파트는 있다》,《서울이 아니어도 오를 곳은 오른다》,《서울 부동산의 미래》 등이 있다.

🏠 오르는 부동산의 요건

"말은 나면 제주도로 보내고, 사람은 나면 서울로 보내라"라는 속담이 있다. 망아지는 말의 고장인 제주도에서 길러야 하고, 사람은 어릴 때부터 서울로 보내 공부하게 해야 한다는 의미다. 18년이라는 긴 세월 동안 유배지에서 생활한 다산 정약용은 아들에게 보내는 편지에서 이렇게 당부했다.

"서울에 가까이 살면서 문화적 안목을 떨어뜨리지 않아야 한다. 나는 지금 죄인의 명부에 이름을 올렸기에 너희들을 시골집에 살게 하지만 앞으로의 계획은 오직 서울의 십 리 안에서 거처하게 만드는 것이다. 만약 가세가 많이 기울어 서울 중심부로 깊게 들어갈 수 없다면 잠시 근교에 머무르며 자산이 조금 넉넉해질 때까지 기다렸다가 서울 중심부로 들어가도 늦지 않다."

아들을 어쩔 수 없이 시골에 머물게 할 수 밖에 없는 안타까움과 가능하면 중심으로 들어가 문화적 안목을 높여 주고 싶은 부모의 마음이 고스란히 담긴 말이다. 예나 지금이나 서울에서 자식을 키우고 싶은 부모의 마음은 같다는 것을 엿볼 수 있다.

많은 사람들이 오르는 부동산의 요건으로 꼽는 '입지'란 과연 무엇일까? 앞에는 강물이 흐르고 뒤에는 산이 있어 공기가 좋은 곳을 우리는 잠시 머물기 좋다고 하지 살기 좋은 곳이라고 말하지 않는다. 높은 아파트가 빼곡히 들어서 있고 상업 시설이 많아 복잡하게 느껴지지만 그런 곳을 사람들은 살기 좋다고 한다. 전원생활에 대한 로망이 있는 사람도 쉽게 시골로 내려가지 못한다. 주변에 자연은 있을지 몰라도 생활을 편리하게 해 주는 대형 상업 시설이나 관공서, 병원이 없다는 이유에서다. 이런 것들을 종합해 보면 사람들이 살고 싶어 하는 입지의 조건이 무엇인지 가늠할 수 있다. 사람마다 중요한 요소가 조금씩 다르지만 그중에서 사람들이 공통적으로 중요하게 생각하는 기준을 일반화한 것을 '입지'라고 한다.

집은 한 번 사면 쉽게 팔 수 없어서 동산(動産)이 아니고 부동산이다. 집은 사는(live) 곳이지만 사람들은 살고 있는 동안 집값이 오르길 기대한다. 살기에도 좋으면서 시세도 상승하는 그런 부동산을 산다면 두 마리 토끼를 한 번에 잡을 수 있다. 그리고 그런 곳을 사람들은 입지가 좋다고 말한다. 그렇다면 입지 요소를 고루 갖춘 곳으로 어디가 떠오르는가? 누구에게 물어도 비슷한 대답이 나올 것이다. 대한민국에서 가장 살기 편한 곳, 가장 살고 싶은 곳은 바로 서울, 그중에서도 강남이다. 강남의 입지 요소만 분석해도 오르는 부동산의 요건을 파악할 수 있다.

첫째, 교통의 중심지다. 대한민국의 도로와 지하철은 강남으로 가장 빠르게 가도록 설계되어 있다고 해도 과언이 아니다.

둘째, 일자리의 중심지다. 테헤란로를 중심으로 몰려 있는 고층 빌딩에는 대한민국 최고의 기업들이 자리하고 있다.

셋째, 학군의 중심지다. 대치동 학원가를 중심으로 대한민국 1등 학군지가 형성되어 있다.

넷째, 문화의 중심지다. 강남은 젊은이들의 집합소다. 삼성동은 직장인들의 집합소다. 코엑스는 대규모 행사가 가능한 문화의 중심지다.

다섯째, 편의시설이 모두 모여 있다. 대학병원, 은행, 백화점, 호텔, 컨벤션 센터 등을 볼 수 있다.

여섯째, 도심에서 자연환경을 누릴 수 있는 몇 안 되는 지역이다. 한강까지는 조금 거리다 있다고 해도 강남구 한복판을 관통하는 양재천은 천혜의 자연환경을 도심에서 누리게 해 준다.

모든 사람이 강남에 살 수 없고, 모든 지역이 강남과 같은 입지 요소를 갖출 수 없기에 각자 중요하게 생각하는 곳을 선택한다. 아이가 없는 가정이라면 학군을 따지지 않고 집을 구한다. 바쁜 직장인이라면 직장에서 가까운 곳 혹은 직장에 빨리 갈 수 있는 교통이 편리한 곳에 집을 구한다. 자녀를 다 키우고 여유롭게 노년을 보내고 싶다면 자연환경과 편의시설이 갖춰진 곳으로 집을 구한다. 새로 지어진 아파트들은 예전 아파들에 비해 커뮤니티와 조경이 강조되면서 신축 대단지 자체가 중요한 입지로 부각되기도 한다. 부동산 투자 목적이 아닌 실거주하기 위해 한 채를 매수하더라도 사는 동안 집값이 오르면 즐겁지 않을 사람은 없다. 사는 동안 만족하며 살았지만, 팔아야 할 때 잘 팔리지 않는다면 투자 목적이 아니었다고 해도 잘 고른 집이라고 할 수 없다. 살 때도 수월하고, 사는 동안 만족하면서, 팔 때도 잘 팔리는 집을 고르는 안목을 갖춰야 한다. 이런 집이 바로 '입지가 좋다'라고 말할 수 있다.

⌂ 지역의 특색을 아는 것이 중요하다

천만 명이 거주하는 서울은 25개 구로 나뉜다. 한 개의 구는 다시 여러 개의 동으로 나뉘고 동을 기준으로 특색 있는 거주 형태가 형성된다. 이 책은 각 동의 역사와 특색을 터줏대감에게 듣는 듯한 느낌으로 재미있게 읽힌다. 내가 사는 동네, 내가 아는 동네가 나오면 더 흥미롭다. 서울에 살아 본 적은 없지만 서울에 투자하고 싶은 사람이라면 동네가 가진 특색을 아는 것이 중요하다. 서울에 산다고 해도 각 동네를 고루 아는 사람은 많지 않다. 내가 아는 동네만 투자할 생각으로 접근하면 원하는 수익을 올리지 못할 가능성이 크다. 내가 살아 보지 못한 동네를 알아간다는 마음으로 동네의 역사와 발전 과정을 읽어 보면 좋다.

이 책은 발간된 지 8년이 지나 '지금 읽어도 괜찮을까?' 하는 의구심이 들지도 모른다. 지역의 특색은 1~2년 안에 만들어지지 않는다. 그리고 한 번 만들어진 특색은 쉽게 변하지 않는다. 그런 의미에서 지금 읽어도 충분히 도움이 될 만한 책이다. 특히 지역의 발전 가능성을 토대로 관심 있게 봐야 할 것들을 다룬 '지역분석레시피' 챕터가 이 책의 핵심이다. 개발 계획은 말 그대로 계획이므로 실현될 수도, 아닐 수도 있다. 진행이 된다고 해도 생각보다 오랜 시간이 걸릴 수도 있다. 특히 교통망과 관련된 계획은 10년을 훌쩍 넘겨야 실현되는 경우가 많다. 지역분석레시피에서 기대 가능성을 언급한 것이 지금 시점에 어떻게 실현되었는지 확인하는 것도 책을 읽는 흥미를 더해 준다.

개발이 필요한 동네라고 소개한 수색동과 증산은 수색·증산 뉴타운 개발로 인해 지금은 예전의 모습을 찾아볼 수 없을 만큼 변했다. 은평구 개발의 중심지라고 소개한 응암동은 재건축·재개발이 활발히 진행되어 아파트촌으로 탈바꿈했다. 다세대 주택의 천국 역촌동과 은평구의 홍대라고 소개한 대조동은 강남 못지않는 유동인구를 보인다. 우시장 동네에서 중심상업지구로 변화될 동네라고 소개한 독산동은 신안산선 개통(2025년 5월 예정)에 따른 기대감과 더불어 금천구에서 가장 주목 받는 지역이 되었다. 8년 전에 신안산선을 기대하며 투자했던 사람들은 많지 않을 것이다. 계획보다 많이 늦어졌지만 개발은 차근차근 진행되었고 그 결실을 조만간 확인할 수 있다.

이 책은 서울 25개 구 중에서 종로구, 용산구, 은평구, 도봉구, 금천구, 송파구 등 6개 구, 경기도 성남시 분당구, 과천시, 고양시, 남양주시, 김포시, 용인시, 광명시와 인천시를 다루고 있다. 이 책을 읽으면서 다루지 않은 지역도 궁금하다는 생각을 했다. 독자들의 니즈에 맞춰 2년 뒤에 발간된 《부자의 지도》(베리북, 2016)에서는 서초구, 강동구, 영등포구, 성북구, 노원구, 마포구, 경기도 의정부시, 구리시, 안양시, 광주시 지역에 대한 이야기를 추가로 볼 수 있다. 두 권을 함께 보면서 우리나라 핵심 입지인 수도권 지역의 특색을 확인해 보자.

BOOK 23

재건축, 재개발 :
아는 만큼 크게 번다

《돈되는 재건축 재개발》,
이정열(열정이넘쳐), 잇콘, 2017.05.

이 책의 저자는 2006년 재개발 투자가 뭔지도 모른 채 주변
의 추천에 재개발이 진행된다는 허름한 빌라를 사서 입주한다. 우연히
조합에서 일하게 되면서 재개발 투자가 무엇인지를 온몸으로 깨닫는
다. 다행히 추천만 믿고 매수했던 재개발 구역이 순조롭게 진행됐지만
자칫 낭떠러지로 떨어질 수 있었다는 생각을 하면 지금도 등골이 서늘
하다고 회고한다. 그는 재개발 투자를 시작한 이후 수많은 사업장의

사례를 연구하며 투자한 실전 투자자이며 공인중개사이다. 이렇다 할 분석 툴이 별로 없던 재건축, 재개발 분야에서 상당히 정확한 공식을 만들어 내 책에 담았고, 출간되자마자 정비사업 분야 베스트셀러가 되었다. 2017년 출간 이후 꾸준히 읽히며 부동산 분야의 명실상부한 스테디셀러로 자리 잡았다.

🏠 재건축·재개발은 하이 리스크, 하이 리턴

이 책은 재건축, 재개발 투자를 위해 알아야 할 거의 모든 지식을 담고 있다. 나 역시 이 책을 주변에 추천하곤 했는데 많은 사람들이 끝까지 읽는 것도 어렵다고 말한다. 그럼에도 불구하고 완독에 성공한 사람들은 어렵게만 느껴졌던 재건축, 재개발 투자에 한걸음 다가간 느낌이라고 말한다. 사람들이 쉽게 시도하지 못하는 곳에 더 많은 기회가 있다는 것은 당연한 원리다. 미래에 가져다 줄 하이 리턴을 생각하면 어렵더라도 시작해 볼 만한 공부가 아닐까 싶다.

서울의 노후주택 비율은 날이 갈수록 증가하고 있다. 주택이 노후 되면 거주하는 사람들의 불편함이 커지고 그만큼 신축 주택에 대한 열망은 커진다. 신도시를 조성해 신축 아파트를 많이 지어도 사람들이 살고 싶은 곳이 아니라면 소용없다. 사람들은 지금 살고 있는 동네, 각종 인프라를 누릴 수 있는 곳에 신축이 들어서길 바란다. 인프라가 잘 갖춰진 도심에 새로운 집을 공급하는 것은 재건축이나 재개발 같은 정비사업을 통해서만 가능하다. 재건축이나 재개발 대상이 되면 미래 가치를 선반영해 집값이 크게 오른다. 신축 아파트에 대한 요구가 커질수록, 낡은 아파트 가격이 오르는 아이러니한 상황이 조성된다. 하지만 정부는 이렇게 집값이 오르는 것을 절대 원하지 않는다. 노후 아파트 비율이 높아지고, 안전사고 위험이 높아진다는 것을 알면서도 집값 상승에 대한 우려 때문에 쉽게 사업을 허가하지 않는다. 지난 정부 역시 계속되는 집값 상승으로 재건축과 재개발에 대한 강화된 규정을 연이어 발표했다. 재건축 가능 연한(입주 30년 이상)을 늘리고, 안전진단을 강화하고, 초과이익환수제[1]까지 발표하며 노후 주택을 새것으로 바꾸려는 시장의 요구를 억눌렀다.

아무리 정부가 억누른다고 해도 낡은 주택을 계속 놔둘 수는 없다. 서울에는 새로 집을 지을 땅이 없다. 기존 주택은 계속해서 낡아 간다. 새집에 대한 사람들의 열망은 더욱 커진다. 서울에 새집을 짓는 방법은 기존 집을 부수고 새로 짓는 방법밖에 없

---

1   초과이익환수제: 재건축 사업으로 주택 가격 상승분을 초과하여 발생한 이익이 3,000만 원을 넘을 경우 초과 금액의 일부를 재건축 부담금으로 징수하는 제도

다. 낡은 주택을 신축으로 바꾸는 재건축, 재개발은 언젠가는 될수밖에 없다. 규제가 풀리거나, 부동산 투자 심리가 살아나면 가장 먼저 상승하는 것이 바로 미래에 새것이 될 가능성이 있는 재건축이나 재개발 대상 주택이다.

미래 가치를 가득 품은 주택이라는 건 알지만 재건축·재개발 투자는 쉽게 접근하기 힘든 분야이다. 이미 지어진 집을 사고팔고 임대를 놓는 과정과는 차원이 다른 복잡한 절차를 이해해야 투자가 가능하기 때문이다. 미래에 신축이 될 것이라는 기대감을 먹고 자라는 투자이기 때문에 시장 상황이나 정책에 따라 진행 과정에 어려움이 발생할 가능성도 매우 크다. 그래서 재건축과 재개발 투자를 '하이 리스크 하이 리턴'이라고 말한다. 투자를 좀 해 본 사람이라도 재건축, 재개발 투자에 선뜻 도전하지 못한다. '자금이 묶일까 봐', '손해 볼까 봐', '투자금이 많이 들까 봐'라는 것이 사람들이 정비사업에 대해 가장 많이 갖는 오해라고 저자는 말한다. 이런 오해는 잘 모르는 상태에서 투자한 사람들로 인해 생겨난 것일 뿐, 재개발도 무피투자가 가능함을 자신의 사례를 들어 이야기한다.

🏠 정확히 알면 리스크에도 흔들리지 않는다

성공만 하면 최고의 수익을 보장한다고 해도 아무것도 모르는 상태에서 투자에 임하는 것만큼 무모한 행동은 없다. 투자의 대가들도 '모르는 것에는 투자하지 말라'고 조언한다. 정비사업은 일련의 과정을 거쳐야 하며 각 단계마다 통과해야 할 조건들이 있다. 이러한 것들을 정확히 알고 투자에 임해야만 혹시라도 마주하게 될 리스크에 현명하게 대처할 수 있다.

재건축, 재개발은 자신의 전부라고 할 수 있는 집을 대상으로 하는 사업이기 때문에 복잡하고 까다로운 절차를 통해 진행될 수밖에 없다. 그만큼 알아야 할 용어도 많고 따져 봐야 할 사항들도 많다. 이 책을 처음 읽으면 새롭게 등장하는 용어와 수식들로 인해 거부감이 생길 수도 있다. 하지만 도시 및 주거환경 정비기본계획, 지구단위계획, 정비조례와 같은 공문서를 제대로 읽을 수 있어야 한다. 개발이익, 기부채납, 안전진단, 조합원, 임대주택 건설 의무, 개발부담금, 현금청산, 이주비와 같은 용어를 이해해야 한다. 아무것도 모르는 상태로 중개소를 찾았다가는 문전박대를 당할 수도 있다. 현장에서 통용되는 단어조차 모르는데 설명해 봐야 제대로 알아듣지 못할 거라는 중개인들의 반응도 어찌 보면 당연하다. 이 책은 초보자 관점에서 생소한 용어들을 하나하나 매우 친절하게 설명해 준다. '자주 쓰이는 용어 개념 잡기' 챕터를 통해 자세한 설명도 덧붙인다. 비례율, 종후 자산평가액, 총사업비, 종전자산평가액, 감정평가액, 권리가액, 조합원분양가, 일반분양가, 분담금 등 '이런 것까지 알아야 투자 할 수 있는 것인가' 하며 읽기를 포기하고 싶을 수도 있다. 하지 만 진입장벽이 높은 만큼 더 많은 기회와 수익이 주어진다는 것 은 당연한 진리다. 자주 쓰이는 용어들을 이번 기회에 제대로 배 워 보겠다는 생각으로 읽는 것도 좋다.

책에 중반 이후에는 정비사업을 처음 접하는 사람들이라면 이해하기 힘든 수식이 등장한다. 초기 단계 재건축 사업의 수익 률을 분석하기 위해 저자가 개발한 툴이다. 조합원 건축원가, 일 반분양 기여금액 산출처럼 전문가도 어려운 수식까지 전부 이 해하려고 한다면 이 책을 완독할 수 없다. 한 번만 읽어서는 당 연히 이해할 수 없는 내용이다. 이 책만큼은 처음부터 100퍼센 트 이해하겠다는 생각으로 도전하지 않았으면 한다. 두세 번 읽 어서 최대한 이해하고, 실전에서 필요로 하는 부분이 있을 때 해 당 부분을 찾아서 확인한다는 생각으로 읽어도 충분하다.

재건축, 재개발에 대해 공부하다 보면 여러 가지 의문점이 생 긴다. 예를 들면 "감정평가금액(이후 '감정가액'으로 통칭)이 높으면 무조건 좋은 걸까?" 같은 질문이다. 사업장 내에서 내가 갖고 있는 물건의 가치가 높게 책정되면 추가로 부담해야 할 분담금이 줄어든다. 하지만 조합원 소유 물건의 감정가액이 높아지면 총 사업비가 늘어나기 때문에 결국 조합원분양가가 높아질 수 있다. 결국 감정가액으로 내가 가진 물건의 가치가 높아졌지만, 조합원분양가가 높아져 분담금도 상승하여 조삼모사의 결과를 가져온다. 이런 부분까지 이해하고 재건축, 재개발에 투자하는 사람은 실제로 많지 않다. 하지만 미리 알고 있다면 감정가액으로 일희일비하면서 감정을 소모하는 일은 피할 수 있다. 오랜 사업 진행 기간을 감수하겠다는 마음으로 투자해도 실제 긴 시간 동안 흔들림 없이 기다리기란 쉽지 않다. 하지만 정비사업의 과정과 논쟁이 될 수 있는 부분에 대해 사전 지식을 갖고 있으면 모르는 사람들에 비해 훨씬 더 편안한 마음으로 사업 진행을 지켜볼 수 있다.

재건축, 재개발 투자를 통해 최대의 수익을 올리기 위해서는 프리미엄이 적을 때 매수하는 것이 중요하다. 프리미엄은 사업성[2]과 직결된다. 사업이 진행될수록 리스크가 줄어드는 대신 프리미엄이 증가한다. 사업이 초기일수록 제대로 진행될지에 대한 리스크가 높은 만큼 프리미엄이 적다. 사업이 어느 정도 진행

---

2 사업성: 투자 되는 비용 대비 이익과 자금 회수가 가능한지 따져 보는 것을 말함

되어 프리미엄이 높아졌다고 해서 사업성이 아주 없는 것도 아니다. 부동산 상승장으로 인해 주변 집값이 오르고, 일반분양가가 오르면 사업성은 저절로 높아진다. 결국 재건축, 재개발 투자 역시 부동산 상승장 초기에 먼저 진입하여 투자처를 선점하는 것이 중요하다는 의미다.

　조성된 지 30년 된 1기 신도시의 재건축은 현 부동산 시장에서 주목해야 할 부분이다. 신도시로 조성되었기에 사업이 진행된다면 시기의 차이는 있어도 모두 진행될 것이다. 하지만 그 안에서도 사업성이 높은 곳과 아닌 곳이 있다. 재건축, 재개발 사업성 판단에 가장 큰 요소인 세대당 평균지분만 알고 투자해도 다른 사람보다 훨씬 높은 수익을 기대할 수 있다. 저자는 1기 신도시인 분당구 아파트의 세대당 평균지분을 포함하여 서울시 아파트 주요 단지의 용적률표를 부록으로 제공하고 있다. 그는 재건축, 재개발 투자를 '시간을 돈으로 바꾸는 투자'이면서 '투자의 퀀텀점프'라고 정의한다. 이 책에서 공부한 내용을 바탕으로 본격적으로 개발 요구가 높아진 1기 신도시와 서울 주요 지역의 노후 아파트 임장에 나서 보자.

BOOK 24

재건축, 재개발 :
속도가 생명이다

《앞으로 3년, 재건축에 돈을 묻어라》,
김선철, 원앤원북스, 2015.12.

재개발, 재건축 투자는 초보들이 접근하기 어려운 투자로 알려져 있다. 복잡한 절차를 거쳐야 하고 긴 시간이 소요되기 때문에 투자자들이 쉽게 접근하기 어려워한다. 많은 사람들이 재개발, 재건축 투자는 시간과의 싸움이며 정비사업의 핵심은 속도라고 말한다. 하지만 정확한 사례를 보고 듣기 전까지는 실감하기 어렵다.

저자는 20여 년간 전국의 수많은 재건축, 재개발 사업의 성공과 실패를 보고 들었다. 어떤 시기에 투자했고, 단계를 거치는 동안 가격이 어떻게 변했는지, 어떤 이유로 매도했는지 정확하게 알려 준다. 매수 결정을 하기에 타당한 이유, 매도 결정을 할 수 밖에 없었던 이유를 적어 놓아 당시에 투자하지 않았지만 훌륭한 간접 경험 사례를 제공한다. 저자 역시 재건축은 성공보다는 실패할 확률이 더 높은 어려운 투자라고 말한다. 하지만 성공과 실패 사례를 통해 경험을 쌓는다면 다른 사람들보다 성공 확률을 높일 수 있다.

이 책에서는 총 16개의 투자 사례가 나온다. 저자가 책을 집필한 2015년까지의 결과를 놓고 성공과 실패 사례로 구분 짓는다. 성공 사례에서는 다음 투자에 참고할 수 있는 성공 요인을 자세하게 설명한다. 실패 사례에서는 원인을 꼼꼼하게 체크하고 확실하게 배울 점을 자세하게 설명한다. 이처럼 사례를 통해 정비사업에서 중요한 점을 언급한 것이 이 책의 핵심이다. 책이 발간된 2015년은 부동산 시장의 중요한 분기점이다. 2013~2014년 바닥을 다진 부동산 가격은 2015년부터 상승하기 시작했다. 이후 약 7년간 역사상 유례없는 긴 상승장을 거치며 상상할 수 없을 만큼 부동산 가격이 높아졌다. 재개발, 재건축 사업 역시 부동산 가격 상승과 더불어 더욱 활기를 띠며 진행되었다. 2015년 부동산 가격과 시장 상황을 바탕으로 내린 성공과 실패의 판단이 2022년 시장에서도 같은 결과로 해석될까? 물음에 대한 해답을 찾으며 책을 읽는다면 16개의 사례가 더욱 흥미롭게 다가올 것이다.

⬆ 정비사업에서 가장 중요한 것은 '사업진행속도'

정비사업 투자가 어렵다고 말하는 가장 큰 이유는 진행 과정에서 예기치 못한 일들이 발생하여 사업이 지연되거나 좌초되는 경우가 있기 때문이다. 모든 일에는 생각지 못한 일들이 있기 마련이다. 정확한 사례를 알기 전까지는 어떤 일들이 사업을 지연시키고 좌초시키는지 감이 오지 않는다.

신림 강남아파트 사례를 보면 조합설립부터 입주까지 무려 27년의 시간이 걸렸다. 그 과정에서 시공사만 네 번이 교체됐다. 2005년에 선정된 금호건설은 2008년 금융 위기에 자금난을 겪으며 사업이 지연되어 시공사와의 계약을 해지했다. 시공사만 선정되면 순조롭게 진행될 거라고 생각하지만 그렇지 않은 경우도 있음을 보여 주는 사례다.

아파트를 지은 지 30년 전후가 되면 재건축 이야기가 나오기 시작한다. 노후 주택이 밀집된 지역에서는 30년보다 더 빨리 재개발 움직임이 생기고 동네에 하나둘 플랜카드가 걸리기 시작한다. 외지인들의 방문이 늘고 실거주자보다는 투자자들로 손바꿈이 일어난다. 너무 낡은 집에 투자금을 넣는다는 불안감보다 새 아파트에 대한 기대감이 더 클 때 사람들은 투자를 결정한다. 하지만 과연 몇 년 후에 그 청사진이 눈앞에 펼쳐질까?

정비사업 투자에서 가장 중요하게 고려해야 하는 요소를 들라면 많은 사람들이 '대지지분'을 꼽는다. 하지만 정비사업 투자에 경험이 많은 사람들은 대지지분보다 '사업진행속도'를 더 중요하게 여긴다. 정비사업이 거쳐야 할 기본적인 단계를 막힘없이 진행한다는 가정 하에 완공까지 걸리는 최소한의 시간은 대략 15년 정도다. 물론 예기치 못한 일로 인해 지연되는 일도 종종 발생하며, 오래 기다렸지만 결국에는 사업 자체가 무산되기도 한다. 그런 과정을 직접 경험했거나 공부를 통해 알게 된 사람들은 정비사업에서 가장 중요한 요소를 사업진행속도라고 말한다.

⬆ 성공과 실패 사례를 통해 배울 점

지금으로부터 7년 전에 발간된 책이지만 2022년 현재까지 아직도 사업이 완료되지 않은 아파트 이름을 발견하면 재건축, 재개발이 '시간과의 싸움'인 걸 느낄 수 있다. 투자 성공 사례로 나온 잠실주공5단지를 보면 아직도 조합설립 단계다. 그럼에도 불구하고 성공 사례로 소개된 이유는 2002년에 4억 5,000만 원에 매수해 지금까지 보유하고 있다면 시세차익만 20억 원에 달하기 때문이다. 물론 20년 동안 낡은 아파트에서 거주한 것, 금융비용, 다른 아파트에 투자해서 올릴 수 있는 시세차익 등을 생각하면 성공 사례가 아닐지도 모른다. 2002년에 다른 재건축 아파트에 투자했다면 현재 신축 아파트에 거주할 수도 있다는 점에서 반드시 성공 사례라고 할 수는 없다. 하지만 현 상황에서 가장 기대되는 재건축으로 잠실주공5단지를 꼽는다. 결국 성공이냐 실패냐는 언제, 얼마에 매수했느냐에 따라 판단이 달라진다.

　이 책에서는 2003년 조합설립이 된 것을 확인하고 가락시영 아파트를 매수한 사례가 나온다. 3년 후면 입주할 수 있을 거란 기대감에 녹물이 나오는 집에서 월 80만 원(당시 이자율 7.5퍼센트)을 내면서 6년을 기다렸지만 사업은 좌초될 위기를 맞는다. 결국 2009년 그간 납부한 이자비용 정도를 고려해 오른 가격에 가락시영아파트를 매도한다. 지금 헬리오시티가 완공된 모습을 본 사람이라면 아쉬운 결정이라고 할 수 있겠지만, 2009년으로 돌아간다면 당시 상황에서 매도 결정은 오히려 현명한 결단이라고 할지도 모른다. 공중파 방송에서 사업이 좌초될 위기라는 기획프로그램이 방영되고, 비대위는 조합의 사업시행계획을 전면 백지화하겠다며 소송을 진행한다면 당신은 과연 어떤 결정을 내릴 수 있겠는가?

　좋은 조건을 갖고 있더라도 조합원들이 반목해 사업이 지연

된다면 빠른 시일 내 성공하기 어렵다. 사업성이 열악하더라도 조합원들이 빠르게 의견을 모아 신속하게 추진하면 성공적으로 마무리할 수 있다. 이러한 것을 보여 주는 사례가 바로 용산 첼리투스아파트(이하 '첼리투스'로 통칭)이다. 첼리투스는 한강을 바라보며 위풍당당하게 서 있는 용산의 랜드마크다. 바로 옆에는 첼리투스와 비교해 시간을 거꾸로 돌린 듯한 왕궁맨션이 자리 잡고 있다. 두 아파트를 보고 있으면 같은 시대에 살고 있는 게 맞는지 의심스럽게 느껴질 정도다. 왕궁맨션은 1974년 지어진 5층짜리 아파트다. 바로 옆 56층의 위용을 뽐내는 첼리투스는 1974년 지어진 렉스아파트를 재건축한 아파트이다. 오세훈 서울시장 당시(2006~2011년) 한강변 르네상스 프로젝트가 추진되었다. 한강변에 초고층 아파트 건설이 허용됐고 층수를 높인 만큼 넓은 평수의 아파트를 받는 것이 가능했다. 당시 추가분담금[1]만 5억 7,000만 원에 달했지만 렉스아파트 주민들은 이를 감수하며 1대1 재건축을 과감하게 추진했다. 결국 지상 56층, 최고 높이 201미터의 초고층 아파트가 지어졌고, 가장 성공적인 1대1 재건축 사례로 꼽힌다. 당시 같이 추진했던 왕궁맨션은 주민들 간에 의견 취합에 실패했고, 아직까지 엘리베이터도 없는 낡은 아

---

1 추가분담금: 조합원이 새 아파트를 받기 위해 지불해야 하는 비용, 분양가-권리가(감정가X비례율)로 계산

파트에서 거주의 불편함을 겪으며 살고 있다. 현재 재건축이 추진되고 있지만 첼리투스처럼 고층 아파트는 허가되지 않고 있다. 집값은 미래 가치를 반영해 첼리투스와 크게 차이가 없다고 해도 거주 여건은 확연히 차이가 난다. 이것이 바로 '조합원들의 화합과 신속한 사업 추진'의 중요성을 보여 주는 좋은 사례다.

🏠 정비사업은 하이 리스크, 하이 리턴

재건축, 재개발은 낡은 집이 새집으로 될 것이라는 미래 가치를 선반영하여 가격이 책정된다. 따라서 상승장에서 가장 크게 상승하지만 하락장에서도 가장 많이 흔들린다. 2021년 10월을 기점으로 부동산 시장의 심리가 얼어붙었다. 그동안 너무 길게, 너무 많이 올랐다는 피로감과 동시에 미국의 금리인상, 대출 규제 등이 복합적으로 작용한 결과로 해석된다. 고점에서 20~30퍼센트 가격이 조정된 급매물만 간간히 거래되는 정도로 시장 분위기가 얼어붙었다. 그러자 하늘 높은 줄 모르고 치솟았던 재건축, 재개발 프리미엄이 과대 낙폭을 보이는 곳이 나오고 있다. 서울에서 새 아파트를 기대할 수 있는 사업장조차 거래가 안 되는 상황이다 보니 경기도와 인천 지역의 프리미엄 하락폭은 생각 이상으로 크게 나타난다.

어느 정도 사업이 진행된 곳이라도 일반분양의 결과를 예측할 수 없으면 기대했던 사업성을 달성하지 못할 수도 있다. 일반분양 대금으로 공사비를 충당해야 하는 상황에서 분양이 순조롭게 진행되지 않으면 부족한 사업비를 조합원들이 나눠서 부담해야 하는 경우도 있다. 실제로 신길뉴타운의 한 구역에서 있었던 일이기도 하다. 그나마 사업이 진행되면 다행이다. 기대감을 안고 추진했지만 얼어버린 심리에 동의율을 채우지 못할 경우 사업은 무산된다. 설마 사업이 무산되는 경우가 있을까 의심하는 사람도 있을 것이다. 지난 하락장에 관리처분까지 난 사업장이 취소된 사례를 들으면 의심은 사라진다. 복잡한 권리관계, 지지부진한 진행 과정, 보상금을 둘러싼 각종 소송, 연이어 터지는 사업조합 비리, 사업 중단 리스크까지 책을 읽다 보면 재건축, 재개발 사업에 투자를 하라는 건가 말라는 건가 혼동되는 순간이 온다. 하지만 노후화된 주택을 방치할 수는 없고 언제가 되었든 결국은 새것으로 변하게 된다. 지금 프리미엄이 하락하고 있는 지역이라도 결국에는 달콤한 열매를 가져다 줄 수도 있다.

재건축, 재개발에 투자하는 사람 중에 초보자는 많지 않다. 투자 경험이 많은 베테랑 투자자들이 리스크가 높은 재건축, 재개발에 많이 뛰어드는 이유는 그만큼 '하이 리턴'이 기다리고 있기 때문이다. 대한민국에서 가장 갖고 싶은 아파트를 조사하면 1등은 압구정 아파트이다. 대치동을 지키고 있는 터줏대감보다 무려 두 살이나 많은 1976년 준공된 백전노장 아파트이다. 사람들은 이 낡은 아파트를 왜 갖고 싶어 할까? 언제 될 지 기약할 수 없어도 언젠가는 될 거라는 기대감이 있기 때문이다. 재건축으로 새 아파트가 된다면 당당히 대한민국 1등 아파트에 이름을 올릴 것이 분명하기에 사람들은 50년이 다 되어 가는 아파트를 갖고 싶어 한다.

BOOK 25

경매 :
부동산 싸게 사는 기술

《왕초보도 바로 돈 버는 부동산 경매의 기술》,
정민우, 유근용, 비즈니스북스, 2021.02.

저자는 아파트, 오피스텔, 지식산업센터, 공장, 단독주택, 다세대, 상가, 모텔 등을 경매와 공매로 낙찰 받아 처리한 것만 200여 건에 달하는 부동산 투자자이자 경매 강사이다.

재테크는 남의 이야기인 줄로만 알았다가 경매와 공매라는 도구를 알게 돼 삶이 바뀌고, 흙수저를 탈출할 수 있었다는 저자는 경매, 신탁공매, 미분양, 대위변제[1], NPL[2]등 부동산 투자와 관련된 모든 기술을 사용해 다양한 종류의 부동산을 경험했다.

🏠 경매에 대한 편견과 오해

경매에 대해 대부분의 사람들은 하자 있는 물건이라는 편견을 갖는다. 경매에 들어간 집이 문제가 있는 것은 맞지만, 문제는 해결하면 그만이다. 경매는 문제를 해결하는 방법일 뿐이다. 그럼에도 불구하고 사람들이 경매에 대해 느끼는 선입견을 저자는 이렇게 말한다.

"경매는 채권자에게는 채권 회수의 기회를, 채무자에게는 빚을 탕감 받는 기회를 선사하며 자본주의 사회를 돌아가게 하는 샘물이다. 더불어 경매는 매입가격을 내가 정할 수 있는 합리적인 게임이다."

사람들에게 경매를 설명할 때 '도구'라는 표현을 주로 사용한다. 게임에 참여할 때는 아이템이 많을수록 유리하다. 부동산 투자도 마찬가지다. 부동산 투자에서 수익률을 높일 수 있는 최고

---

1 대위변제: 채권자가 가지고 있던 채권에 관한 권리가 변제자에 이전되는 일 (출처: 네이버 지식백과)

2 NPL: Non Performing Loan, 부실채권을 뜻하며 금융기관의 대출 및 지급보증 중 원리금이나 이자를 제때 받지 못하는 돈을 말한다.

의 방법은 '싸게 사는 것'이다. 현재 거래가보다 싸게 사면 당장 시세대로 팔아도 수익이 남는다. 이것이 바로 안전마진이다. 경매는 안전마진을 확보하며 부동산을 싸게 살 수 있는 아주 좋은 '도구'이다. 적절한 시점에 실물 자산을 싸게 살 수 있는 능력과 실행력을 갖추고 있는 사람은 경기에 영향을 받지 않고 꾸준한 수익을 올릴 수 있다. 이런 게 바로 '경매의 기술'이라고 저자는 강조한다.

집값이 크게 상승하면서 정부는 서울의 일부 지역을 토지거래허가구역으로 지정했다. 이 지역은 부동산 거래 시 매수 목적을 명시해 구청장의 허가를 받아야 하며, 매입 후에는 2년간 임대나 매매를 할 수 없다. 즉, 전세를 끼고 집을 사는 거래는 할 수 없다는 의미다. 서울에서 토지거래허가구역으로 지정된 곳은 강남구 삼성동, 청담동, 대치동, 압구정동, 송파구 잠실동, 영등포구 여의도동, 양천구 목동, 성동구 성수동 등이다. 하지만 경매라는 도구를 가진 사람에게 토지거래허가구역은 틈새이다. 경매로 낙찰을 받으면 토지거래허가를 받을 필요가 없고 까다로운 자금조달계획서도 제출할 필요가 없기 때문이다. 매매가가 10억을 훨씬 웃도는 거래의 경우 중개수수료도 만만치 않다. 그런데 경매로 고가의 주택을 낙찰 받으면 몇천만 원에 달하는 중개수수료도 아낄 수 있다. 투자가 아닌 내 집 마련을 위한 수단으로도 경매는 충분히 매력 있는 도구임을 보여 준다.

🏠 경기 선행 지수

경기가 좋거나 시장 상승기에는 경매 물건도 줄고 좋은 매물도 잘 나오지 않는다. 경매에 들어가기 전에 매매로 처분해 채무를 변제할 수 있기 때문이다. 설령 좋은 물건이 나온다고 해도 감정가의 100퍼센트를 넘어가기 일쑤다.

2021년 9월 지지옥션이 집계한 통계자료를 보면 서울 아파트 경매 낙찰가율은 119.9퍼센트로 2001년 집계를 시작한 이후 최고 낙찰가율을 기록했다. 2021년 10월 29일 한국경제에서는 "서울 아파트 경매 낙찰가율 역대 최고"라는 기사가 보도됐다.

감정가가 시세를 빠르게 반영하지 못한 경우라면 낙찰가율이 100퍼센트가 넘어도 안전마진은 발생한다. 하지만 시세가 반영되어 감정가가 책정된 경우 낙찰가율이 100퍼센트를 넘는다는 것은 미래에 발생할 시세차익까지 반영된 가격으로 해석되기 때문에 굳이 복잡한 절차를 거쳐야 하는 경매로 낙찰 받을 이유가 없다.

경매는 경기에 민감하게 반응하기 때문에 '경기 선행 지수'라고도 불린다. 경매 낙찰가율을 보면 앞으로의 경기를 어느 정도 예측할 수 있다.

2021년 10월 추석을 기점으로 부동산 시장의 분위기가 수그

러들기 시작했다. 2021년 11월 30일 아시아경제에서 "응찰자 줄고 낙찰가율 주춤, 서울 아파트 경매 시장도 변곡점 오나"라는 기사를 확인할 수 있다. 2021년 9월 통계에서 역대 최고치를 경신했던 서울 아파트 경매 낙찰가율이 10월 들어서 107.9퍼센트로 12퍼센트나 하락한 것이다.

이후 일 년이 지나도록 투자 심리는 살아나지 않고 있다. 이러한 분위기는 경매 낙찰가율에서도 고스란히 나타난다. 2022년 9월 10일 아시아경제에서 "전국 아파트 경매 시장 '급락세', 낙찰가율 3년 만에 최저"라는 기사를 확인할 수 있다.

낙찰가율이 떨어진다는 기사를 보면서 부동산 시장의 침체를 걱정하는 사람이 있는가 하면 이제야 제대로 경매를 활용해 부동산을 싸게 살 수 있는 기회라고 생각하는 사람도 있다. 내가 갖고 있는 도구가 많을수록 시장의 변화에 적극적으로 대처할수 있고 남들이 포기하는 와중에도 기회를 찾을 수 있다. 지금부터 맞이하는 시장이 경매 기술을 가진 사람에게 기회의 장이 될수 있다는 의미다.

🏠 부동산을 싸게 사는 하나의 도구

경매 공부를 시작하면 생소한 경매 용어와 절차 등을 공부하느라 애를 먹는다. 권리분석은 경매를 공부하는 사람들이 가장 어려워하는 부분이다. 용기 내 입찰에 참여해도 낙찰 받기는 쉽지 않다. 한두 번 입찰에 도전해 보지만 낙찰을 받지 못하면 권리분석과 현장조사, 입찰에 참가하는 시간과 노력이 아깝다는 생각에 포기하고 싶어진다. 이런 과정은 경매를 공부하는 사람이라면 누구나 겪는다. 경매 경험이 많은 사람이라도 입찰할 때마다 낙찰을 받지는 못한다. 저자는 이런 과정에서 포기하고 싶은 사람들에게 이렇게 말한다.

"패찰을 하더라도 포기하지 않고 꾸준히 입찰해야 한다. 꾸준히 입찰하다 보면 어느 순간 낙찰이라는 선물을 받게 된다. 운이 좋은 사람들도 많지만 대다수는 몇 번씩 도전해야 한다."

경매에 관한 절차나 용어는 법적으로 정해진 것이기에 어느 책을 읽어도 같다. 저자마다 얼마나 이해하기 쉽게 전달하느냐의 차이만 있을 뿐이다. 수많은 경매 관련 도서 중에서 어떤 책을 읽어야 할지 묻는다면, 저자가 얼마나 구체적인 사례를 들어 설명을 돕는지, 현장에서 활용할 수 있는 팁이 많은지를 확인하라고 조언한다. 법률적인 용어와 절차를 알아야 하는 공부이기에 책의 내용이 딱딱하고 어렵게 느껴질 수 있다. 이럴 때마다 실제 사례를 들어 설명한다면 독자 입장에서 이해하는 데 수월하다. 상황마다 사례를 들어 설명하려면 저자의 실전 경험이 중요하다. 남의 경험을 예로 들어 설명할 수도 있지만 글을 읽어 보면 실제 자신의 경험인지 남의 사례를 인용한 것인지 공감 가는 정도가 다르다. 이 책의 장점은 저자의 많은 경험이 책을 이해하는 데 도움을 준다는 점이다. '돈 되는 꿀팁'이라는 챕터를 구성해 실전에서 활용할 수 있는 경험을 나눠 준다. 입찰가 산정의 비결, 가짜 임차인을 어떻게 가려낼지, 체납 관리비와 공과금 처리법, 인터넷우체국에서 내용증명 보내는 방법 등 저자의 다양한 경험이 책 속에 녹아 있다.

경매를 '부동산을 싸게 사는 하나의 도구'라고 표현한 데에는 이유가 있다. 부동산 투자에서 경매가 유일한 방법이라고 생각하는 사람들이 있기 때문이다. 다양한 투자법이 있다는 것을 알아도 모든 방법을 다 익히고 활용할 수 있는 사람은 많지 않다. 대부분 각자 자신 있게 할 수 있는 한두 가지 방법으로 투자를 이어 간다. 한두 가지 방법만 제대로 알아도 자산을 증식시키고자 하는 목적 달성은 충분히 가능하다. 하지만 경매 기술에만 집중해서 투자 시장이라는 큰 숲을 보지 못하면 아쉬움이 남는 투자를 할 수도 있다. 경매 기술을 통해 시세보다 싸게 취득하여 안전마진을 확보했다고 해서 끝이 아니다. 경매로 낙찰 받아 단기간에 매도해도 수익은 거둘 수 있지만 부동산 흐름을 볼 줄 안다면 이것만이 정답이 아님을 알게 된다. 또한 경락잔금대출을 받아서 월세 세팅을 하는 것만이 최선의 방법이 아님을 알게 된다. 중도상환수수료를 내더라도 전세를 놓고 추후에 시세차익을 기대하는 것도 좋다. 인근에 진행 중인 정비사업 현황만 제대로 파악해도 시세가 몇 배로 상승하는 것을 보며 아까워하지 않아도 된다. 현장 조사를 할 때 물건만 보고 오지 말자. 낙찰됐다고 해서 그 지역에 투자하는 것을 포기할 필요는 없다. 경매가 아니면 급매로, 급매가 아니면 시세대로 투자해도 투자 수익은 얼마든지 올릴 수 있다. 현장 조사에서 주변 시세와 발전 가능성을 꼼꼼히 조사해 보고, 투자 가치가 높다고 판단되면 부동산에 나온 매물을 매수하겠다고 시야를 조금만 넓혀도 투자 성과를 높일 수 있다. 경매는 부동산을 싸게 사는 도구로 유용하게 사용하되, 낙찰과 명도, 단기 매도에 치우치지 않는 넓은 시야를 갖도록 끊임없이 공부해야 한다.

BOOK 26

법인 :
새로운 명의를
만드는 도구

《지성의 돈되는 부동산 1인법인》
지성, 잇콘, 2019.01.

저자는 20대에 부동산 투자를 시작하여 20여 년 넘게 투자
해 온 실전 투자자다. 한때는 일 년에 수십여 채를 사고팔 정도로 부동
산 투자에 빠져 살았지만 세금과 명의 문제의 벽을 경험한 후 남들보
다 빨리 법인 설립에 눈을 떴다. 2010~2012년 "집을 사는 건 바보 짓이
다"라고 사람들이 말할 때 무피 투자로 집을 사 모았다. 하루에 일곱 개
의 물건을 낙찰 받은 적도 있는데 대출 받을 명의가 부족하다는 게 문

제였다. 지금처럼 1인 법인에 대한 정보가 거의 없던 시절, 그는 세무사나 세무공무원에게 물어 가며 법인을 운영했다. 부동산 투자자들이 너도나도 법인 설립에 관심을 가지기 시작하면서 오랫동안 법인을 운영해 온 저자의 노하우를 들으려는 사람들이 많아졌다. 부동산 1인 법인 설립과 관련해 가장 먼저 출간되었고, 법인에 관심을 갖는 사람들이 제일 먼저 찾는 책이기도 하다.

🏠 명의를 찾습니다

부동산 상승장이 길어지면서 다주택자에 대한 규제가 심화되자 투자를 위해 새로운 명의를 찾는 사람들이 늘어났다. 저자의 표현에 따르면 법인은 자연인, 즉 진짜 사람은 아니지만 법적으로 사람과 같은 지위를 인정받는 존재다. 법인회사를 하나의 사람처럼 대하는 것으로, 내 말을 잘 따라 주는 가상의 친구를 만들어서 공동 투자를 하는 것과 같다고 말한다. 본인을 대표로 하여 세운 회사지만 법인이 소유한 부동산은 개인이 소유한 것과 합산되지 않는다. 부동산 수를 늘리더라도 개인 명의는 1가구 1주택 비과세 혜택을 받을 수 있다. 이것이 법인을 설립하는 가장 큰 이유다. 법인을 통해 부동산을 매수하는 것은 이전부터 있었다. 하지만 최근 몇 년 사이 법인의 증가 속도는 이례적이었다. 2018

년 말부터 증가하기 시작한 법인 아파트 매매 거래량은 2019년 눈에 띄게 증가했고, 2020년 최고치를 기록했다.

부동산 투자 목적의 법인 설립이 급증한 데는 부동산 규제 정책이 큰 영향을 미쳤다. 다주택자 양도소득세 중과에 이어 2019.12.16 대책에서는 종부세율을 인상하고, 4주택 이상 취득세율을 4퍼센트로 강화했다. 이에 2020년 초 법인 아파트 매매는 폭발적으로 증가했다. 결국 2020.7.10 대책에서 취득세 12퍼센트(공시가격 1억 이하 주택 제외) 적용, 종부세 기본 공제 삭제 및 3~6퍼센트에 달하는 최고세율 적용, 양도차익에 대한 법인세 중과 등 최고 수준의 규제를 발표했다. 이에 법인으로 아파트를 투자하는 데 매력은 급감하였으나 그렇다고 해서 법인을 활용한 부동산 투자가 아예 없어진 것은 아니다. 1세대 1가구 비과세를 활용한 절세 효과가 큰 상황에서 투자를 이어 가고 싶은 사람들은 끊임없이 법인 투자를 고민하게 된다. 법인을 활용한 투자는 아파트 외에도 지식산업센터, 오피스텔 등 다양한 영역으로 확대되고 있다.

🏠 법인 투자의 장·단점

1인 법인을 활용한 부동산 투자 수요가 급격히 증가한 데는 '세금'이 큰 몫을 차지했다. 법인 투자의 가장 큰 장점은 주택 거래 시 양도세 대신 법인세가 부과된다는 점이다. 개인의 양도세율은 6~42퍼센트이며 중과 대상지역에서 양도할 경우 추가 과세가 최대 30퍼센트까지 부과된다. 하지만 법인세율은 10~25퍼센트에 그친다. 특히 집을 매도했을 때 양도소득이 2억 이하일 경우 법인세 10퍼센트와 추가 과세 10퍼센트를 더한 금액에 불과하다. 게다가 법인 운영에 필요한 모든 비용을 경비로 인정해주기 때문에 법인세는 더 줄어든다. 이처럼 절세라는 강력한 매력에 이끌려 부동산 투자 목적의 법인 설립이 단기간 내에 폭발적으로 증가했다.

　법인 투자의 매력은 절세로 한정되지 않는다. 직장에 소속되지 않은 개인에게 매달 청구되는 건강보험료는 매우 큰 부담이다. 특히 부동산과 같은 자산을 많이 소유할수록 건강보험료는 더 높아진다. 직장에 소속되지 않아 일정한 급여도 받지 않는 상황에서 자산을 소유하고 있다면 매달 몇 십에서 몇백만 원에 달하는 건강보험료를 납부하기란 쉬운 일이 아니다. 배우자의 피부양자로 등록할 수 없는 여건이라면 법인 대표가 되어 직장가입자로 전환할 수 있다는 것은 큰 장점이다. 급여를 100만 원 정도로 책정하면 개인과 회사가 부담해야 할 건강보험료는 15만 원 정도다. 만약 이보다 건강보험료가 많이 청구되는 사람에게는 법인을 통해 직장가입자 자격을 얻는 것만으로도 이익이다.

물론 법인을 운용하기 위해서 소요되는 비용도 법인 설립 전에 반드시 고려해야 할 사항이다. 세무사의 도움 없이 법인을 운용하기는 쉽지 않기에 매월 기장료를 지출해야 한다. 사무실 등의 비용은 고려하지 않는다고 해도 일 년에 최소 200만 원 내외의 세무사 비용이 나간다. 만약 법인 설립으로 직장가입자가 되어 건강보험료가 줄어드는 금액이 최소한의 운영비를 충당할 정도라면 법인 투자를 망설일 필요가 없다.

반면 법인을 활용한 투자로 이익금이 생겼다고 해서 대표가 임의로 사용할 수 없다는 게 가장 큰 단점이다. 투자 이익금을 대표 개인이 모두 사용해야 한다는 편견만 버리면 법인은 유용한 증여 수단으로 활용할 수 있다. 법인 대표가 되어 급여와 상여금으로 수익을 적법하게 사용하고, 설립 당시나 이후에 배우자나 자녀가 법인 주주가 되면 배당을 통해 수익을 분배할 수 있다. 물론 15.4퍼센트의 세금을 납부해야 하므로 배당 여부를 신중하게 결정해야 하지만 주식 양도를 통해 회사 자체를 증여할 수 있다는 점은 고려해 볼 만하다.

🏠 법인 설립 과정에서 주의할 점

법인은 하나의 인격체를 만드는 작업이므로 설립 과정도 까다롭다. 법무사의 도움을 받아 법인을 설립하기도 하지만 조금만 시간을 투자하면 셀프로도 가능하다. 이 책은 법인 설립 및 운영 과정에서 궁금한 것들이 체계적으로 잘 정리되어 있다. 법인을 설립하려고 마음먹은 사람들이 가장 먼저 고민하는 것은 '이름' 이다. 진짜 사람이 아니니 쉽게 생각했다가 이름을 만들고 나서 후회하는 사람들도 많다. 법인명은 쉽게 기억되고 편하게 쓰일 수 있는 이름이 가장 좋다. 매도자는 인감증명서를 발행할 때 매수자의 인적사항을 넣어 발행해야 한다. 매수자가 법인이면 매도용 인감증명서에 인적사항을 잘못 기재해서 가져오는 경우가 비일비재하다.

그럴 듯한 이름을 고민하다가 영어로 법인명을 하는 사람들이 많다. 인감증명서는 영어를 발음 그대로 한글로 발급된다. 예를 들어 'Real Corporation'이라고 법인 이름을 지으면 한글인 '리얼 코퍼레이션'으로 등록된다. 매도용 인감에는 '리얼 코퍼레이션'이라고 써서 발급해야 하는데 영문을 한글로 표기하다 보니 모음이나 받침을 틀리는 경우가 많다. 매수, 매도, 임대 시 인적사항에도 사람 이름이 아닌 '리얼 코퍼레이션'이라고 적으면 법인이라는 점이 부각된다. 법인 소유의 물건은 계약하기를 꺼리는 분위기라면 좋을 것이 없다. 그래서 법인 설립을 여러 번 해 본 사람들은 최대한 사람 이름과 비슷하게 만든다. 이외에도 법 인 설립에 필요한 서류는 혼자서 공란을 채우기 힘든 것들이 많 다. 이 책은 이런 것을 하나하나 자세히 설명하고 운영의 노하우 까지 알려 준다. 법인 설립을 고민하는 사람이라면 한 번쯤 읽어 보면 좋다.

⌂ 법인은 부동산 투자 외에도 활용이 가능하다

부동산 투자 심리가 주춤하면서 법인에 대해 회의적인 분위기 이다. 이미 설립한 법인은 처분하기 전까지는 기장료를 지출하 면서 유지할 수밖에 없다. 하지만 발상을 조금만 바꾸면 효과적 으로 운영할 수 있다. 법인 설립 시 사업 목적을 최대한 다양하 게 만들어 놨다면 부동산 투자가 아닌 다른 영역으로 활용이 가 능하다. 예를 들어 스마트스토어 운영에 법인을 활용할 수 있다. 개인으로 스마트스토어를 시작하는 것도 가능하지만 일정 금액 이상 수익이 올라가면 사업자 전환이 필수다. 개인사업자를 새 로 만들 수도 있지만 가지고 있는 법인을 활용해도 된다.

어떤 지식이든 배워 두면 활용할 수 있는 기회가 오기 마련이다. 기회가 왔는데 그때서야 배우려고 하면 남들보다 늦을 수밖에 없다.

법인도 마찬가지다. 지금 시작하기에 늦었다는 생각에 공부를 포기할 필요도 없다. 법인을 활용한 부동산 투자는 지금만 있었던 것이 아니다. 훨씬 전부터 있어 왔고 최근에 활성화되었을 뿐이다. 그 말은 언젠가는 다시 활용할 수 있는 시기가 온다는 의미다. 지금은 빨리 공부해서 바로 투자하기에 적당한 시기는 아니다. 공부할 시간이 주어졌을 때 여유롭게 다양한 것들을 알아두면 필요한 시기가 왔을 때 좋은 도구로 활용할 수 있음을 명심하자.

BOOK 27

상가 :
매출 분석을 통한
상가 투자 가이드

《대한민국 상가 투자 지도》,
김종율(옥탑방보스), 한국경제신문, 2020.09.

저자는 한국미니스톱 편의점 점포개발본부·부동산 법제팀에
서 근무하면서부터 상가 및 토지 투자와 연을 맺게 되고, 이후 삼성테
스코 홈플러스 점포건설 부문, GS리테일 편의점 사업부 점포개발 부
문, 위메프 카페사업부 점포개발 팀장을 거치며 상가입지분석과 관
련된 많은 노하우와 자료를 축적할 수 있었다. 건국대 부동산대학원,
KBS인재개발원, 국민은행 본사 부동산팀·가치 평가부·PB사업팀·채널

기획팀을 비롯해 다양한 기관에서 강의를 진행하고 있으며 현재 건국대학교 미래지식교육원 자산관리과정 지도강사를 역임 중이다. 저서로는《나는 오를 땅만 산다》,《나는 집 대신 상가에 투자한다》가 있다.

이 책은 지금까지 출간된 상가 관련 책과는 큰 차이점이 있다. 우연히 신도시 상가를 둘러보던 중 '프랜차이즈 매출을 조사해 그것으로 입지 분석을 해 보면 어떨까?' 하는 호기심에서부터 시작되었다고 한다. 자료 조사에 투입된 인원은 무려 70명, 자료 준비에만 4년의 시간이 걸렸다. 소수의 사람들에게만 알려진 프랜차이즈 매출을 알아내기 위해 거의 모든 방법을 동원했다고 한다. 결국 수많은 사람들의 노력과 시간의 결과로 방대한 양을 조사했고, 그중 일부만 책에 담았다. 조사하던 시점에는 있던 점포가 집필할 때는 없어진 경우도 있고, 원고를 다 썼는데 폐점한 경우도 있어 자료를 조사하고 책으로 집필하는 데만 일 년이 걸렸다고 한다. 그렇게 우리는 기존에 없던 특별한 내용을 담은 상가 투자 책을 만나게 됐다.

🏠 창업하기 전 반드시 필요한 입지 분석

창업을 생각해 본 사람이라면 누구나 한 번쯤 프랜차이즈를 고민한다. 가장 창업하고 싶은 프랜차이즈를 꼽으라 하면 많은 사람들이 파리바게트와 베스킨라빈스를 든다. 평소에 자주 이용하는 프랜차이즈를 스스로 운영해 보면 어떨까 하는 생각을 한다. 그런 점에서 은퇴 후에 창업하는 사람들이 주로 프랜차이즈를 많이 선택한다고 한다. 창업 자체는 그리 어렵지 않다. 중요한 것은 예상대로 매출이 나오고 노동력을 투자한 만큼 수익을 창출하느냐는 문제이다. 매출은 내가 시간과 정성을 들인 만큼 나오는 게 아니다. 아무리 맛있어도 사람들이 많이 다니지 않는 곳에 창업하면 매출이 오르기 쉽지 않다. 멀리서도 찾아오게 만들면 되겠지만 그건 극히 일부에 속하는 성공 사례일 뿐이다. 노후에 조금이나마 도움이 되고자 시작했는데 제대로 매출이 나오지 않고 월세만 내는 상황이 계속된다면 실패한 창업이다. 실패하지 않으려면 창업하기 전 상가 입지 분석은 매우 중요하다.

사실 상가 입지 분석은 창업을 준비하는 사람들에게만 중요한 것이 아니다. 대한민국 초등학생들에게 장래희망을 설문조사했더니 1위가 건물주라는 웃지 못할 결과가 나왔다. 부동산 투자자의 목표 역시 건물주다. 막상 상가를 매입해 건물주가 되고 싶어도 어떤 상가를 사야 할지 막막하다. 상가 가격이 적정한지 아닌지 파악하기도 쉽지 않다. 임대료를 역산해 상가의 가치를 산정한다고 하지만 공실인 상가에 어떤 임대인이 들어올지 예상하기도 쉽지 않다. 해당 건물 임차인이 얼마의 매출을 올릴지 가늠할 수 있어야 적정한 임대료도 책정이 가능하다. 즉, 상가의 가치를 측정하는 데 임차인의 매출은 매우 중요한 지표이다. 결국 건물주나 창업자 모두에게 상권 분석은 매우 중요하다. 막연히 프랜차이즈는 매출도 잘 나올 거라고 기대해서는 안 된다. 이런 곳에서는 장사가 안 될 것이라고 편견을 가지면 기회를 놓칠 수도 있다. 내 주변 프랜차이즈 가맹점이 얼마나 매출을 올리는지, 내가 알고 있는 지역의 상가들이 얼마의 임대료를 내면서 수익을 창출하고 있는지 정확히 알려 주는 사람은 지금까지 없었다. 저자는 상가의 적정 가치가 시행사나 분양사에서 제시한 금액을 기준으로 평가되어서는 안 된다고 강조한다. 점포 창업자가 영업을 통해 지불할 수 있는 월세 수준을 기초로 가치가 평가되어야 한다고 말한다. 이 책은 이런 가치 평가가 가능하게 해 준다.

저자는 이전 책 《나는 집 대신 상가에 투자한다》(베리북, 2016.08)에서 상권 분석 틀로 '유효수요'와 '주동선'을 소개했다. 출퇴근 시간에 사람들이 가장 많이 다니는 길이 '주동선'이다. 당연히 주동선 내에 위치한 상가가 매출이 높다. 하지만 주동선 내에 위치한 상가들은 임대료도 높고 이미 프랜차이즈들이 선점해 있어 신규로 창업하기란 쉽지 않다. 주동선은 아니지만 상가 주위로 그 점포를 이용할 사람들이 많은 위치이거나, 사람들이 쉽게 이용할 수 있도록 후문을 하나 더 내는 것만으로도 생각보다 많은 매출을 올릴 수 있다. 이것이 '유효수요'다. 전 책에서 '유효수요'와 '주동선'의 중요성을 강조했다면, 이 책에서는 '유효수요'가 많은 곳, '주동선'에 위치한 곳의 매출을 확인시켜 줌으로써 두 요소의 중요성을 다시 한 번 강조한다. 따라서 상가 투자에 관심 있는 사람이라면 저자의 두 책을 모두 읽어 보길 추천한다.

🏠 창업비용과 매출 지도

이 책만이 갖고 있는 특별한 자료는 다음 두 가지다.

첫째, 프랜차이즈별 창업비용이다.

우리 주변에서 흔히 볼 수 있는 GS25 같은 편의점 브랜드는 인테리어와 시설, 집기 등을 모두 본부에서 지원하기 때문에 생각보다 적은 비용으로 창업할 수 있다. 상가 임차비용(보증금 및 월세)을 제외한 순수 창업비용은 2,000만 원 정도다. 다만 이런 경우 영업이익을 일부 본부가 가져가고, 의무 가맹 기간이 길다는 점에 주의해야 한다고 저자는 강조한다. 만약 의무 가맹 기간 내 영업이 안 돼 폐점을 하려면 본부에서 부담한 비용 중 일부와 매출에 따른 위약금도 부담해야 한다. 세상에 공짜는 없다고 보면 된다.

베스킨라빈스, 파리바게트 같이 많은 사람들이 한 번쯤 도전해 보고 싶어 하는 브랜드는 상가 임차비용을 제외하고 약 1억 5,000~1억 8,000만 원 정도가 필요하다. 커피전문점 투썸플레이스는 다른 브랜드에 비해 매장이 큰 것이 특징이다. 그만큼 창업비용도 높은 편이어서 상가 임차비용을 제외하고 2억 4,000만 원 이상이 필요하다. 반면 작은 규모로 창업이 가능하다고 알려진 이디야커피는 임차비용을 제외하고 5,500만 원 정도였다. 이디야커피의 경우 브랜드 인지도에 비해 커피 맛이 좋다는 평가로 소규모 창업을 희망하는 사람들이 관심 갖는 업종 중 하나이다. 하지만 메가커피 같은 저가 커피숍이 계속 생기고 있다는 점을 고려할 때 신중해야 할 필요가 있다. 술을 팔지 않는 프랜차이즈 음식점으로 김가네김밥과 국수나무의 경우 이디야커피보다 조금 높은 수준에서, 고급 김밥으로 알려진 바르다김선생이나 맘스터치는 1억 원 내외의 창업비용이 필요하다. 술을 취급하는 프랜차이즈 음식점으로 하남돼지집이나 짬뽕지존은 파리바게트 정도의 창업비용이 들어간다. 이 책을 보면 국민 간식인 떡볶이 프랜차이즈가 점차 줄어드는 이유를 알 수 있다. 점포 임차비용을 포함해 2억 원가량 투자했는데 월세 지급 후 한 달에 300만 원도 벌지 못한다면 굳이 프랜차이즈를 차릴 이유가 없다. 그런데 저자가 떡볶이 프랜차이즈의 매출을 분석한 결과 월 매출 200만 원을 넘는 점포가 거의 없었고, 비용을 뺀 월 수입이 200만 원을 조금 상회하는 정도인 곳이 많았다고 한다. 왜 주변에서 떡볶이 프랜차이즈를 쉽게 발견할 수 없는지 이해할 수 있는 분석이다.

둘째, 역세권 매출 지도다.

앞에서 언급한 프랜차이즈별 매출을 역세권별로 분석해 놓은 매출 지도가 이 책의 핵심이다. 여기서 소개된 역세권은 낙성대역, 서울대입구역, 노원역, 천호역, 불광역&연신내역, 구로디지털단지역, 홍대입구역, 안암역&고려대역 등 서울에서도 알려진 핵심 상권이다. 대학교 인근 상권은 막연히 '장사가 잘 되겠지'라고 생각할 뿐 상가임대료나 월 매출, 월 수익이 얼마나 될지 구체적으로 아는 사람은 별로 없다. 실제 수치를 확인해 보면 상권의 힘을 제대로 느낄 수 있다. 왜 월세가 비싸고 사람들이 많이 모이는 곳에 창업하는지, 왜 상가 가격이 비싸도 좋은 입지에 투자해야 하는지 다시 한 번 느끼게 된다.

⌂ 상가의 가치 평가

코로나19로 인해 정상적인 등교가 이루어지지 않은 2020~2021년 동안 대학가 주변의 많은 상가들이 큰 어려움을 겪었다. 권리금이 높았던 상가들 중에는 공실로 방치된 곳도 많았다. 임대료도 내지 못할 만큼 매출이 부진했고, 임대인 입장에서는 어쩔 수 없이 관리비를 부담해 가며 비워 둘 수밖에 없었다. 그 시절 과감하게 상가에 투자할 수 있는 사람은 없을 것이다. 하지만 코로나19로 인해 거리두기 제한이 지속될 수 없다는 것을 생각하고 과감하게 상가에 투자한 사람도 분명 있다. 2022년 하반기에는 사람들의 외부 활동이 부쩍 늘었다. 사람들이 찾지 않아 파리만 날렸던 음식점들은 이제 밀려드는 손님을 맞이할 일손이 없어 손님을 받지 못할 지경이다. 2022년 9월 추석 귀성길은 3년 만에 최악의 교통 상황을 불러왔다. 그동안 가지 못했던 귀성길에 나선 사람들로 고속도로와 휴게소는 근래에 보기 힘든 몸살을 겪었다. 거리두기가 풀리고 사람들의 활동이 많아져 상권 활성화를 기대할 수 있게 되었지만 최저임금 인상, 예상보다 크게 오른 금리 등의 요인으로 수익형 투자 상품인 상가에 대한 관심이 주춤한 것도 사실이다. 하지만 상가의 가치는 결국 월 매출로 평가된다고 했을 때, 유효수요가 많고 매출이 잘 나오는 곳을 분석하여 알짜 상가에 투자한다면 남들이 부러워하는 건물주가 되는 기쁨을 맞이할 수 있다.

저자는 프랜차이즈 점포를 인수할 때 꼭 알아야 할 사항으로 매출보다 매입 자료를 요구하라고 조언한다. 거래 과정에서 매출은 통상적으로 보여 주는 자료이다. 따라서 pos(판매시점 정보관리시스템) 조작을 통해 매출을 속이는 것도 비일비재하게 발생한다. 하지만 매입 자료(본사에서 재료비 등을 구매한 내역)는 실제 지불된 경비인 만큼 조작하기 어렵다고 한다. 재료를 많이 구입해서 창고에 쌓아 둘 수도 없는 만큼 반드시 매입 자료를 요구하고, 자료의 150퍼센트 정도를 매출로 판단하면 된다는 꿀팁을 알려 준다.

🏠 신도시 상가 투자의 리스크

부동산 종목 가운데 지역주택조합은 '죽이고 싶은 친구에게 권하는 투자'라고 할 만큼 위험이 크다고 알려져 있다. 우스갯소리지만 그만큼 리스크가 많은 투자임을 강조하는 말로 받아들인다. 그렇다면 상가에서 지역주택조합만큼 리스크가 큰 종목은 무엇일까? 저자에게 묻는다면 아마 '신도시 상가'를 꼽지 않을까 싶다. 그는 "대한민국 부동산 가운데 신도시 상가보다 위험한 게 또 있을까? 신축 빌라도 오피스텔도 이보다 가치 하락이 심한 곳은 없을 것이다. 많은 이들이 큰 손해를 입고 투자자로부터 등을 돌리게 만드는 곳이 신도시 상가다"라고 강조한다. 물론 신도시 상가 투자에서도 성공 사례를 찾을 수 있다. 성공적인 투자는 결국 싸게 사는 것이다. 책에도 신도시 상가 투자의 성공 사

례가 소개되기는 하지만 리스크가 큰 투자라는 점도 거듭 강조
한다.

　투자자들이 궁극에는 꼬마빌딩이나 상가를 매입해 건물주가
되고자 하는 목표를 갖고 있지만 그것을 실천에 옮기는 사람은
소수에 불과하다. 하지만 어떤 시기에 투자 기회가 올지는 아무
도 알 수 없다. 내가 상가 투자에 관해 미리 책을 보고, 상권 분석
에 대해 관심을 갖고 있다면 좋은 기회를 무심하게 날리는 일은
없을 것이다. 모든 기회는 준비된 사람에게 온다.

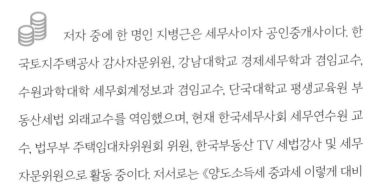

BOOK 28

세금 :
진짜 투자 수익은
세후 수익이다

《부동산 세금의 정석》,
지병근, 지병규, 오준석, 더존테크윌, 2022.03.

저자 중에 한 명인 지병근은 세무사이자 공인중개사이다. 한
국토지주택공사 감사자문위원, 강남대학교 경제세무학과 겸임교수,
수원과학대학 세무회계정보과 겸임교수, 단국대학교 평생교육원 부
동산세법 외래교수를 역임했으며, 현재 한국세무사회 세무연수원 교
수, 법무부 주택임대차위원회 위원, 한국부동산 TV 세법강사 및 세무
자문위원으로 활동 중이다. 저서로는《양도소득세 중과세 이렇게 대비

하라》,《주택임대사업자의 모든 것》,《부동산투자와 세금의 모든 것》
이 있다.

세무사이자 공인중개사임을 강조한 이유는 부동산 세금에 관심이
많은 몇 안 되는 세무사라는 점 때문이다. 세무사들 중에서도 양도세
는 다루지 않겠다는 '양포세무사'가 늘고 있다. 집값 상승에 부담을 느
낀 정부에서 양도소득을 불로소득이라고 규정하고 수차례에 걸쳐 개
정하였다. 복잡하고 까다로운 부동산 양도세를 굳이 다루지 않겠다는
세무사가 늘면서 '양포세무사'라는 신조어가 나온 것이다. 전문가인 세
무사도 다루기 싫을 만큼 복잡한 세금을 개인이 정확히 이해하는 게
과연 가능한 일인가 의문이 드는 대목이다. 국세청 콜센터는 세금을 문
의하는 사람들의 전화가 끊이지 않는다. 서면 질의에 대한 답을 받기
위해서는 생각보다 오랜 시간을 기다려야 한다. 이런 상황이라고 해서
세금에 대해 몰라도 될까? 세무사는 업무에 관한 것이니 맡을지 말지
선택할 수 있지만 스스로 세금에 대해 알기를 포기하면 나의 이익을
지켜 줄 사람은 아무도 없다. 양포세무사가 늘고 있다고 하지만 다행히
도 부동산 관련 세금을 전문적으로 다루는 세무사도 있다. 세무사라고
해도 부동산 세금에 특별히 관심이 있는 사람과 아닌 사람의 차이는
분명 존재한다. 부동산 관련 상담 사례를 많이 다뤄 본 만큼 더 유용한
세무 지식을 제공할 거란 기대를 할 수 있다.

저자는 유튜브 구독자 4만 명이 넘는 채널을 운영하며, 주택임대사
업, 부동산 매매업, 다주택중과, 종합부동산세에 관한 영상을 지속적으

로 업로드하며 정보를 제공하고 있다.

🏠 세금의 종류

부동산을 보유하거나 투자하면서 고려해야 할 세금은 취득세, 재산세, 종합부동산세, 임대소득세, 양도세 등이 있다. 취득세는 보유 주택 수에 따라 1~12퍼센트로 세율이 크게 달라진다. 집 값 상승과 더불어 다주택자 비율이 증가하면서 이들의 주택 취득을 제한하는 방법으로 취득세율을 조정했다. 기존에는 전용면적과 주택가격에 따라 1~3퍼센트의 취득세가 부과됐지만 지금은 최대 12퍼센트의 취득세를 부과한다. 지방교육세와 농어촌특별세를 포함하면 최대 13.4퍼센트의 높은 취득세가 부과된다. 다만 투기 대상으로 볼 수 없거나 공공성이 인정되는 주택을 매수할 경우에는 취득세 중과를 유예하였고, 그 항목에 공시가격 1억 원 이하 주택이 포함되었다. 주택공시가격은 실거래가의 60~70퍼센트 수준으로 책정되기 때문에 거래가격이 1억 5000만 원 미만의 주택은 대부분 공시가격 1억 이하에 해당된다. 소도시가 아닌 지방 광역시에서도 방 세 개, 전용면적 25평인 아파트 중에 매매가 1억 5,000만 원 이하로 거래되는 아파트들이 생각보다 많다. 다주택자들은 취득세 규정의 틈새를 찾아 공시가 1억 이하 주택을 적극 매수하여 수익을 실현하기도 했다.

보유하고 있는 동안 부담해야 하는 세금으로 재산세와 종합부동산세, 임대소득세가 있다. 아직 실현되지 않은 수익에 대해 부과되는 세금이라 유동성이 부족한 사람들에게는 큰 부담으로 작용한다. 보유세는 조세 저항이 강한 세금이기에 가능하면 세 부담을 크게 높이는 방향으로 조정하지 않는다. 하지만 2021년 집값 상승에 따라 종합부동산세 부과 대상이 폭발적으로 증가하면서 서울에 1주택만 있어도 부과되는 상황이었다. 다주택자의 경우는 조세 부담이 더 커서 강남에 집 두 채만 있어도 1억이 넘는 종합부동산세를 납부하는 상황에 이르렀다. 당장 소득이 있는 사람도 일 년에 2억이라는 세금을 납부하기는 쉽지 않다. 노후에 별다른 소득 없이 집 한 채를 보유하며 살고 있는데 집값 상승으로 인해 종합부동산세 납부 대상자가 되고 높은 세금을 고지 받으면 당황할 수밖에 없다. 이에 따라 종합부동산세를 문의하거나, 매매 대신 상속과 증여로 세 부담을 줄이려는 사람들이 크게 늘었다.

집값 상승으로 얻은 수익을 적극적으로 환수하려는 목적으로 양도세에 징벌적 중과세가 적용되었다. 지금은 양도세 한시 중과배제가 적용되고 있지만 2022년 5월 이전에 양도한 다주택자에게는 최고 82.5퍼센트의 양도세를 부과했다. 양도세가 50퍼센트 내외일 때만 해도 나라와 공동 투자를 한다는 우스갯소리가 있었는데 80퍼센트가 넘어가면서 조세 저항이 커졌다. 주택 수를 줄여야 하는데 팔아서 양도세를 내고 나면 실 이익이 없다 보니 증여를 선택하는 사람도 많아졌다. 2021년에는 양도세 부담에 증여를 선택한 사람들이 많아졌다는 뉴스 기사를 많이 볼 수 있었다.

🏠 세금 관련 지식을 알아야 하는 이유

세금 관련 지식이 필수라는 것은 인정하지만 대부분의 사람들은 매우 어렵게 느끼는 영역이다. 세금 공부를 하라고 하면 사람들은 거부감부터 갖는다. 학창시절 수학을 어려워했던 사람은 '정석'이라는 단어만 봐도 거부감이 드는 것처럼, 책 제목이 세금의 '정석'이라고 하니 부담스럽게 다가온다. 우리가 부동산 세금을 공부한다고 해서 전문가인 세무사처럼 알 수는 없다. 다만 세금을 공부하는 목적은 절세를 통해 실현 수익을 높이고, 납부해야 할 세금을 제대로 대처하지 못해 피해를 보는 일이 없도록 하려는 것이다. 특히 보유하는 동안 부과되는 세금은 유동성을 확보하지 못하면 대처하기 힘들다. 그런 점에서 세금을 공부해 미리 계산해 본다면 유동성을 확보할 수 있는 시간을 벌 수 있다.

세금 관련 책은 다른 책에 비해 개정판이 수시로 출간된다. 세금 규정이 바뀔 때마다 개정판을 낼 수밖에 없다. 따라서 신간이 나올 때마다 달라진 부분은 무엇인지 확인할 필요가 있다. 물론 세금 부과의 기본적인 틀 자체는 크게 달라지지 않는다. 자세하게 설명된 책 한 권을 골라 정독하면 이후에 읽는 책은 큰 어려움 없이 읽을 수 있다.

'나는 투자만 잘하면 되고 세금은 전문가에게 맡기면 되지'라고 생각하는 사람도 물론 있다. 틀린 말은 아니지만 전문가에게 맡긴다 해도 개개인마다 특수하게 적용되는 모든 부분을 찾아내기란 쉽지 않다. 나에게 유리하게 적용할 수 있는 조항을 찾아 세무사에게 검토를 요청하는 것이 전문가를 제대로 활용하는 방법이다. 세금 조항을 100퍼센트 이해하겠다는 목표로 공부하지 않아도 된다. 완벽하게 알아야 한다는 부담감만 내려놓아도 훨씬 편하게 세금 공부를 시작할 수 있다. 나에게 적용할 수 있는 절세 플랜, 투자에 활용할 수 있는 세금의 틈새를 찾아낸다는 마음가짐으로 책을 읽어 보자.

6월 1일을 기준으로 주택을 보유하고 있는 사람이 재산세와 종합부동산세를 납부해야 하기 때문에 매수, 매도계약 시 신경전이 발생할 수도 있다. 이 사실을 안다면 세금에 대해 어느 정도 이해하고 있는 사람이다. 만약 이 말을 처음 듣는 사람이라면 부동산 계약 전에 세금 관련 책부터 읽어 봐야 한다. 취득세율이 6억부터 바뀌기 때문에 계약서 작성 시 5억 9,990만 원으로 작성하려 한다면 세금을 잘못 이해한 사람이다. 6억 이하까지는 같은 취득세율을 적용 받으므로 굳이 10만 원을 적게 쓸 필요는 없다. 구도심의 인기 있는 주거지가 공시가격 1억보다 약간 높아서 취득세가 중과되는 상황이라면 저층과 탑층을 노리는 방법도 있다. 저층과 탑층은 중간층에 비해 시세가 낮게 형성되는 특성상 공시가격도 낮다. 중층이 1억을 살짝 넘겼다면 저층과 탑층은 아직 1억이 넘지 않았을 수도 있다. 만약 4~5층 정도까지도 1억 이하로 책정되어 있다면 좋은 매수 기회가 된다.

가장 큰 조세 저항을 불러일으키는 종합부동산세는 1인당 6억 공제 또는 1주택자 9억 공제를 잘 활용하면 부담을 크게 줄일 수 있다.

양도세 역시 비과세 규정을 잘 이용하면 최고의 절세 효과를 누릴 수 있다. 일시적 1가구 2주택 전략을 효과적으로 활용하여 여러 집에 투자하지 않고도 최대의 수익을 올리는 사람도 있다. 저가 주택 열 채를 투자하는 것보다 일시적 1가구 2주택 전략을 잘 활용하는 것이 훨씬 큰 수익을 가져다 준 사례도 많다. 신혼부부라면 혼인신고 전에 각자 보유하고 있던 주택에 대해 비과세를 적용해 주는 규정을 활용할 수도 있다. 그런 점에서 세금에 대해 제대로 공부하고 절세 전략을 수립한 후에 혼인신고를 하는 것이 좋다.

모든 투자가 그렇겠지만 세금을 내고 난 후 손에 남는 돈이 진짜 수익이다. 월급을 비교하면서 세전이니 세후니 하는 논란도 월급이 많을수록 공제하는 세금이 많기 때문이다. 쌀 때 사서 많이 오른 후에 파는 것이 투자자들의 목표다. 하지만 아무리 많이 올라도 내야 할 세금이 많으면 성공적인 투자라고 할 수 없다. 보유하는 동안 세금이 높다면 오래 보유해도 큰 이익을 얻지 못할 때도 있다. 세금을 고려하지 않고 예상 수익을 기대했다가 크게 실망할 수 있다. 매수 계약서를 쓰기 전부터 매도 계약서를 쓸 때까지 가장 먼저 고려해야 할 사항이 바로 '세금'이다. 세금 공부는 시간을 들여 투자할 만한 충분한 가치가 있다.

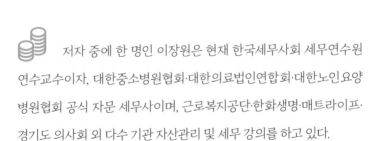

BOOK 29

세금 :
잘 벌었으면
잘 물려줘야 한다

《부의 이전》,
이장원·이성호·박재영, 체인지업, 2022.07.

저자 중에 한 명인 이장원은 현재 한국세무사회 세무연수원 연수교수이자, 대한중소병원협회·대한의료법인연합회·대한노인요양 병원협회 공식 자문 세무사이며, 근로복지공단·한화생명·매트라이프· 경기도 의사회 외 다수 기관 자산관리 및 세무 강의를 하고 있다.

KBS, 〈동아일보〉, 〈서울경제〉, 〈매일경제〉 등 다수 언론사 칼럼 집 필 및 자문위원으로 활동하고 있으며 블로그 및 유튜브 채널에서 자산

관리 및 세금 정보를 제공하고 있다.

저서로는 《나의 토지수용보상금 지키기 2022》,《3시간에 끝장내는 초보사장 창업세금 2021》,《한 권에 담은 토지세금 2021》,《의사의 세금 2021》 등을 공저로 집필하였다.

🏠 현명한 부모들의 선택

"지난해 미성년자가 증여 받은 자산 2조 3,000억 원, 부동산이 9,000억"이라는 내용의 기사가 최근 보도됐다. 이 수치는 전년 (1조 619억) 대비 121.4퍼센트가 늘어난 수치라고 한다. 부동산 증여가액 역시 전년(3천 703억)보다 139퍼센트 급증했다고 한다. 미성년자에게 증여하는 재산 유형 가운데 가장 큰 비중(37.7퍼센트)을 차지한 것 또한 부동산이었다. 전체 미성년자 증여 건수는 2만 76건으로 전년(1만 56건)보다 두 배나 늘었다. 상속과 증여가 늘어나는 만큼 상속세와 증여세 편법 탈루에 대한 추징도 함께 늘었다. 지난해 상속세 추징세액은 9,888억 원으로 전년(7,525억 원)보다 31.4퍼센트가 증가했다. 증여세 추징세액은 8,509억 원으로 전년(7,162억) 대비 18.8퍼센트 증가했다. (출처: 연합뉴스 2022.9.10.)

상속이나 증여 관련 기사가 나오면 "세금을 내더라도 나도 좀 물려받았으면 좋겠다"라며 나와는 상관없는 이야기라고 생각하는 사람들이 많다. 불과 10년 전만 해도 상속세를 냈다고 하면 "부모님이 진짜 부자구나"라는 소리를 할 정도로 일반인과 거리가 먼 세금으로 여겨졌다. 증여를 미리 준비해야 한다고 하면 "지금 당장 쓸 돈도 없다"라며 외면하기 일쑤였지만 요즘은 미성년 자녀에게 증여를 미리 계획하는 것이 현명한 부모로 느껴지는 시대가 됐다. 이는 급격한 집값 상승이 가져온 인식의 변화이다. 서울과 수도권에 집 한 채만 있어도 종합부동산세 부과 대상이 됐다. 소득이 없는 상태에서 높은 보유세를 감당하기 힘든 부모 세대는 계획했던 것보다 이른 시기에 증여를 고민하게 됐다. 부동산 투자가 성행하고 다주택자가 증가하면서 자녀에게 증여를 통해 부동산 구입 자금을 마련해 주는 사람들도 늘었다. 현금보다는 미래에 가치가 상승할 자산을 물려주겠다는 부모들이 늘고 있는 것이다.

보유세, 양도세와 증여세까지 적지 않은 세율에 중과까지 더해져 국민들이 느끼는 세금 부담은 매우 크다. 부동산 투자를 하면 시세차익도 기대하는 반면 보유하는 동안 감당해야 할 세금 때문에 힘들어 하는 사람도 많다. 물건을 팔아서 세금을 내면 되지 않냐고 반문할 수도 있지만 부동산은 거래 과정에서 시간이 걸리므로 생각보다 빨리 현금화할 수 없기 때문이다.

🏠 상속이나 증여에 대한 인식을 바꿔야 한다

아직도 상속이나 증여는 나와는 먼 이야기라고 생각하는 사람들이 있다. 하지만 점차 인식이 바뀌고 있음을 알아야 한다. 젊은 세대 중에는 부모에게서 자산을 물려받지 않는 이상 평생 내 집 마련은 꿈도 못 꾸는 이들이 늘고 있다. 부모 세대 역시 자식에게 자산을 물려주지 않으면 자녀가 평생 월급을 받아 집 한 채 마련하지 못할 것 같다는 불안감이 든다. 우리 부모 세대만 해도 죽기 직전까지 '집(돈)'을 쥐고 있어야 자식이 그나마 찾아온다고 말하곤 했다. 하지만 지금은 집 한 채만 있어도 부과되는 세금이 커서 빨리 자식에게 명의를 넘겨 줘야 하나 고민하는 부모도 늘고 있다. 가장 큰 문제는 부모가 세상을 떠난 후에 남은 자산 때문에 자식들 간에 불화가 생기는 경우이다. 부모 역시 사후에 자녀들이 유산 문제로 사이가 나빠지는 것을 바라지 않는다. 저자는 많은 상담 경험을 통해 부모 세대의 인식이 변해야 한다고 말한다. 큰 병을 선고 받고 뒤늦게 상속과 증여를 준비하는 고객을 상담할 때마다 "현명한 부의 이전을 위한 시간이 너무 부족하다"라고 말해야 하는 상황에 심한 무기력감을 느꼈다고 한다. 남은 가족들이 소송하며 법정에서 다투거나, 국가에 고율의 상속세를 납부하며 안타까워하는 일을 보면서 살아 있을 때 상속과 증여를 다시 한 번 고민해 보라고 말한다. 더 이상 상속은 생의 마감을 목전에 두고 진행하는 버킷리스트가 아니며, 준비 없는 상속과 증여는 세금 폭탄으로 돌아온다고 경고한다.

최근 물가 상승과 자산 상승을 반영하여 '자녀 1인당 10년간 5,000만 원' 무상증여 한도를 1억으로 높이는 방안을 추진한다는 기사가 보도됐다.(출처: 조선일보 2022.6.30.) 이 한도는 2014년 세법 개정에서 3,000만 원에서 5,000만 원으로 상향한 뒤 8년째 유지되고 있어 물가 상승을 반영하지 못하고 있다는 지적에 따른 것으로 해석된다. 결국 물가 상승으로 자산의 가격이 상승하고, 현금 가치가 하락하고 있음을 시장이 인정하고 있다는 의미다. 아직도 현금을 손에 쥐고, 자식들이 효도하러 오기만을 바란다면 인식을 바꿔야 한다.

사회 통념상 우리나라는 부모가 여력이 된다면 자녀에게 자금 지원을 해 주는 것을 당연하게 여긴다. 세금이 부과된다는 생각조차 하지 못한 채 큰돈을 지원해 주는 경우도 많다.

"아들이 결혼할 때 주택구매자금을 주었는데 이것도 증여세 대상이 된다고요?"

"축의금을 주택구입자금에 보탰는데 이것도 증여세 대상이 된다고요?"

"남편이 이체해 주는 돈으로 생활비를 사용했는데 이것도 증여에 해당된다고요?"

"평생 벌어서 서울에 집 하나 마련하고 연금으로 생활하고 있는데 종부세가 너무 많이 나와서 납부할 여력이 없습니다. 남들은 집을 팔아서 내라고 하는데 어디 이게 쉬운 일인가요?"

"갑자기 돌아가신 부모님, 상속세 때문에 현금을 마련하려면 살던 집을 팔아야 할 상황입니다."

"부모님이 돌아가시기 얼마 전에 주신 돈까지 모두 상속세를 내야 한다고 합니다."

이런 상황이 바로 여러분에게도 충분히 닥칠 수 있다. 미리 준비한 사람과 그렇지 않은 사람이 맞이하게 될 결과는 매우 다르다. 상속과 증여가 나와는 상관없는 일이 절대 아니다.

배우자에게 증여세 없이 증여할 수 있는 한도는 10년에 6억이다. 이 규정은 단독명의인 부동산을 공동명의로 전환하는 데 많이 활용하는 절세 방법이다. 처음 부동산을 매수할 때는 공동명의의 필요성을 느끼지 못했거나 단독명의가 유리했을 수 있다. 하지만 상황이 변하여 공동명의가 유리하다고 판단되면 부동산을 보유하는 기간 중 지분을 증여하여 공동명의로 전환할 수 있다. 배우자 간 6억 한도 내에서 증여세 없이 증여가 가능하지만 취득세는 추가로 납부해야 한다. 공동명의로 인해 예상되는 수익과 취득세를 비교하여 더 유리한 쪽을 선택한다. 다만 증여를 통해 공동명의로 전환할 경우 5년 이내 매도하면 부당행위계산부인[1]에 해당하여 양도세를 추가로 추징당할 수 있다. 2023년 1월 1일 증여분부터는 이 기간이 10년으로 늘어난다. 절세를 위해 취득세를 부담해 가며 공동명의로 전환했지만 10년이라는 보유 기간은 생각보다 길다. 부동산 시장의 분위기나 과세규정이 어떻게 바뀔지 모르는 상황에서 10년이라는 제약은 큰 부담이다. 만약 공동명의를 고민했던 사람이라면 발 빠르게 움직여야 한다.

⌂ 양도세를 줄이기 위한 전략

양도세를 줄이기 위한 전략으로 이 책에서 소개하는 '저가양수' 제도를 보고 신박하다는 생각을 했다.

증여를 미리 준비하는 사람들이 가장 먼저 실행하는 것은 10년 주기 플랜이다. 저자는 계산 사례를 표로 정리해서 보여 줌으로써 절세 효과를 한눈에 확인시켜 준다. 현행 증여제도는 10년마다 공제한도가 리셋된다. 예를 들어 태어나자마자 최대 증여

---

1 부당행위계산부인: 가족 등과 거래(양도, 증여)함에 있어 세금이 부당하게 줄어든 경우 해당 거래를 부인하고, 정상적인 거래가 이루어졌다고 가정하여 다시 과세하는 것을 말한다.

한도인 2,000만 원을 증여한다. 열한 살이 되면 또 2,000만 원, 스물한 살 성인이 되면 5,000만 원을 세금 없이 증여하는 방식이다.

인플레이션으로 인해 현금의 가치는 시간이 갈수록 떨어진다. 지금 2,000만 원을 투자해 2억짜리 주택을 구입했다고 가정해 보자.(매매가와 전세가 차이가 2,000만 원 이내인 주택을 전세를 끼고 매수하는 방법) 물가가 지속적으로 상승하고 집값도 우상향한다는 가정 하에 10년 후에 이 집은 얼마가 되어 있을까? 이렇게 증여를 준비한 부모는 자녀가 출가할 때 집 한 채 장만하지 못할까 봐 걱정하지 않아도 된다.

태어나자마자 증여한 돈으로 우량주식을 사 주는 것도 좋은 방법이다. 대한민국 대표 우량주라 꼽히는 삼성전자의 10년 전 한 주당 가격은 2만 원대였다.(2012.1.31.기준, 종가 22,140원) 2021년 1월 거래종가는 8만 2,000원이다. 단순 계산해도 10년 동안 400퍼센트 상승했다. 만약 10년 동안 적금을 들었다면 5퍼센트 이자를 가정해도 총 이자수익은 846만 원에 불과하다. 여러분이라면 자녀에게 어떻게 자산을 물려주고 싶은가?

자녀 명의의 계좌를 개설하고 증여를 계획해 보자. 증여 신고는 홈텍스에서 직접 할 수 있다. 자산을 증여함과 동시에 자산을 잘 지키고 키울 수 있는 경제 교육을 함께 계획해 보자. 주식을 사 준다면 자녀에게 직접 사고 싶은 주식을 고르게 하는 것도 좋다. 자신이 보유한 주식이라고 생각하면 그 회사 관련 뉴스가 나올 때마다 관심 있게 보게 되고 자연스럽게 경제에 눈을 뜰 것이다. 고가의 주택을 소유하고 있고 장기 보유를 생각하고 있다면 10년마다 증여한도를 고려하여 지분으로 증여하는 방법도 있다. 공동명의라고 하면 지분을 똑같이 반으로 나누거나 전부 넘기는 것만 생각하기 쉽지만 5퍼센트, 10퍼센트 지분증여도 가능하다. 10년 주기마다 증여한도가 세팅되기 때문에 부의 이전은 장기 프로젝트로 접근해야 한다. 은퇴 이후로 미루다가는 부의 이전을 준비할 시간이 부족하다는 안타까운 말을 듣게 될지도 모른다. 지금 당장 상속과 증여에 관한 책과 영상을 찾아보고 현명한 부의 이전을 계획해 보자.

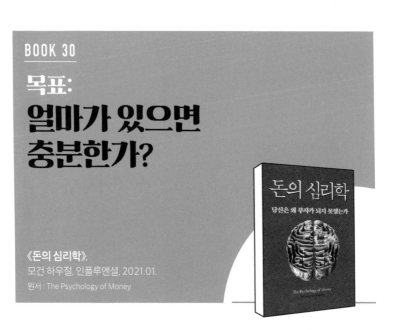

BOOK 30

목표:
얼마가 있으면
충분한가?

《돈의 심리학》,
모건 하우절, 인플루엔셜, 2021.01.
원서 : The Psychology of Money

소설가의 기술을 가진 금융 작가, 어려운 이야기를 동화처럼 들려주는 투자 멘토, 스토리텔링의 천재, 최우수 비즈니스 작가상 수상자라는 다양한 타이틀을 가진 모건 하우절은 지난 13년간 금융과 재정에 대한 글을 블로그와 트위터에 올렸고, 이에 수많은 열성팬을 거느리고 있다.

저자는 전 〈월스트리트저널(The Wall Street Journal)〉 기자였고,

현재 미국 최고의 경제 매거진이자 팟캐스트 〈모틀리풀(The Motley Fool)〉 칼럼니스트로 활동하고 있다. 벤처캐피털사 콜라보레이티브 펀드(Collaborative Fund)의 파트너이기도 하다. 미국 비즈니스 편집자 및 작가 협회에서 수여하는 최우수 비즈니스상(Best in Business Awards)과 〈뉴욕타임스(The New York Times)〉의 시드니상(Sidney Awards)을 두 차례 수상했다. 비즈니스와 금융 분야의 가장 뛰어난 기자에게 수여하는 제럴드 롭상(Gerald Loeb Awards) 금융 저널리즘 부문 최종 후보에 두 번 이름을 올리기도 했다.

저자가 금융에 관한 글을 쓰기 시작한 2008년 초는 금융 위기와 함께 80년 만에 최악의 경기 침체가 시작되던 때였다. 금융 위기에 관해 공부하고, 글을 쓸수록 금융이라는 렌즈가 아닌 심리학과 역사의 렌즈를 통해서 볼 때 더 잘 이해된다는 사실을 깨달았다고 한다. 2018년 그가 블로그에 올린 보고서 〈돈의 심리학〉은 100만 명이 넘는 사람들의 열띤 호응을 얻었다. 돈을 다룰 때 사람들에게 영향을 주는 잘못된 행동 원인, 편향, 결함 중 가장 중요한 20가지를 골라 정리한 보고서는 큰 반향을 일으켰고, 이에 하우절은 관련 주제를 더욱 깊이 연구하고 확장시켜 한 권의 책으로 발전시켰다. 그렇게 탄생한 첫 책《돈의 심리학》은 출간 전부터 월스트리트저널의 찬사를 받으며 단번에 아마존 투자 분야 1위에 올랐고, 출간 후 수개월이 지난 지금도 상위권을 지키고 있다.

《돈의 심리학》은 총 20개 스토리로 구성되어 있으며 하나하나 실화와 실증을 바탕으로 썼다고 한다. 제2차 세계대전(1939~1945년) 당시 독일의 탱크 부대 이야기, 마이크로소프트 창업에 관한 빌 게이츠의 고백, LA에서 주차 대행 아르바이트를 하던 시절 페라리에 얽힌 에피소드, 워런 버핏의 놀라운 수익률에 관한 비밀까지 다양한 이야기를 흥미롭게 전개하여 읽는 재미를 더한다. 부에 관한 문제는 결국 학력, 지능, 노력과 직접적인 관련이 없으며 돈에 관한 인간의 편향, 심리, 다시 말해 '돈의 심리학'과 밀접한 관련이 있음을 깨닫게 한다.

부를 이루고 싶어 하는 사람들을 부의 길이 아닌 다른 길로 이끄는 인간의 잘못된 심리학적 문제들을 함께 파헤쳐 보자.

🏠 왜 실행하지 못하는가?

성공한 사람들의 이야기를 읽으면 자신도 그 사람들처럼 살아 보겠다고 다짐한다. 부동산 책에서 집 한 채 없던 무주택자에서 수십 채의 집을 갖게 된 이야기를 들으면 뒤통수를 맞은 듯한 느낌이 든다. 지금까지 뭐가 중요한지도 모르고 살았다는 자괴감도 든다. 그나마 지금부터라도 시작해야겠다고 생각하는 사람은 낫다. 뒤통수를 맞았지만 그들이 성공한 이유는 따로 있을 거라며 위안 거리를 찾는 사람들이 더 많다. 도대체 왜 그럴까?

사람들은 자기 스스로 충분히 납득되어야만 행동한다. 자기 스스로를 납득시키기 위해서 많은 정보를 취합하고, 사람들의 이야기를 들으며 조언도 구한다. 문제는 누구에게 조언을 구하느냐이다.

내가 무언가를 선택할 때 누군가에게 질문을 한다는 것은 확신이 없다는 의미다. 스스로에게 확신이 있다면 다른 사람에게 굳이 물어볼 필요도 없다. 누군가에게 묻고 있는 자신을 발견한다면 아직 확실하게 알지 못한다는 의미고, 실행할 준비가 안 되었다고 생각하면 된다.

여기서 문제는 다른 사람의 조언을 들을 때, 비관주의가 낙관주의보다 더 분명하게 들린다는 점이다. 나의 선택을 지지해 주고 긍정적인 이야기를 듣고 싶었지만 막상 그렇게 말해 주는 사람은 왠지 신뢰감이 떨어진다. 그냥 듣기 좋으라고, 용기를 주려고 하는 말로 들린다. 반대로 조금 위험해 보인다는 말을 하면 왠지 더 신뢰가 간다. 뭔가 더 많이 아는 것 같고, 더 들어 보고 싶다는 생각이 든다. 내가 모르는 위험 요소를 알고 있을 것 같고 나를 도와주려는 말처럼 들린다. 이처럼 비관적인 말이 낙관적인 말보다 더 끌리는 것은 사람들의 당연한 심리라고 저자는 말한다.

부동산 상승장이 진행되던 최근까지도 하락론을 주장하는 유튜버 채널이 구독자가 많았다. 혹자는 그 이유를 이렇게 분석한다. 부동산 상승장이 한창이어도 집을 가진 사람, 다주택자는 소수에 불과하다. 대다수의 사람들은 집을 사지 않았거나 사지 못했다. 집을 갖지 못했기에 집값이 떨어지기만을 바란다. 유튜브에서 곧 집값이 떨어질 거라고 말하면 나의 선택을 지지 받는 것 같아 위안을 얻는다. 그래서 집값이 오르고 있음에도 불구하고 유튜브에서 인기 있는 것은 하락론자들이 올린 영상이었다.

저자도 비슷한 맥락으로 투자 뉴스레터의 예를 든다. 투자 뉴스레터 업계는 사람들이 낙관주의보다 비관주의를 더 똑똑하게 생각한다는 것을 알고 있다. 그래서 투자 뉴스레터에는 종말을 예언하는 사람들로 득실거린다고 한다. 사람들은 긴 상승장 가운데 잠깐의 하락이 와도 크게 동요한다. 뉴스에서도 하락이 시작된 것 마냥 호들갑을 떠는 기사를 내보낸다. 그래야 사람들이 많이 보기 때문이다. 하지만 길게 보면 긴 상승장 가운데 잠시 조정이 왔을 뿐이다. 사람들은 지금 당장만을 볼 뿐 길게 보려 하지 않는다.

책을 보고 나름대로 공부해서 투자를 시도하려 해도 주위에는 말리는 사람들로 가득하다. 간혹 좋은 선택이라고 지지하는 사람도 있지만 나에게 큰 영향을 주지 못해서 기억이 나지 않는다. 사람들에게 물어볼수록 비관적인 의견만 많아지고 결국 나는 실행하지 못하고 주저앉는다. 한참이 지나서 돌아보면 그때 그 선택을 하지 않은 걸 후회하지만 이미 시간은 돌이킬 수 없다.

내가 실행하지 못하는 가장 큰 문제는 판단을 다른 사람에게 맡기려는 자세 때문이다. 혹여나 잘못된 판단을 했을 때, 책임을 회피할 대상을 찾고 싶은 마음 때문이다. 투자한 이후 기사 한 줄에 가슴이 철렁 내려앉는다면, 규제 발표를 보고 투자한 것이 후회가 된다면 스스로 내실이 부족하다고 생각하면 된다. 투자 판단도 스스로 해야 하며, 잘못된 판단에 대한 책임도 스스로 질 수 있을 때 비로소 실행할 준비가 된 것이다.

🏠 투자를 시작하기 위한 마중물, 저축

비관적인 의견이 내 발목을 잡아 판단이 서지 않는다면 급하게 서두르지 않아도 된다. 조금 더 시간을 갖고 스스로 판단하고 책임질 수 있는 실력을 키운 후에 실행해도 늦지 않다. 지금 당장 놓치면 기회가 다시 오지 않을 것 같지만 지속적으로 시장에 참여하기만 한다면 언제든 기회는 반드시 온다.

기회를 기다리며 내실을 쌓는 동안 해야 할 일이 하나 더 있다. 바로 '저축'이다. 투자에 대해 공부한 사람이라면 이 말에 반문할 수 있다.

"저축은 인플레이션 시대에서 자산을 까먹는 바보 같은 행동이라고 배웠는데 저축을 하라고요?"

물론 긴 시간 동안 무턱대고 저축만 하는 것은 옳지 않다. 하지만 투자를 시작하기 위해서는 마중물이 필요하다. 그 마중물을 만드는 시작이 바로 저축이다.

나 역시 부동산 공부를 본격적으로 시작하면서 동시에 투자를 실행했다. 지식은 부족한 상태였지만 마중물이 준비되어 있으니 빨리 투자하고 싶은 마음에 공부에 더 집중할 수 있었다. 결론적으로 공부가 완벽하지 않은 상태에서도 투자가 가능했던 이유는 종잣돈이 있었기 때문이다. 부동산 투자에 관심이 없던 시기에도 내가 가장 잘한 것은 '돈 모으기'였다. 부동산 하락기가 지나는 동안 아무도 부동산 투자에 관심을 갖지 않던 시기에도 내 종잣돈은 꾸준히 늘고 있었다. 실행 버튼만 누르면 바로 나갈 수 있도록 장전된 총알이 가득했다.

사람들은 수입이 많아야 부자가 될 수 있다고 생각한다. 가구 소득 대비 주택가격 비율(PIR: Price to Income Ratio)을 예로 들면서 돈을 모아서는 집을 장만하기도 힘든 시기라고 말한다. 돈을 모은다고 해도 투자할 줄 몰라 자산을 늘리기 어렵다는 사람들도 많다. 하지만 저자는 부를 쌓는 것은 사람들이 생각하는 것처럼 소득이나 수익률과는 관계가 없으며 오히려 저축률과 관계가 깊다고 말한다. 투자 수익이 우리를 부자로 만들어 줄 수 있다 하더라도 어떤 투자 전략이 효과가 있을지, 얼마나 오랫동안 효과가 있을지, 시장이 그에 협조해 줄지는 늘 미지수이다. 하지만 개인의 저축과 검소함은 돈의 방정식에서 스스로 충분히 컨트롤할 수 있는 부분임을 강조한다. 소득이 높지 않아도 부를 쌓을 수 있지만, 저축률이 높지 않고서는 부를 쌓을 가능성이 전혀 없다고 말한다.

버는 것보다 덜 써야 한다는 것은 누구나 아는 사실이다. 선을 넘어서 소비하는 것은 자존심의 반영이며, 내가 돈이 있다고 혹은 있었다고 사람들에게 보여 주려는 행위이다. 저자는 사람들의 이런 심리를 분석하여 저축을 늘리는 가장 확실한 방법으로 소득을 늘리는 것이 아닌 '겸손을 늘리라'고 조언한다. 적은 소득으로 부자들의 소비를 따라해 봐야 남는 것은 자기만족에 불과하다. 자산이 일정 규모 이상 늘어나기 전까지는 소비에 있어서 겸손한 자세를 유지해야 한다. 지금 당장 어떤 것을 투자해야겠다는 목표가 있어야만 저축하는 것은 아니다. 저축 그 자체, 통장에 돈이 쌓이는 그 자체를 즐겨라. 겸손한 소비 습관으로 모아진 종잣돈은 미래에 다가올 기회를 잡을 수 있는 중요한 열쇠가 된다.

🏠 충분하다고 느끼는가?

"당신의 재정적 목표는 얼마인가?"
"부동산에 투자한다면 몇 채의 집을 소유하고 싶은가?"

"돈 걱정 없는 삶이란 자산이 얼마일 때 가능하다고 생각하는가?"

어떤 일을 달성하기 위한 최고의 원동력은 '목표'를 세우는 것이다. 목표는 구체적일수록 좋다. 부자가 되고 싶다는 목표를 가진 사람들에게 구체적인 수치를 대입해 보라고 하면 바로 대답할 수 있는 사람은 거의 없다. 자신이 만족하는 수치는 누군가와 비교해야만 도출되기 때문이다.

10년에 10억 만들기가 유행하던 시절, 사람들은 무엇을 하고 싶은지도 모른 채 막연히 10억이 있으면 좋겠다고 생각했다. 로또복권이 처음 나왔을 때, 당첨금이 10억이 넘자 사람들은 로또만 당첨되면 회사도 관두고 평생 놀고먹을 수 있을 것이란 환상을 가졌다. 하지만 서울 아파트 한 채 가격이 20억이 넘어가자 로또에 당첨되도 아파트 한 채 살 수 없다고 한탄한다. 이제 로또에 당첨되도 당당히 회사에 사표를 던질 수 있을 거라고 생각하는 사람은 많지 않다.

"나는 얼마가 있으면 행복하다고 느낄까?"

사람들은 끊임없이 다른 사람과 비교하며 자신의 행복 수치를 저울질한다. 나 스스로 필요한 돈이 아니라 남들이 인정하는 만큼의 돈이 있어야 행복하다. 우리 가족이 편안하게 지낼 수 있는 집이 아니라 남들이 인정하는 좋은 집을 가져야 행복하다 여긴다. 사람들은 끊임없이 다른 사람과 비교하며 자신과 주위 사람을 '비교지옥'으로 내몬다. 내가 매일 성공하는 삶을 산다고 해도 전 세계에서 유일한 사람이 되지 않는 한 나보다 더 많이 가진 사람은 끊임없이 존재할 수밖에 없다. 나보다 더 머리가 좋은 사람, 나보다 더 부유한 부모가 있는 사람, 나보다 더 공부 잘하는 자식이 있는 사람, 나보다 더 운이 좋은 사람, 나보다 더 빨리 부자가 된 사람 등 주변에는 나와 비교해서 더 나은 사람들로 가득하다.

남들이 보기에 많은 것을 가진 사람이 더 많이 갖기 위해 무모한 도전을 하다 추락하는 이야기를 종종 듣는다. 사람들은 그런 이야기를 들을 때마다 고개를 갸우뚱한다.

"도대체 뭐가 부족해서 그런 선택을 했을까?"

저자는 그 이유를 '충분함'에서 찾는다. 남들과 비교하며 살아가는 삶은 매일이 지옥과 같다고 해서 비교지옥이라고 부른다. 끊임없이 비교하는 사람은 바로 그 충분함을 모르는 사람이다.

저자는 "내가 더 가지기 위함이 아니라 가진 것을 지키는 최선의 방법은 리스크 있는 도전을 언제 멈춰야 할지 아는 것, 내가 '충분히' 가졌다는 사실을 아는 것"이라고 말한다.

세계적인 투자자 워런 버핏도 이런 조언을 했다.

"당신에게 중요하지 않은 무언가를 위해, 당신에게 중요한 무언가를 건다는 것은 그냥 말도 안 되는 짓이다."

저자는 당신이 부자가 되었을 때 다음 네 가지 질문을 던져 보라고 충고한다.

하나, 얼마나 더 벌고 싶은가?

둘, 누군가와 비교하고 있진 않은가?

셋, 충분하다고 느끼는가?

넷, 돈보다 중요한 것은 무엇인가?

부를 이루기 위해 심리적 편향을 극복하고 열심히 달려왔다면 잠시 자신을 돌아보는 시간을 갖자. 지금까지 달려온 결과가 충분히 만족스러운 사람도, 만족스럽지 못한 사람도 있을 것이다. 충분함의 기준은 사람마다 다르다. 지금 충분하다고 느낀다고 해서 멈추어도 된다는 뜻은 아니다. 지금 충분하다고 느끼지 않는다고 해서 계속 달려가는 게 맞는지도 점검해야 한다. 목표를 위해 달려오는 과정에서 놓치고 있는 것은 없는지 점검해야 한다. 지금 발견한다면 만회할 수 있지만 더 늦으면 만회하기 힘든 것도 분명 있기 때문이다. 쉼 없이 달려온 자신에게 잠시 휴식 시간을 주자. 그리고 지금까지의 과정에서 후회되는 일은 없는지, 충분히 열심히 달려왔는지, 놓치고 있는 것은 없는지, 앞으로 더 나아가야 할 이유와 목적이 무엇인지 분명히 하는 시간을 가졌으면 하는 바람이다.

🏠 무리하게 투자하고 있지는 않은가?

부동산 투자에 성공한 사람들을 보면 처음에는 흔한 아파트나 빌라 등 주거형 부동산으로 투자를 시작한다. 주거형 부동산으로 투자에 성공하면 수익형 부동산으로 눈을 돌린다. 매달 통장에 찍히는 월세 수입은 노후 걱정을 사라지게 해 준다. 여기서 충분하다고 여기는 사람이 있는가 하면 아직 다 이루지 못했다는 생각에 무리한 투자를 감행하는 사람도 있다. 부동산 투자자들의 최종 목표는 땅에 투자해 대박이 나거나 남들이 부러워하는 건물주가 되는 것이다. 땅이나 건물 투자가 최종 목표인 이유는 규모가 커서 필요한 자본도 크기 때문이다. 차곡차곡 불려온 자산을 모두 쏟아 넣지만 그렇다고 해서 레버리지를 사용하지 않는 것도 아니다. 큰 자본 못지않게 큰 레버리지도 투입된다. 성공하면 큰 부자가 될 수 있겠지만 그만큼 짊어져야 할 리스크도 클 수밖에 없다.

순수 자산으로 건물을 사는 사람은 거의 없다. 수입이 많은 연예인도 건물을 매입할 때는 엄청난 레버리지를 활용한다. 일반인보다 대출이 더 많이 돼서 연예인 특혜라는 말도 나올 정도이다. 50억짜리 건물을 매입하면 대출은 35~40억 정도 있다고 생각하면 된다. 대출금리가 낮은 시기에는 이자를 내고도 수익이 날만큼 수익률이 좋다. 부동산 상승기에는 건물 자체의 가격도 크게 오른다. 하지만 금리가 오르면 레버리지는 리스크가 된다. 금리 상승과 함께 경기가 나빠지면 장사도 잘 되지 않아 공실도 늘어난다. 엎친 데 덮친 격이다. 금리 상승으로 건물의 수익률이 떨어지면 결국 건물가격도 떨어진다. 레버리지를 감당하지 못해 경매로 나오는 건물 수가 많아진다. '건물주'가 되고 싶어서 무리하게 감행한 투자가 잘한 것인지 후회되기 시작한다.

진짜 큰 부자는 땅으로 만들어진다는 소리가 있다. 지가는 매년 상승하며 하락한 적은 한 번도 없다고 말한다. 잘 사 놓으면 열 배, 스무 배가 되는 것은 문제없다는 말에 잘 알지도 못하는 땅 투자를 시도한다. 단위가 크다 보니 공투(공동투자)를 해서라도 사고 싶은 욕심이 생긴다. 노른자 땅이 아직도 남아 있을 리 없다는 것이 상식이지만 운 좋게 살 수 있다는 말에 현혹되는 이유는 '더' 갖고 싶다는 마음 때문이다. 이럴 때 등장하는 뉴스가 '기획부동산 사기' 사건이다. 길도 없고, 개발허가도 안 나는 땅에 수십 명이 투자금을 넣는다. 알고 보니 기획부동산에 사기를 당했다는 내용이다. 많은 사람들이 그런 뉴스를 보면 의아한 생각이 든다.

"땅에 투자할 정도면 투자를 안 해 본 사람도 아닐 텐데 어떻게 저런 투자에 동참할 수 있을까?"

아마 그들도 자신이 그런 투자에 휘말리게 될 줄은 상상도 하지 못했을 것이다. 후회하면 이미 늦었음에도 사람들은 실패한 후에 깨닫는다.

"그때 멈췄어도 충분했는데."

최근 들어 각종 금융기관에서 거액을 빼돌려 투자금으로 사용한 사건이 많이 보도됐다. 처음 시작은 소액이었을 것이다. 초심자의 행운이라고 수익도 보았을 것이다. 거기서 '충분하다고' 생각하지 못하고 '조금만 더'를 외치다 나락으로 떨어진 사람들의 이야기는 더 이상 놀랍지 않게 느껴지는 세상이다.

땅과 건물 투자가 위험하다는 이야기를 하려는 게 아니다. '충분함'을 느끼지 못하고 남들에게 성공적인 투자를 보여 주기 위해 당신의 모든 자산을 거는 모험을 해서는 안 된다는 의미다. 목표를 세우고 하나하나 성취해 가는 모습은 칭찬할 만하다. 하지만 어느 선에서 멈춰야 할지는 스스로 판단해야 한다. 실력을 키우는 동시에 남의 시선이 아닌 나 스스로 충분함을 느낄 때 브레이크를 걸 수 있는 판단력도 함께 길러야 한다.

일러두기
소개된 도서들은 출판사 또는 저자에게 허락을 구했습니다.
일부 허락을 받지 못한 도서는 보시고 연락 주시면 회신드리겠습니다.

부동산 투자 필독서 30

초판 1쇄 발행 2023년 1월 9일
초판 2쇄 발행 2023년 1월 25일

지은이 레비앙
펴낸이 정덕식, 김재현
펴낸곳 (주)센시오

출판등록 2009년 10월 14일 제300-2009-126호
주소 서울특별시 마포구 성암로 189, 1711호
전화 02-734-0981
팩스 02-333-0081
메일 sensio@sensiobook.com

ISBN 979-11-6657-088-9 03320

소중한 원고를 기다립니다. sensio@sensiobook.com